【第三版】

# 学校教育制度概論

**坂野慎二** **湯藤定宗** 編著
Sakano Shinji　　Yuto Sadamune

玉川大学出版部

# はじめに

　『学校教育制度概論』は、2012年に初版を、2017年に第二版を世に送り出してきました。近年の教育政策は変化が大きく、5年の月日が流れると制度が変わってしまうところが少なくありません。近年の教育政策の動向に合わせて、内容を更新したのが、今回の第三版です。

　近年の教育改革の動向をざっと振り返ってみると、2015年には中央教育審議会（中教審）が、チームとしての学校、教員の資質能力向上、学校と地域の連携・協働についての3つの答申を出しました。2016年には義務教育学校が制度化されました。また、新たな教員の労働時間調査が実施されました。2017年には新しい学習指導要領が公示されるとともに、地方教育行政法が改正されて学校運営協議会の役割が拡大しました。また、政令指定都市はそれまで県が負担していた県費負担教職員の費用分を自身で負担することになりました。2018年には第3期教育振興基本計画が策定されるとともに、2040年を見据えた高等教育のグランドデザインについての中教審答申が公表されました。2019年には、学校における働き方に関する中教審答申が出され、教員の労働時間と労働環境への関心が高まりました。また、幼児教育の実質無償化が始まりました。2020年には新型コロナウイルスの感染拡大により、学校教育活動のあり方が問われることとなりました。また、高等教育の無償化に向けた取り組みが進められました。2021年には「令和の

日本型学校教育」についての中教審答申が出され、小学校高学年における教科担任制の推進や、個別最適な学びと協働的な学びといった内容が提言されています。

本書は大学の講義で使用することを念頭に、編集、執筆しています。今回の改訂は、2017年に公表された教職課程コアカリキュラムに沿った内容になるように配慮しました。また、上述したような新たな教育政策の内容を盛り込みながら、量が増えすぎないように内容を整理し直しました。その際、21世紀における教育政策の大きな流れの中で、教育と費用負担の問題、いじめや不登校といった課題、少子化と教育の機会均等の課題等、明確な解答を出すことが難しい問題をそれぞれに考えていただく材料を提供するようにしています。

また、教員免許状の取得を目指す学生のみならず、学校関係者にも最新の動向をお伝えできるようにと考え、まとめています。是非、ご一読いただき、忌憚なきご意見・ご批判をいただければ幸いです。

最後に、今回の改訂版の作成にあたり、玉川大学出版部の方々に、多くのご配慮をいただきました。記して感謝申し上げます。


2021年11月

編著者一同

# 学校教育制度概論【第三版】

●

## 目　次

# 第1章　公教育の基本原理

　本章は、学校教育を中心とした公教育について基本的な考え
方を整理する。教育は本来私的な営みであったが、近代国家
の成立によって、学校教育が国や社会、そして個人にも大き
な影響を与えるようになってきた。国はそうした機会を保障
するために、義務性、無償性、中立性といった原理に基づき、
公教育を整備してきた。
　学校制度はその人の将来を左右する選抜・配分機能を有して
いる。このため、学校教育を受ける機会を各人に保障する必
要がある。しかし個人の社会的、経済的状況は実際の学校教
育や進路選択に影響を与えている。

## 第1節　学校とは

### 1　学校の種類

　教育は、教育基本法に従ってその場により整理してみると、学校教育（第6条）、家庭教育（第10条）、社会教育（第12条）の3つに整理することができる。公教育の中心は学校教育である。家庭教育は私教育の場として位置づけられよう。社会教育は、その実施主体が地域の自治会、市町村、都道府県、国、そして民間団体と、多岐にわたり、私教育の部分もあれば、公が関与する部分もある。以下、学校教育を行う学校についてみていこう。

　日本における広い意味での学校・教育機関を法的に整理していくと、学校は大きく3つに区分することができる。①学校教育法第1条に定める学校（いわゆる「1条校」）、②学校教育法第1条以外の学校（専修学校、各種学校）、③学校教育法以外の法律で規定されるもの、である。日本の学校教育についての基本を定めているのが学校教育法（1947年制定）である。2006年の教育基本法改正を受けて、学校教育法は2007年に大改正を行い、現在の基本となる形に改められた。以下、順に整理していく。

### （1）学校教育法第1条に定める学校（いわゆる「1条校」）

　学校教育法第1条に定められている学校は、幼稚園、小学校、中学校、義務教育学校、高等学校、中等教育学校、特別支援学校、大学及び高等専門学校の9種である。1947年の制定当時は、小学校、中学校、高等学校、大学、盲学校、聾学校、養護学校及び幼稚園の8種であった。盲学校、聾学校、養護学校は2006年の改正で特別支援学校となった（2007年名称変更）。1962年に高等専門学校が、1999年に中等教育学校が、2016年に義務教育学校が、それぞれ発足した。

### （2）専修学校、各種学校

　専修学校は、1条校以外の教育施設で、「職業若しくは実際生活に必要な能力を育成し、又は教養の向上を図ること」を目的としている（学校教育法

12

第124条）。専修学校の条件は、①修業年限が1年以上であること、②授業時数が年間800時間以上（昼間学科の場合、夜間等学科の場合450時間以上）であること、③授業を受ける者が常時40人以上であること、である（同前、専修学校設置基準第17条）。

専修学校は、①高等課程（中学校卒業者又はこれと同等の者を入学条件とする）、②専門課程（高等学校卒業者又はこれと同等の者を入学条件とする）、③それ以外の一般課程の区分がある。高等課程を置く専修学校は高等専修学校を、専門課程を置く専修学校は専門学校を、それぞれ称することができる（学校教育法第126条）。修業年限が2年以上等の条件を満たす専修学校の専門課程修了者は、専門士と称することができ、大学に編入学することができる（学校教育法第132条、専修学校の専門課程の修了者に対する専門士及び高度専門士の称号の付与に関する規程）。修業年限が4年以上等の条件を満たす専修学校の専門課程修了者は、高度専門士と称することができ、大学卒業と同等以上の学力があると認められる（学校教育法施行規則第155条、専修学校の専門課程の修了者に対する専門士及び高度専門士の称号の付与に関する規程）。

各種学校は、本来1条校以外のもので、学校教育に類する教育を行うものである（学校教育法第134条）。各種学校の修業期間は1年以上だが、簡易に修得できる技術、技芸等の課程については3か月以上1年未満とすることができる（各種学校規程第3条）。しかし各種学校の実態は非常に多様であったため、法改正で一定の基準を満たすものを専修学校として区分した（1976年発足）。

### （3）学校教育法以外の法令で規定されるもの

上記の他に学校教育法以外の法令により規定される教育施設があり、具体的には、各省庁が設置する省庁大学校等がある。防衛大学校（防衛省設置法第15条）、防衛医科大学校（同第16条）、水産大学校（国立研究開発法人水産研究・教育機構法第11条）、職業能力開発総合大学校（職業能力開発促進法第27条）、等がある。これらの大学校の卒業生は、大学改革支援・学位授与機構により、学位を授与されることが可能である。

この他に、幼保連携型認定こども園（就学前の子どもに関する教育、保育等

の総合的な提供の推進に関する法律第2条第7項)、児童福祉法に基づく保育所（児童福祉法第39条）も広い意味での教育施設と考えても良いであろう（第2章参照)。

## 2　学校の設置者

　学校を設置できるのは、①国、②地方公共団体、③私立学校法第3条に規定する学校法人の3者である（学校教育法第2条第1項)。国の設置する学校を国立学校、地方公共団体の設置する学校を公立学校、学校法人の設置する学校を私立学校という（学校教育法第2条第2項)。

　主な学校の設置者別学校数、在学者等は、「表1-1」のようになっている。

表1-1　1条校の学校数及び在学者数（2020年度）

| | 学校数 | 国立 | 公立 | 私立 | 在学者数 |
|---|---|---|---|---|---|
| 幼稚園 | 9,698 | 49 | 3,251 | 6,398 | 1,078,496 |
| 小学校 | 19,525 | 68 | 19,217 | 240 | 6,300,693 |
| 中学校 | 10,142 | 69 | 9,291 | 782 | 3,211,219 |
| 義務教育学校 | 126 | 4 | 121 | 1 | 49,677 |
| 高等学校 | 4,874 | 15 | 3,537 | 1,322 | 3,092,064 |
| 中等教育学校 | 56 | 4 | 33 | 19 | 32,426 |
| 特別支援学校 | 1,149 | 45 | 1,090 | 14 | 144,823 |
| 高等専門学校 | 57 | 51 | 3 | 3 | 56,974 |
| 短期大学 | 323 | － | 17 | 306 | 107,596 |
| 大学 | 795 | 86 | 94 | 615 | 2,915,605 |

（出典）文部科学省「学校基本調査」から筆者作成

　設置者別にみてみると、小学校、中学校、義務教育学校、高等学校、中等教育学校、特別支援学校は公立が多い。小中学校については市町村が、特別支援学校については都道府県が、それぞれ学校を設置する義務を負っている（学校教育法第38条、第49条、第80条)。高等学校に設置義務はないが、公立では都道府県の設置が多い。これはその母体となった旧制中学校や高等女学校、実業学校を設置していたのが主に県であったことに由来する。

　高等専門学校は国立、短期大学は私立が圧倒的に多い。大学は私立がおよそ4分の3を占めている。幼稚園は私立が多いが公立も一定数存在している。

　学校の設置者は、その設置する学校を管理し（学校設置者管理主義）、その学校の経費を負担する（学校設置者負担主義）（学校教育法第5条）。

# 第2節　教育の目的と公教育の原理

## 1　教育の目的

　教育の目的は複合的である。教育の目的を法的に整理すると、①「人格の完成」（個人の資質・能力育成、発達）、②「国家及び社会の形成者」あるいは「国民の育成」の2つに大別できる（教育基本法第1条）。すなわち、教育を受ける側から自己発達を保障することを国や社会に要求する方向性と、国や社会からその構成員となる者に規範を守ることを求める方向性がある。
　「人格の完成」は、教育学、心理学、脳科学等の発達によって、その意味するところも変化してきた。多くの知識や技能を獲得することを重視する立場、思考力・判断力・表現力等を重視する立場、さらには社会の中で人との関わりを調整していく力を重視する立場等、かつての測定可能な狭い学力観から、多義的な資質・能力へと変化してきた。
　「国家及び社会の形成者」あるいは「国民の育成」も様々な解釈が成り立つ。強い規範を国民や市民に求めるとすれば、個人の発達を特定の型に当てはめることを要求することになる。規範の縛りを少なくすれば、それぞれの価値観を相互に尊重することが必要になる。また、今ある国を良いものとして考えるのか、過去の国を理想とするのか、今まで実現されたことのない国や社会を目指すのかによっても、目指す方向性は異なるであろう。
　今日の公教育は、こうした異なる立場、考え方を持つ国民や市民に異なる立場を認める教育、しかもその上に共通の規範となる教育が求められている。

## 2　私教育と公教育

　教育は本来私的な営みである。教育基本法第10条で「父母その他の保護者は、子の教育について第一義的責任を有するもの」と規定されている通り、

親は、その子に対して教育を行う一義的責任を負っている。教育は本来私的なもの、つまり私教育として発達してきた。しかし近代国家の成立によって、学校教育を中心に公教育が重要性を増していった。

　市川（2006）は、教育を公教育と私教育とに区分した上で、公教育について先行研究を分類しながら、広義と狭義に分けて整理を行った。広義の公教育とは、「公の性質」を持つ学校教育であり、狭義には「公設、公営、公費の教育」という整理である。要は、補助金や法令によって私立学校を公の性質を持つと解釈し、それを公教育に含めるのか、それとも切り分けて公教育とするのか、という違いである。多様な教育の目的を実現し、また、準備するための、学校教育を中心とした公教育の機能は複合的にならざるを得ない。

　今日、私立学校の教育を私教育に区分することは難しいであろう。というのも、第1に学校教育法は第1条の学校の設置者を国、地方公共団体、私立学校法に定める法人（学校法人）の3者に限定している（学校教育法第2条）。それ以外の会社や個人は学校教育法第1条の学校を設置することは原則できない。つまり学校設置者に条件を付して、法令によって設置審査を行っている。第2に教育課程についても一部の例外を除き、学校教育法施行規則や学習指導要領等に従って公立学校と同様に私立学校も学校教育を行うよう定めている（実態はかなり多様かもしれないが）。第3に1975年に成立した私立学校振興助成法（1976年施行）によって、割合としては低いものの、私立学校に公的助成が行われている。つまり私立学校は公的な補助を受けて運営されている。2006年に改正された教育基本法第8条は私立学校について定めているが、そこでいう「公の性質」を私立学校が持っていると解釈するのが妥当であろう。

　以上の考えから、本章では広い意味での公教育を基本として考える。

## 3　公教育の基本原理

　こうした学校教育を中心とした公教育は、教育を受ける者のその後の人生や生活に大きな影響を与えるものである。そのため、教育内容や教育方法の適切さや機会の公正さを確保することとともに、個々人の思想、良心、信教

等を尊重することが重要である。

　最初に確認しておきたいのは、教育は一義的に国民の「権利」であるという事実である。教育は日本国憲法第26条第1項において、国民の権利であることが下記のように規定されている。「すべて国民は、法律の定めるところにより、その能力に応じて、ひとしく教育を受ける権利を有する」。

　文の主語は「すべて国民は」となっているが、憲法の英語訳では「All people」となっており、国籍による区分はない。通常に英語を解釈すれば、国籍、性別、人種等に関わりなく、日本に居住するすべての人が対象になっていると解することができよう。欧米諸国では居住者に教育の権利を保障することが通例である。しかし日本では対象は「国民」とされ、外国籍の者は一般に含まれない。

　この権利を保障するために、一般に公教育は、①義務性、②無償性、③中立性の3つの原理によって説明される（河野2017）。

　①義務性は、子の親（保護者）に対する教育を受けさせる義務である。法的には、日本国憲法第26条第2項で以下のように規定している。「すべて国民は、法律の定めるところにより、その保護する子女に普通教育を受けさせる義務を負ふ」。保護者がその子に義務教育を受けさせない場合には、罰金処分も可能である（第3章参照）。

　②無償性は、義務教育の無償として、日本国憲法第26条第2項後段で「義務教育は、これを無償とする」と規定されている。この義務教育の無償は、法的には国公立の義務教育諸学校の授業料不徴収と解釈されている。また、義務教育段階については、教科書は無償で給与されている。しかし実際の学校教育には、それ以外にも副教材等の費用が必要であり、保護者がその費用を負担しているのが実態である。ただし経済的に厳しい世帯には、一定の補助等がある（第3章参照）。教育費の問題は義務教育段階のみならず、就学前教育や後期中等教育段階でも大きな課題となっている。また、近年は高等教育段階における教育費負担についても動きがある（第2、4、5章参照）。

　③中立性は、国が特定の政治的、宗教的立場を教育の場において支持したり、反対したりせず、異なる思想、良心、信教等を中立に関与することを求めるものである。日本国憲法は、思想、良心、信教の自由を保障している

（第19条、第20条）。これを受けて、教育基本法は政治的教養を尊重する一方で、特定の政党を支持し、又はこれに反対するための政治教育その他政治活動を禁じている（第14条）。宗教教育についても、宗教に関する寛容の態度、宗教に関する一般的な教養を尊重し、国公立学校では特定の宗教教育その他宗教的活動を禁止している（第15条、なお、私立学校では認められている）。

## 4 公教育の社会的機能

次に、公教育の機能・役割について、考えてみよう。その際、どの立場で公教育の機能や役割を考えるのかによって異なるが、ここでは以下の3点に整理することとする（坂野・湯藤・福本2017）。

①個人の能力育成機能
②社会化・統合化機能
③選抜・配分機能

第1の個人の能力育成機能は、教育の本来の目的である個人の成長や発達を促すことを目的とする。たとえば経済的側面から考えてみると、個人が様々な能力を獲得することにより、より高度な生産活動に従事し、生計を豊かにすることが可能になるとともに、それによって社会全体も経済成長していく。もちろん、経済的側面以外でも教育の役割は重要である。個人の考え方をより豊かにし、よりよい生き方を見つけて実践していくために、文化的側面や思考・感情的な側面を発達させる役割も担っている。教育基本法第1条で「人格の完成」が教育の目的としてあげられているのもこうした多様な見方を含んでいると考えられる。

第2の社会化・統合化機能は、個人が関わる集団や社会、国といった環境に適合するように導く機能である。学校教育は、学級、学年、学校といった集団や、地域、市町村、都道府県、国といった社会に適合するための教育を行っていると考えられる（教育基本法第1条「国民の育成」）。同時に、社会をよりよいものとするために、教育は集団や社会の決まりや慣習を変えていく方向性も持っている（同前「国家及び社会の形成者」）。

第3の選抜・配分機能は、社会的公正さを確保するために、学校制度が選

抜の手段としての役割を果たしていることを指す。特定の地位や職業にふさ
わしい者を選抜するためには、選抜方法を決め、選抜基準に従って限られた
人数を選抜する。同時に、社会全体からみると、適材適所を実現するために、
学校制度は重要な役割を果たしているといえる。日本ではより良い会社に入
るためにより良い大学を目指し、そのためにより良い高校や中学校を目指す
ことが一般的である。その過程で、社会の中で個人が為すべき役割、為すこ
とができる役割を考え、社会的分業を選択していく。個人を受け入れる集団
や組織は、生徒や学生の学校卒業時の能力・適性や、将来の可能性を見極め、
適切な人材を選抜し、集団や組織の一員として迎え入れるのである。こうし
た選抜・配分機能には、教育の機会が誰に対しても公正に開かれていなけれ
ばならない（教育基本法第4条）。

## 第3節　教育法規

### 1　法規の概要

　日本の社会生活における規範は、法や慣習に基づいている。教育の世界も
基本的枠組みは、法令に基づいて規定されている。

　日本の法体系は、成文法、つまり文章で明示的に制定された法令に基づく
ことが基本であり、イギリスのように法体系が文章で明文化されておらず、
慣習に基づく不文法を重視する国とは異なる。法規を整理すると、図1-1の
ようになる。

---

成文法
　　（国内法規）　憲法－法律－政令－省令－告示・訓令・通達
　　（地方公共団体の法規）条例、規則
　　（国際法規）　憲章、条約、協約、協定
不文法
　　判例法、慣習法、条理法

---

図1-1　法規の体系
（出典）加藤編（2016）を参考に筆者作成

## 2　国の法規

　国の法規は、国内すべての地域を対象としている。1946年に制定された日本国憲法は、その最高法規であって、日本国憲法に反する法律、命令（政令、省令等）はその効力を有しない（日本国憲法第98条）。教育に関連する憲法の条文は、教育を受ける権利や義務教育について規定した第26条の他、幸福追求権（第13条）、法の下の平等（第14条）、思想・良心の自由（第19条）、信教の自由（第20条）、表現の自由と検閲の禁止（第21条）、職業選択の自由（第22条）、学問の自由（第23条）等がある。

　法律は国権の最高機関であり、国の唯一の立法機関である国会が制定する（第41条）。教育に関連する主な法律では、教育基本法、学校教育法、社会教育法、地方教育行政の組織及び運営に関する法律（地方教育行政法）、教育職員免許法等がある。

　法律は、基本的な事項のみを定め、その細部については、内閣が制定する政令、さらには各省庁が制定する省令によって規定される。

| 法令 | 制定者 | 教育関連の例 |
|---|---|---|
| 憲法 | 国会 | ― |
| 法律 | 国会 | 教育基本法、学校教育法、文部科学省設置法 |
| 政令 | 内閣 | 学校教育法施行令、文部科学省組織令 |
| 省令 | 省庁 | 学校教育法施行規則、小学校設置基準 |

図1-2　国の法令
（出典）筆者作成

## 3　地方公共団体の法規

　地方公共団体の法規は、その地方公共団体の範囲内でのみ効力を有する地方のルールである。たとえば、東京都の条例や規則は東京都内でのみ効力を持ち、隣の神奈川県では効力を持たない。主たるものは条例と規則である。国の法令に反しない範囲において、条例は地方公共団体の議会が制定する（地方自治法第14条、同第96条）。規則は地方公共団体の長（首長）が制定す

る（同第15条）。また、普通地方公共団体（都道府県及び市町村）は、教育委員会、選挙管理委員会等を置くことが義務づけられている（同第180条の5）。教育委員会等の行政委員会は規則を制定することができる（同第138条の4）。

　地方公共団体は都道府県と市町村にレベルが分かれている。その中で教育関連の事務は、首長と教育委員会の間で分担されている。首長は総合教育会議を主催して教育の「大綱」を策定するほか（地方教育行政法第1条の3他、第7章参照）、大学、幼保連携型認定こども園、私立学校、教育財産、教育委員会の所掌に係る契約と予算についての事務を管理し、執行する（同第22条）。教育委員会は、学校教育全般、社会教育、スポーツ、文化財等の事務を管理し、執行する（同第21条、第7章参照）。

　地方公共団体の管理する学校は、教育委員会が管理する（同第21条、第30条、第33条等）。


## 4　国際法規

　日本国憲法第98条第2項は、「日本国が締結した条約及び確立された国際法規は、これを誠実に遵守することを必要とする」と規定している。条約、協約、宣言等の国際法規は、2国間で取り決められるものや、国際連合等多国間で取り決められるものがある。一般に国連等の多国間条約の場合、各国が受け入れる意思表示として署名する。署名が過半数に達すると条約は発効する。各国は国内法の整備を行い、批准手続きを終えると、条約等が発効する。日本では条約の締結を内閣が行い、国会が事前又は事後に承認する手続きをとる。

　条約等の国際法規が教育に関連する国内法規の修正を促して教育に影響を与える例がある。教育に関わる主な条約等として、以下のものがある。[2]

・「国際人権規約」：1966年国連総会採択、1976年発効。日本は1979年に批准。社会権規約（国際人権A規約）と自由権規約（国際人権B規約）からなる。
・「児童の権利に関する条約」：1989年国連総会で採択、1990年発効。日

本は1994年に批准、1995年に国連総会で承認。

・「障害者の権利に関する条約」：2006年国連総会で採択、2008年に発効、日本は2007年に署名し、2014年に批准、同年発効。

## 第4節　日本の教育の現状

### 1　国の教育への関わり方

　教育や福祉に対して、国がどの程度、あるいはどのように関与していくのかは、それぞれの国によって異なっている。20世紀前半から1970年代まで、多くの国は、資本主義の発達によって生じる格差を是正するために、国が医療、福祉、教育等に積極的に関わり、生きるために必要とされる最低限の保障を行う「福祉国家」を目指してきた。しかし1973年の第1次石油ショック以降、国の役割を縮小し、社会の在り方を市場原理に委ねる新自由主義に基づく考え方が拡がるようになった。

　エスピン・アンデルセン（2001）は、国家の在り方を、①自由主義型（アメリカ、カナダ、オーストラリア）、②コーポラティズム（保守主義）型（フランス、ドイツ等）、③社会民主主義型（スカンジナビア諸国）の3つに区分しているが、そこに属さない④家族主義型（南欧諸国、アジア諸国）も提唱されている（鎮目・近藤2013）。日本は④に属すると考えられている。日本は初等中等教育について国がある程度公的に費用を負担しているが、就学前教育や高等教育領域において、私的な教育の費用負担が大きいことが知られている（OECD2020、中澤2018）。

　今日の社会は、卒業した学歴により、社会における職業が大きく左右される「学歴社会」（ドーア1978）である。義務教育段階における教育の成功や、義務教育以降の教育機会が、家庭の経済状況等によって大きく異なるのであれば、「能力に応じて等しく」教育を受けることを保障していることにはならないであろう。

## 2 教育の成果は何か

　福祉国家政策の時代は、教育に国が多額の費用を投入することが国の利益であるとともに、個人の利益にも合致すると考えられてきた（人的資本論）。しかし、国の財政状況が厳しくなると、教育への公的支出は、その成果が問われるようになった。

　教育の成果を評価するのは困難な作業である。教育は長期的な投資と考えられ、何をその効果とするのかは、研究者の中でも一致が難しい。高校入試や大学入試の結果を、学校教育の成果として考えることもできるだろうが、「国民の育成」あるいは「国家及び社会の形成者」という目的の成果をどのように評価できるのであろうか。今日、新しい能力観が普及している。その中にはOECD（経済協力開発機構）の提唱するキー・コンピテンシーや、21世紀型スキル等が含まれる（松下2010）。

　OECDは、2000年から3年毎に義務教育修了段階の生徒を対象に、読解力、数学的リテラシー、科学的リテラシーを対象としたPISA調査を実施している。日本もPISA調査には初回から参加している。2018年に閣議決定された「第3期教育振興基本計画」は、「OECDのPISA調査等の各種国際調査を通じて世界トップレベルを維持」することを掲げている。

　PISA調査の得点は平均が500点となるように調整されている。その結果をみると、数学的リテラシー及び科学的リテラシーでは上位を維持し、読解力では波があるものの、概ね平均以上となっている。たとえば数学的リテラシーについて日本の得点結果は、2000年調査では557点であったが、その後2003年調査の534点から2018年調査の527点まで530点前後を維持している。PISA調査の結果からすると、日本の義務教育修了時の生徒は、全体平均として一定レベルの能力を獲得していると考えられる（第11章参照）。

　国内では2007年度から「全国学力・学習状況調査」を実施している。調査の目的は、以下の3点である。

　（1）義務教育の機会均等とその水準の維持向上の観点から、全国的な児
　　　　童生徒の学力や学習状況を把握・分析し、教育施策の成果と課題を

検証し、その改善を図る。
（2）学校における児童生徒への教育指導の充実や学習状況の改善等に役
　　立てる。
（3）そのような取組を通じて、教育に関する継続的な検証改善サイクル
　　を確立する。


　全国学力・学習状況調査の結果は、都道府県別の結果等が公表され、学校
関係者は一喜一憂している。しかし重要な点は、調査の目的をどの程度達成
できたのかという点にある。大学や国立教育政策研究所等は調査結果を用い
て追加分析を行ったり、調査結果の活用のための参考資料を作成したりして
いる。こうした種々の学校教育の成果を調査し、教育成果を高めようとする
傾向は、他国にもみられる。
　教育は、複雑な要因が絡み合い進行していく。かつては学校教育の成果は
測れないという考えが主流であったが、今日では、その成果を測定するため
の試みが進められている。ただし、すべての成果を測定することは困難であ
り、成果が認識されていない場合があることに留意しておく必要がある。ま
た、公教育の成果なのか、塾等の私教育の成果なのか、はっきり区別できな
いものも含まれる点にも気をつけたい。
　学校教育の成果を上げるために、国、地方公共団体、学校が計画、実施、
評価、改善するという流れが教育政策にも生まれつつある（第8章参照）。同
時に、保護者、そして教育を受ける本人が、それぞれの目的・目標を持ち、
それらを達成するよう努力していくことが大切である。

〈注〉
（1）私立の小学校及び中学校においては、宗教を加えることができる。この場合、宗教をもって
　　特別の教科である道徳に代えることができる（学校教育法施行規則第50条第2項及び第79条）。
（2）外務省「人権外交」参照　https://www.mofa.go.jp/mofaj/gaiko/jinken.html（2021年8月22
　　日確認）
（3）国立教育政策研究所「OECD生徒の学習到達度調査（PISA）」　https://www.nier.go.jp/
　　kokusai/pisa/index.html（2021年10月13日確認）
（4）文部科学省「教育振興基本計画」　https://www.mext.go.jp/a_menu/keikaku/index.htm（2021
　　年10月13日確認）
（5）文部科学省「全国学力・学習状況調査の概要」　https://www.mext.go.jp/a_menu/shotou/

gakuryoku-chousa/zenkoku/1344101.htm（2021年10月13日確認）

〈参考・引用文献〉
・市川昭午『教育の私事化と公教育の解体——義務教育と私学教育』教育開発研究所、2006年
・エスピン・アンデルセン、G.『福祉資本主義の三つの世界』岡沢憲美・宮本太郎監訳、ミネルヴァ書房、2001年
・OECD, *Education at a Glance 2020. OECD Indicators.* OECD Publishing, Paris.（経済協力開発機構『図表で見る教育OECDインディケータ〈2020年版〉』明石書店、2020年）
・加藤崇英他編著『新訂版 教育の組織と経営』学事出版、2016年
・黒崎勲「公教育と私教育」中内敏夫他編『現代教育学の基礎知識（2）』有斐閣、1976年
・河野和清編著『現代教育の制度と行政（改訂版）』福村出版、2017年
・国立教育政策研究所「OECD生徒の学習到達度調査（PISA）」 https://www.nier.go.jp/kokusai/pisa/index.html#PISA2018（2021年8月23日確認）
・坂野慎二・湯藤定宗・福本みちよ編著『学校教育制度概論（第二版）』玉川大学出版部、2017年
・坂野慎二・藤田晃之編著『改訂版 海外の教育改革』放送大学教育振興会、2021年
・鎮目真人・近藤正基『比較福祉国家——理論・計量・各国事情』ミネルヴァ書房、2013年
・志水宏吉編『岩波講座：教育変革への展望2——社会の中の教育』岩波書店、2016年
・ドーア、R.P.『学歴社会 新しい文明病』岩波書店、1978（原著は1976）年
・トロウ、M.『高学歴社会の大学——エリートからマスへ』東京大学出版会、1983年
・中澤渉『日本の公教育』中央公論新社、2018年
・広田照幸『教育学』岩波書店、2009年
・藤田祐介編著『学校の制度と経営』ミネルヴァ書房、2021年
・松下佳代編著『〈新しい能力〉は教育を変えるか——学力・リテラシー・コンピテンシー』ミネルヴァ書房、2010年
・文部科学省「教育振興基本計画」 https://www.mext.go.jp/a_menu/keikaku/index.htm（2021年8月23日確認）
・文部科学省「全国的な学力調査（全国学力・学習状況調査等）」 https://www.mext.go.jp/a_menu/shotou/gakuryoku-chousa/index.htm（2021年8月23日確認）
・文部科学省『学校基本調査報告書』大蔵省印刷局、日経印刷、各年版
・ライチェン（OECD DeSeCo）『キー・コンピテンシー』明石書店、2006（原著は2003）年
・ラバリー、D.『教育依存社会アメリカ——学校改革の大義と現実』倉石一郎・小林美文訳、岩波書店、2018年

## 学習課題

（1）学校教育制度の主な3つの機能を整理し、相互にどのように関係するのかを考えてみよう。

（2）公教育の原理である、義務性、無償性、中立性と日本の学校教育の現状を照らし合わせて、その課題を整理してみよう。

（3）学校教育法（法律）、学校教育法施行令（政令）、学校教育法施行規則

（省令）を比較し、どのような関係にあるのかを確認しよう。

（4）公的教育費がどのように推移してきたのか調べてみよう。

# 第2章　学校教育制度(1)
## ——就学前教育制度

近年、就学前教育（保育）、子育てに関する制度は大きく変化しており、これら制度の全体像を把握することは重要である。2012年に子ども・子育て支援新制度が始まったことにより、様々な子育て支援策が始まっている。本章では、子育て支援の具体的な事業についてあげるとともに、幼稚園、保育所、認定こども園の概要について示す。またそれぞれの施設の制度上の特徴を解説し、施設による違いと、施設を超えて共通する保育の本質的な内容について論じる。

## 第1節　就学前教育制度の概要

### 1　幼稚園・保育所・認定こども園

　1947年の児童福祉法、学校教育法の公布以来、日本の就学前教育は長きにわたって保育所と幼稚園という2つの就学前教育施設による教育（保育）が行われてきた。これは同じ年齢の子どもたちが異なる教育（保育）を受けることになり、つねに議論の的となっていたと言って良い。

　世界的にみても、幼稚園および保育所機能を持った就学前教育施設は一元化の流れにある。日本においては、2006年に「就学前の子どもに関する教育、保育等の総合的な提供の推進に関する法律（以下、認定こども園法）」が出され、新たに認定こども園ができ、幼稚園と保育所の機能を併せ持った施設の設置が進んでいる。しかしながら、現在の状況は3つの制度に依拠する施設が存在している状態であり、一元化には至っていない。

　それぞれの施設の特徴は以下の表2-1の通りである。

表2-1　幼稚園・保育所・認定こども園の違い

|  | 幼稚園 | 保育所 | 幼保連携型認定こども園 |
|---|---|---|---|
| 所管 | 文部科学省 | こども家庭庁 | こども家庭庁 |
| 法的根拠 | 学校教育法 | 児童福祉法 | 就学前の子どもに関する教育、保育等の総合的な提供の推進に関する法律（認定こども園法） |
| 施設 | 学校 | 児童福祉施設 | 学校かつ児童福祉施設 |
| 保育者 | 幼稚園教諭 | 保育士 | 保育教諭 |
| 目的 | 幼児を保育し、幼児の健やかな成長のために適当な環境を与えて、その心身の発達を助長することを目的とする（学校教育法第22条） | 保育所は、保育を必要とする乳児・幼児を日々保護者の下から通わせて保育を行うことを目的とする施設とする。（児童福祉法第39条） | 幼保連携型認定こども園とは、義務教育及びその後の教育の基礎を培うものとしての満三歳以上の子どもに対する教育並びに保育を必要とする子どもに対する保育を一体的に行い、これらの子どもの健やかな成長が図られるよう適当な環境を与えて、その心身の発達を助長するとともに、保護者に対する子育ての支援を行うことを目的として、この法律の定めるところにより設置される施設をいう。（認定こども園法第2条） |

| 保育時間 | 4時間を標準とする | 8時間を原則とする（保護者の労働時間その他家庭状況 等を考慮）（原則11時間開所） | 原則11時間開園（保護者の実情に応じた保育時間）。満3歳以上の子どもの1日の教育課程に係る教育時間は、4時間を標準とする。 |
|---|---|---|---|
| 対象 | 満3歳から就学前まで | 生後57日(生後2ヶ月)から就学前まで | 満3歳以上の子ども及び満3歳未満の保育を必要とする子ども |
| クラス編制 | 学年ごとに編制 | 規定なし | 満3歳以上の教育時間相当利用時及び教育及び保育時間相当利用時の共通の4時間程度については学級を編制 |
| 登園する日数 | 39週以上 | 日曜日・国民の祝休日を除いた日が原則（登園する日数は保護者の就労等によって異なる） | 日曜日・国民の祝休日を除いた日を原則。満3歳以上の子どもの教育課程に係る教育週数は、39週を下回らないこととし、学期の区分、長期休業日を設ける。 |
| 保育内容に関する法令 | 幼稚園教育要領 | 保育所保育指針 | 幼保連携型認定こども園教育・保育要領 |

（出典）筆者作成

## 2　子ども・子育て支援新制度

　子ども・子育て支援新制度とは、2012年に成立した「子ども子育て支援法」「認定こども園法の一部改正」「子ども・子育て支援法及び認定こども園法の一部改正法の施行に伴う関係法律の整備等に関する法律」（以下、「子ども・子育て関連3法」）に基づく制度のことをいう。

　子ども・子育て支援新制度では、財源を消費税率の引き上げ分とし、市町村が子育て支援の主体となって事業を行うこととなっている。さらに2016年からは「仕事・子育て両立支援事業」がスタートし、企業等からの事業主拠出金を財源とした、企業主導型保育事業として、事業所内保育の設置運営の助成や、企業主導型ベビーシッター利用支援事業として、ベビーシッターを利用した際の費用の補助などが始められている。

　幼保連携型認定こども園は制度が一本化し、学校及び児童福祉施設として法的に位置づけられ、認定こども園法で認定される施設となった。また、地域型保育として家庭的保育、小規模保育、事業所内保育、居宅訪問型保育が

新制度の対象となり、待機児童の解消を目指し3歳未満児の保育が拡充された（図2-1参照）。

　子ども・子育て支援新制度において、子どもは幼児教育・保育施設の利用に際して認定を受けることとなり、認定区分によって利用できる施設が異なる（表2-2）。

図2-1　地域型保育の内容

（出典）内閣府「子ども・子育て支援新制度なるほどBOOK 平成28年4月改訂版」より抜粋

表2-2　認定区分

| |
| --- |
| 1号認定：教育標準時間認定・満3歳以上 ⇒ 認定こども園、幼稚園 |
| 2号認定：保育認定(標準時間・短時間)・満3歳以上 ⇒ 認定こども園、保育所 |
| 3号認定：保育認定(標準時間・短時間)・満3歳未満 ⇒ 認定こども園、保育所、地域型保育 |

（出典）認定こども園の利用手続きについて（内閣府HP）より筆者作成

　地域子ども・子育て支援事業の充実も図られ、保育施設を利用しない家庭の子育て支援についても事業が拡大された。親子が気軽に遊びにいき、子育ての相談ができる「地域子育て支援拠点」や普段保育施設に入所していない

子どもを理由の如何に関わらず預けることができる「一時預かり」、「子育て短期支援」として短期間宿泊を伴って預けることができる「ショートステイ」や夜間保育の「トワイライトステイ」、病気や病後の子どもを預かってくれる「病児保育」など、保育の幅も広がっている。

　また地域子ども・子育て支援事業には、放課後の小学生を保育する「放課後児童クラブ」や子どもの預かりなどの援助を受けたい人と援助することを希望する人の調整を行う「ファミリーサポートセンター」、養育支援が特に必要な家庭を訪問して養育に関する指導・援助を行う「養育支援訪問」なども含まれる。他にも「妊婦健康診査」や「乳幼児家庭全戸訪問」など、妊産婦に関わる支援等も含まれている。

## 第2節　就学前教育制度の実際

### 1　幼稚園

#### （1）学校教育法における幼稚園

　学校教育法第1条に「学校とは、幼稚園、小学校、中学校、義務教育学校、高等学校、中等教育学校、特別支援学校、大学及び高等専門学校とする」と示されている通り、幼稚園は学校の1つである。また、学校教育法第22条には「幼稚園は、義務教育及びその後の教育の基礎を培うものとして、幼児を保育し、幼児の健やかな成長のために適当な環境を与えて、その心身の発達を助長することを目的とする」とある。

　このように、幼稚園は義務教育以降の教育の基礎として位置づけられており、その存在が意義づけられているといえる。また幼稚園教育の目的としては、心身の発達を助長することとされており、そのために、「適当な環境を与え」ることが明記されている。この「適当な環境を与え」るということは、教科学習を行わない幼稚園教育にとっては重要な視点である。なぜなら教育の目的を達成するために行う教育の方法が「環境を与え」るということになるからである。

　また、「幼児を保育し」とあるように、幼稚園教育では「保育」という言

葉が使われているところにも注意が必要である。よく幼稚園は「教育」、保育所は「保育」と分けて考える人もみられるが、学校教育法において幼稚園は「保育」をすると規定されており、義務教育以上における「教育」とは一線を画していることがわかる。

第23条では、この目的を実現するための5つの目標が挙げられている。さらに第24条では、「幼児期の教育に関する各般の問題につき、保護者及び地域住民その他の関係者からの相談に応じ、必要な情報の提供及び助言を行うなど、家庭及び地域における幼児期の教育の支援に努めるものとする」とあり、幼稚園に在園する幼児の教育だけではなく、その保護者、さらには在園児ではない子どもや保護者等の支援を行うことを通して、現在の子育てをめぐる問題に対応することも求められている。

その他にも学校教育法では幼稚園に入園できる年齢が満3歳から就学前までと規定され（第26条）、幼稚園に必要な職員配置（園長、教頭及び教諭をおかなければならない）についても示されている（第27条）。幼稚園において幼児の保育を行うのは幼稚園教諭であるが、その免許については教育職員免許法による。

また、学校教育法施行規則では、幼稚園について、幼稚園設置基準を定めること（第36条）、幼稚園の毎学年の教育週数は「特別の事情のある場合を除き39週を下ってはならない」こと（第37条）、教育課程その他の保育内容については、幼稚園教育要領による（第38条）ことが示されている。


（2）幼稚園設置基準

幼稚園設置基準では、学級編制や教職員の配置（表2-3）、また施設設備の基準について規定されている。

これをみると、幼稚園では1学級の人数が35人以下であること、また1学級につき1人の教諭を配置することとなっている。また学級編制は学年毎となっており、同年齢での学級編制が原則となる。

園舎については2階建て以下を原則とし、特別な理由により3階以上とする場合も、「保育室、遊戯室及び便所の施設は第1階に置かなければならない」とあり、幼児の生活を考え詳細な規定がされている。また園舎と運動場

は「同一施設内又は隣接する位置に設ける」ことが原則とされている（第8条）。園舎の面積については表2-4、運動場の面積については表2-5の通りである。その他、必要な施設、設備については表2-6を参照されたい。

表2-3　幼稚園設置基準における学級編制および教職員の数

| 1学級の幼児数 | 35人以下を原則 | 第3条 |
|---|---|---|
| 学級の編制 | 学年の初めの日の前日において同じ年齢にある幼児で編制することを原則 | 第4条 |
| 教職員 | 園長のほか、各学級ごとに少なくとも専任の主幹教諭、指導教諭又は教諭を1人置く | 第5条 |

（出典）幼稚園設置基準より筆者作成

表2-4　幼稚園設置基準による園舎の面積

| 学級数 | 1学級 | 2学級以上 |
|---|---|---|
| 面積 | 180平方メートル | 320+100×（学級数−2）平方メートル |

（出典）幼稚園設置基準別表第1より引用

表2-5　幼稚園設置基準による運動場の面積

| 学級数 | 2学級以下 | 3学級以上 |
|---|---|---|
| 面積 | 330+30×（学級数−1）平方メートル | 400+80×（学級数−3）平方メートル |

（出典）幼稚園設置基準別表第1より引用

表2-6　幼稚園設置基準における必要な施設設備

| |
|---|
| 一　職員室 |
| 二　保育室（「保育室の数は、学級数を下ってはならない」とある） |
| 三　遊戯室 |
| 四　保健室 |
| 五　便所 |
| 六　飲料水用設備、手洗用設備、足洗用設備 |

（出典）幼稚園設置基準第9条より筆者作成

### （3）幼稚園教育要領

#### ①概要

　学校教育法で示された内容を具体化したものに幼稚園教育要領がある。これは文部科学大臣により告示されたものであり、1956年から現行のものに至るまで5回の改訂が行われている。

幼稚園教育要領は、第1章総則の第一幼稚園教育の基本において、「環境を通して行うものであることを基本とする」と示されている[4]。「環境を通して行う」教育とは、小学校教育が各教科等を通して、知識及び技能の習得を目指していることとは異なり、幼児が自ら環境にはたらきかけて遊ぶなかで、様々なことを主体的に学んでいくということである。幼稚園教育の基本としては表2-7の3項目があげられており、幼稚園が幼児の主体的な活動を促し、遊びを通しての指導を中心とし、一人一人の特性や発達の課題に即した指導を行うことを基本としていることがわかる。

表2-7　幼稚園教育の基本（下線部筆者）

| |
| --- |
| 1　幼児は安定した情緒の下で自己を十分に発揮することにより発達に必要な体験を得ていくものであることを考慮して、<u>幼児の主体的な活動を促し</u>、幼児期にふさわしい生活が展開されるようにすること。<br>2　幼児の自発的な活動としての遊びは、心身の調和のとれた発達の基礎を培う重要な学習であることを考慮して、<u>遊びを通しての指導を中心として</u>第2章に示すねらいが総合的に達成されるようにすること。<br>3　幼児の発達は、心身の諸側面が相互に関連し合い、多様な経過をたどって成し遂げられていくものであること、また、幼児の生活経験がそれぞれ異なることなどを考慮して、<u>幼児一人一人の特性に応じ、発達の課題に即した指導を行うようにすること</u>。 |

（出典）幼稚園教育要領総則　第1幼稚園教育の基本より引用

　また、教育課程編成上の基本事項として、幼稚園における教育週数を「特別の事情のある場合を除き、39週を下ってはならない」と規定し、教育時間を「4時間を標準とする」としているが、実際には4時間以上の教育時間を確保している園が多い。

　現行の幼稚園教育要領から「幼児期の終わりまでに育ってほしい姿」として10の項目があげられている（通称「10の姿」）。これは、幼稚園修了時の幼児の具体的な姿として教師が保育の過程で意識しておく内容であるが、到達目標ではないので、すべにおいてこの10項目を到達させるべく指導するということは避けなければならない（具体的な内容は図2-2を参照）。

　この「10の姿」は、小学校教育との円滑な接続を図るという意味でも意識されており、これらを手がかりに、小学校の教師が幼児教育の目指す幼児

期の学びをイメージしたり、幼稚園の教師と共有したりすることもできるだろう。また、小学校の教師だけでなく、幼稚園教育を通した幼児の成長を広く伝える際にも活用することができる。

図2-2　幼児期の終わりまでに育ってほしい姿のイメージ
（出典）文部科学省HPより引用

②ねらい

幼稚園教育要領では、「幼稚園教育において育みたい資質・能力を幼児の生活する姿から捉えたもの」として「ねらい」、またその「ねらい」を達成するために指導する事項として「内容」を設定している。「ねらい」は幼児の発達の側面から以下の5つの領域にまとめられている。

　　心身の健康に関する領域「健康」
　　人との関わりに関する領域「人間関係」
　　身近な環境との関わりに関する領域「環境」
　　言葉の獲得に関する領域「言葉」
　　感性と表現に関する領域「表現」

また、それぞれの領域のねらいは表2-8のとおりである。領域はしばしば教科と混同されることもあるが、習得すべき知識や技能を体系的に分けたものではなく、幼児の発達を理解する際の側面であることを忘れてはならない。

表2-8　幼稚園教育要領のねらい

**健康**
〔健康な心と体を育て、自ら健康で安全な生活をつくり出す力を養う。〕
（1）明るく伸び伸びと行動し、充実感を味わう。
（2）自分の体を十分に動かし、進んで運動しようとする。
（3）健康、安全な生活に必要な習慣や態度を身に付け、見通しをもって行動する。

**人間関係**
〔他の人々と親しみ、支え合って生活するために、自立心を育て、人と関わる力を養う。〕
（1）幼稚園生活を楽しみ、自分の力で行動することの充実感を味わう。
（2）身近な人と親しみ、関わりを深め、工夫したり、協力したりして一緒に活動する楽しさを味わい、愛情や信頼感をもつ。
（3）社会生活における望ましい習慣や態度を身に付ける。

**環境**
〔周囲の様々な環境に好奇心や探究心をもって関わり、それらを生活に取り入れていこうとする力を養う。〕
（1）身近な環境に親しみ、自然と触れ合う中で様々な事象に興味や関心をもつ。
（2）身近な環境に自分から関わり、発見を楽しんだり、考えたりし、それを生活に取り入れようとする。
（3）身近な事象を見たり、考えたり、扱ったりする中で、物の性質や数量、文字などに対する感覚を豊かにする。

**言葉**
〔経験したことや考えたことなどを自分なりの言葉で表現し、相手の話す言葉を聞こうとする意欲や態度を育て、言葉に対する感覚や言葉で表現する力を養う。〕
（1）自分の気持ちを言葉で表現する楽しさを味わう。
（2）人の言葉や話などをよく聞き、自分の経験したことや考えたことを話し、伝え合う喜びを味わう。
（3）日常生活に必要な言葉が分かるようになるとともに、絵本や物語などに親しみ、言葉に対する感覚を豊かにし、先生や友達と心を通わせる。

**表現**
〔感じたことや考えたことを自分なりに表現することを通して、豊かな感性や表現する力を養い、創造性を豊かにする。〕
（1）いろいろなものの美しさなどに対する豊かな感性をもつ。
（2）感じたことや考えたことを自分なりに表現して楽しむ。
（3）生活の中でイメージを豊かにし、様々な表現を楽しむ。

（出典）幼稚園教育要領より筆者作成

### ③教育課程に係る教育時間の終了後等に行う教育活動など

学校教育法にも定められているように、現在の幼稚園は在園する幼児の教育活動（教育課程に係る教育時間）以外にも様々な役割を担っている。多くの園では「預かり保育」と呼ばれる教育時間終了後に希望者を対象とした保育を行っているが、2019年度から始まった幼児教育の無償化（後に記述）によって、新制度へ移行した幼稚園の預かり保育も無償化の対象となった[5]。このように幼稚園においても長時間の保育が可能となり、働く両親の幼児であっても幼稚園に通わせることが可能となってきた。また認定こども園に移行する園も増加している。

　その他にも幼稚園は、施設や園庭の開放を行ったり、幼児期の教育に関する相談を受けたり、保護者同士の交流の機会を提供したり等、地域における幼児期の教育センターとしての役割を果たすよう努めることが示されている。

### （4）幼稚園の実際

　幼稚園の歴史は明治9年の東京女子師範学校附属幼稚園から始まり、公立幼稚園が、その発展の一翼を担ってきたともいえる。戦後は子どもの数が増加し、幼稚園への就園を希望する子どもが増える中で、私立幼稚園が爆発的に増加した。現在では、幼稚園教育の半数以上を私立幼稚園が担っており、民営化の流れもあって、公立幼稚園は減少の一途を辿っている。また少子化や、両親ともに就労するという生活スタイルが増加したことによる幼稚園離れが深刻であり、私立幼稚園の経営は難しく、幼稚園数は減少している（表2-9参照）。

表2-9　幼稚園の国立・公立・私立の別

|  | 総計（園数） | 国立（園数） | 公立（園数） | 私立（園数） |
|---|---|---|---|---|
| 昭和25年度 | 2100 | 33 | 841 | 1226 |
| 平成元年度 | 15080 | 48 | 6239 | 8793 |
| 令和2年度 | 9698 | 49 | 3251 | 6398 |

（出典）令和2年度学校基本調査より筆者作成
＊最も古い統計である昭和25年、幼稚園教育要領の内容が大きく変化した平成元年度、最新の令和2年度のもので比較した。

## 2 保育所

### （1）児童福祉法における保育所

　児童福祉法第7条に「児童福祉施設とは、助産施設、乳児院、母子生活支援施設、<u>保育所</u>、幼保連携型認定こども園、児童厚生施設、児童養護施設、障害児入所施設、児童発達支援センター、児童心理治療施設、児童自立支援施設及び児童家庭支援センターとする（下線筆者）」とあり、保育所は児童福祉施設の1つであることがわかる。

　また同第39条には「保育所は、<u>保育を必要とする乳児・幼児</u>を日々保護者の下から通わせて保育を行うことを目的とする施設（下線筆者）」と定義されており、「保育を必要とする」乳幼児が通う施設であることがわかる。幼児の教育を第一義的な目的としている幼稚園とは異なり、保育所は保護者が就労や疾病等により保育ができない乳幼児を保育するということが前提となっている。

　保育所において保育を行う職員は「保育士」である。児童福祉法では、保育士について「保育士の名称を用いて、専門的知識及び技術をもつて、児童の保育及び児童の保護者に対する保育に関する指導を行うことを業とする者」と定められている（第18条の4）[6]。

### （2）保育所の設備等

「児童福祉施設の設備及び運営に関する基準」では、保育所の設備として必要な施設設備、また乳幼児1人あたりの保育室等の面積が示されている。たとえば乳児および2歳未満児が入所する場合には、「乳児室又はほふく室、医務室、調理室及び便所」が必要（第32条）とされている（表2-10参照）。

表2-10　保育所に必要な施設、設備

| |
| --- |
| 一　乳児又は満二歳に満たない幼児を入所させる保育所には、乳児室又はほふく室、医務室、調理室及び便所を設けること。 |
| 二　乳児室の面積は、乳児又は前号の幼児一人につき一・六五平方メートル以上であること。 |
| 三　ほふく室の面積は、乳児又は第一号の幼児一人につき三・三平方メートル以上であること。 |
| 四　乳児室又はほふく室には、保育に必要な用具を備えること。 |

五　満二歳以上の幼児を入所させる保育所には、保育室又は遊戯室、屋外遊戯場（保育所の付
　近にある屋外遊戯場に代わるべき場所を含む。次号において同じ。）、調理室及び便所を設け
　ること。

六　保育室又は遊戯室の面積は、前号の幼児一人につき一・九八平方メートル以上、屋外遊戯
　場の面積は、前号の幼児一人につき三・三平方メートル以上であること。

七　保育室又は遊戯室には、保育に必要な用具を備えること。

（出典）児童福祉施設の設備及び運営に関する基準第32条より抜粋

表2-11　保育士の人的配置

| 年齢 | 保育士1人に対する幼児の人数 |
|---|---|
| 乳児（1歳未満児） | 1：3人 |
| 1歳児、2歳児 | 1：6人 |
| 3歳児 | 1：20人 |
| 4歳児、5歳児 | 1：30人 |

（出典）児童福祉施設の設備及び運営に関する基準第33条の2より筆者作成

　また、満2歳以上の幼児を入所させる場合には、「保育室又は遊戯室、屋
外遊戯場（保育所の付近にある屋外遊戯場に代わるべき場所を含む。次号におい
て同じ。）調理室及び便所を設けること」（第32条）とあり、年齢に応じた施
設設備が必要なことがわかる（表2-10参照）。

　いわゆる園庭については、幼稚園が敷地内または隣接する敷地に「運動
場」が必要とされているのに対し、保育所では「屋外遊戯場」が必要とされ
ているものの、保育所の付近にある「屋外遊戯場」で代替可能とされており、
昨今園庭のない保育所が増加している所以である。

　保育所には、保育士、嘱託医及び調理員を置かなければならない（第33
条）とされており、保育士の人的配置は表2-11の通りである。幼稚園が1学
級につき1名の教諭を配置するよう決められていたのに対し、保育所は年齢
によって保育士の人数が決められている。また、保育所には学年別のクラス
編制やクラスの規模等の規定はなく、保育士の人数に対する乳幼児の人数の
みが決められている。

　保育所における保育時間は1日8時間を原則としているが、乳幼児の保護
者の労働時間等を考慮して保育所の長が決める（第34条）とされており、実
際には保護者の就労時間プラス通勤時間を考慮して決定されているため、8
時間以上になることが一般的である。

また第35条には、「保育所における保育は、養護及び教育を一体的に行うことをその特性とし、その内容については厚生労働大臣が定める指針に従う」とあり、保育所保育が、養護と教育を一体的に行うとし、具体的な保育の内容については保育所保育指針に定めることが規定されている。

## （3）保育所保育指針

　保育所保育指針は、1965年に策定され、1990年、1999年、2008年、2017年とこれまで4回の改定がされている。最初は課長通達であったが、2008年度の改定に際して厚生労働大臣の告示となった。

### ①保育所の役割

　保育所保育指針は、具体的な保育所保育の目的や内容等について示したものである。第1章1保育所保育に関する基本原則（1）保育所の役割には、保育の目的として4項目があげられている（表2-12）。

表2-12　保育所の役割

| （1）保育所の役割 |
| --- |
| ア　保育所は、児童福祉法（昭和 22 年法律第 164 号）第 39 条の規定に基づき、保育を必要とする子どもの保育を行い、その健全な心身の発達を図ることを目的とする児童福祉施設であり、入所する子どもの最善の利益を考慮し、その福祉を積極的に増進することに最もふさわしい生活の場でなければならない。 |
| イ　保育所は、その目的を達成するために、保育に関する専門性を有する職員が、家庭との緊密な連携の下に、子どもの状況や発達過程を踏まえ、保育所における環境を通して、養護及び教育を一体的に行うことを特性としている。 |
| ウ　保育所は、入所する子どもを保育するとともに、家庭や地域の様々な社会資源との連携を図りながら、入所する子どもの保護者に対する支援及び地域の子育て家庭に対する支援等を行う役割を担うものである。 |
| エ　保育所における保育士は、児童福祉法第 18 条の4の規定を踏まえ、保育所の役割及び機能が適切に発揮されるように、倫理観に裏付けられた専門的知識、技術及び判断をもって、子どもを保育するとともに、子どもの保護者に対する保育に関する指導を行うものであり、その職責を遂行するための専門性の向上に絶えず努めなければならない。 |

（出典）保育所保育指針第1章総則　1保育所保育に関する基本原則（1）保育所の役割より筆者作成

　これをみると幼稚園と同様の目的を持っていることがわかるが、「入所す

る子どもの最善の利益を考慮し」とあるように、児童福祉施設としての保育所の役割が明記されている（ア）。

また、保育が「環境を通して」行われるという点も幼稚園と同様であるが、「養護及び教育を一体的に行う」とあることから、保育所保育の特性として生命の保持などの養護的側面が重視されていることがうかがえる（イ）。

さらに、地域や保護者の子育ての支援を行う役割を担うこと（ウ）が明記されていたり、「子どもの保育をするとともに、保護者に対する保育に関する指導」を行う（エ）ことが求められている点は保育所の特徴といえよう。

②保育の目標

保育所保育指針では、保育の目標を6つあげている（表2-13参照）。ここでも養護の行き届いた環境であること、「生命の保持及び情緒の安定を図ること」とあるように、保育所保育指針では養護と教育を一体的に行うということが繰り返し示されている。

また幼児期の終わりまでに育ってほしい姿については幼稚園教育要領と同様の内容が示されており、幼稚園と保育所が一体となって幼児期の教育としての在り方を志向していることがうかがえる。

表2-13　保育所保育の目標

| |
|---|
| **（2）保育の目標** |
| ア　保育所は、子どもが生涯にわたる人間形成にとって極めて重要な時期に、その生活時間の大半を過ごす場である。このため、保育所の保育は、子どもが現在を最も良く生き、望ましい未来をつくり出す力の基礎を培うために、次の目標を目指して行わなければならない。 |
| （ア）十分に養護の行き届いた環境の下に、くつろいだ雰囲気の中で子どもの様々な欲求を満たし、生命の保持及び情緒の安定を図ること。 |
| （イ）健康、安全など生活に必要な基本的な習慣や態度を養い、心身の健康の基礎を培うこと。 |
| （ウ）人との関わりの中で、人に対する愛情と信頼感、そして人権を大切にする心を育てるとともに、自主、自立及び協調の態度を養い、道徳性の芽生えを培うこと。 |
| （エ）生命、自然及び社会の事象についての興味や関心を育て、それらに対する豊かな心情や思考力の芽生えを培うこと。 |
| （オ）生活の中で、言葉への興味や関心を育て、話したり、聞いたり、相手の話を理解しようとするなど、言葉の豊かさを養うこと。 |

（カ）様々な体験を通して、豊かな感性や表現力を育み、創造性の芽生えを培うこと。
イ　保育所は、入所する子どもの保護者に対し、その意向を受け止め、子どもと保護者の安定した関係に配慮し、保育所の特性や保育士等の専門性を生かして、その援助に当たらなければならない。

（出典）保育所保育指針第1章総則　1保育所保育に関する基本原則（2）保育の目標より筆者作成

### ③保育の内容

　保育所保育指針では、乳児保育、1歳以上3歳未満児の保育、3歳以上児の保育の3つに分け、ねらい及び内容を示している。乳児保育については、身体的発達に関する視点「健やかに伸び伸びと育つ」、社会的発達に関する視点「身近な人と気持ちが通じ合う」、精神的発達に関する視点「身近なものと関わり感性が育つ」の3つの視点から、ねらいと内容が示されている。

　1歳以上3歳未満児、3歳以上児については幼稚園教育要領と同様に5つの領域に分けてねらいと内容が示されている。3歳以上児の保育については、幼稚園教育要領と内容の共通化が図られており、施設は違っても同じ年齢の子どもには同様の保育が提供できるような体制となっている。認定こども園についても同様にねらいと内容の共通化が図られている。

## （4）保育所の実際

　保育所は児童福祉施設であり、保育を必要とする児童に等しく保育を提供する義務がある。しかしながら、近年待機児童の増加が著しく、「保育を必要とする」事由がありながらも保育所に入所できない児童が多くなっている。この傾向は特に0歳児、1歳児に多くみられ、育児休業明けに子どもを保育所に入所させようとしても入所することができず、仕事に復帰できないといったケースも散見する。

　また、ひとり親家庭や子どもの貧困が増加しており、保育を必要とする家庭は増加傾向である。保育所の量的拡大もスピーディーに進める必要があるが、加えて質の問題も重要であり、現在の保育所は量と質の両方をいかに担保できるかが大きな課題となっている。

## 3 認定こども園

### （1）認定こども園法と認定こども園の種類

　認定こども園は、2006年の認定こども園法によって定められた施設である。この法律では、「就学前の子どもに対する教育及び保育並びに保護者に対する子育て支援の総合的な提供を推進」し、「地域において子どもが健やかに育成される環境の整備に資すること」が目的とされている。その背景には、現在の家庭や地域を取り巻く状況から就学前の子どもの教育及び保育に対する需要が多様なものとなっていることがあげられており、地域における創意工夫を生かした教育・保育を一体的に行い、子育て支援も含めた総合的な提供が目指されているといえる（第1条）。

　認定こども園では、幼稚園と保育所の一体的な運営が目指されたが、当初の制度設計では、幼稚園部分、保育所部分とそれぞれの認可を受ける必要があり、また教育・保育についても幼稚園・保育所2つの制度の上で実施する必要があった。

　2012年の改正によって、幼保連携型認定こども園においては、「改正認定こども園法」に基づく単一の認可となり、指導・監督も一本化された。また「幼保連携型認定こども園教育・保育要領」が出され、具体的な教育・保育についても一本化されることとなった。一方で、「幼保連携型認定こども園以外の認定こども園」はこれまでと同様に、従来の認可を受けている幼稚園や保育所としての機能に加えて、認定こども園としての機能を持つこととなる（認定こども園の種類については表2-14を参照）。

表2-14　認定こども園の種類別概要

| 種類 | 幼保連携型 | 幼稚園型 | 保育所型 | 地方裁量型 |
|------|-----------|----------|----------|------------|
| タイプ | 幼稚園的機能と保育所的機能の両方の機能をあわせ持つ単一の施設として、認定こども園としての機能を果たすタイプ | 認可幼稚園が、保育が必要な子どものための保育時間を確保するなど、保育所的な機能を備えて認定こども園としての機能を果たすタイプ | 認可保育所が、保育が必要な子ども以外の子どもも受け入れるなど、幼稚園的な機能を備えることで認定こども園としての機能を果たすタイプ | 幼稚園・保育所いずれの認可もない地域の教育・保育施設が、認定こども園として必要な機能を果たすタイプ |
| 職員資格 | 保育教諭を配置。保育教諭は、幼稚園教諭の免許状と保育士資格を併有。ただし、施行から10年間は、一定の経過措置あり。 | ・満3歳以上：幼稚園教諭と保育士資格の両免許・資格の併有が望ましい。<br>・満3歳未満：保育士資格が必要 | | |
| 学級編制 | ・満3歳以上の教育時間相当利用時及び教育及び保育時間相当利用時の共通の4時間程度については学級を編制 | | | |
| 教育・保育内容 | | 幼稚園教育要領 | 保育所保育指針 | |
| | 幼保連携型認定こども園教育・保育要領を踏まえて教育・保育を実施 | | | |

（出典）内閣府HPより筆者作成

## （2）幼保連携型認定こども園

　幼保連携型認定こども園は、前述の通り、幼稚園的機能と保育所的機能の両方の機能をあわせ持つ単一の施設として設置されているものを指す。認定こども園法では、幼保連携型認定こども園の教育及び保育の目標（表2-15）や内容が示されており、入園資格としては「満3歳以上の子ども」（1号認定、2号認定を受けた子ども）と「満3歳未満の保育を必要とする子ども」（3号認定を受けたこども）となっている（第11条）。また、幼保連携型認定こども園は、国、地方公共団体、学校法人、社会福祉法人のみが設置できるとされており（第12条）、株式会社などは運営できない。

表2-15　幼保連携型認定こども園の保育目標及び内容

| 一 | 健康、安全で幸福な生活のために必要な基本的な習慣を養い、身体諸機能の調和的発達を図ること。 |
| --- | --- |
| 二 | 集団生活を通じて、喜んでこれに参加する態度を養うとともに家族や身近な人への信頼感を深め、自主、自律及び協同の精神並びに規範意識の芽生えを養うこと。 |
| 三 | 身近な社会生活、生命及び自然に対する興味を養い、それらに対する正しい理解と態度及び思考力の芽生えを養うこと。 |
| 四 | 日常の会話や、絵本、童話等に親しむことを通じて、言葉の使い方を正しく導くとともに、相手の話を理解しようとする態度を養うこと。 |
| 五 | 音楽、身体による表現、造形等に親しむことを通じて、豊かな感性と表現力の芽生えを養うこと。 |
| 六 | 快適な生活環境の実現及び子どもと保育教諭その他の職員との信頼関係の構築を通じて、心身の健康の確保及び増進を図ること。 |

（出典）「就学前の子どもに関する教育、保育等の総合的な提供の推進に関する法律」第9条より筆者作成

　具体的な教育・保育の内容については、「幼保連携型認定こども園教育・保育要領」に示されている。その内容は幼稚園教育要領と保育所保育指針の両方を取り入れたものとなっており、両者を併せたものと捉えて良いだろう。

# 第3節　昨今の就学前教育の状況とこれからの展望

## 1　幼児教育の無償化

　2019年10月より、幼児教育・保育の無償化が始まった。3歳以上の子どもは、幼稚園[(7)]、保育所、認定こども園にかかわらず、保育料が無料となった。3歳未満児については、住民税非課税世帯においては無償化の対象となる。また、幼稚園における「預かり保育」や認可外保育施設[(8)]の利用者についても上限はあるものの無償化の対象となり、障害児の発達支援施設[(9)]についても就学前までの3年間、無料で利用できることとなった。

　このように幼児教育・保育に関する制度は、一見充実してきているといえる。しかしながら、待機児童の問題や、保育士不足、保育士の処遇改善など、問題は山積しており、幼児教育・保育の無償化を優先すべきであったのかは議論されている点でもある。

## 2 小学校教育への接続

　文部科学省は全ての子どもに対して格差なく質の高い学びを保障するための「幼児教育スタートプラン」を構想している。2021年7月には、中央教育審議会の初等中等教育分科会において「幼児教育と小学校教育の架け橋特別委員会」が設置された。ここでは①生活・学習基盤を全ての5歳児に保障するための方策②各地域において幼児教育を着実に推進するための体制整備③保護者や地域の教育力を引き出すための方策、保育人材の資質能力の向上、といった幼児教育の質的向上及び小学校教育との円滑な接続を図る上で必要な事項について検討されている。

　これから、すべての5歳児に、生活・学習の基盤を保障し、小学校教育へと円滑に接続していくことが求められていくと考えられる。

〈注〉
（1）1号認定は3～5歳の教育標準時間の認定を受ける者（保育を必要としない）、2号認定は3～5歳の保育認定を受ける者（保育を必要とする）、3号認定は0～2歳の保育認定を受ける者（保育を必要とする）を指す。
（2）1956年の幼稚園教育要領は保育要領の改訂として位置づけられているが、幼稚園にのみ適用されることとなる。1964年の幼稚園教育要領からは官報に掲載され文部大臣による告示となっているが、1956年のものは告示ではない。
（3）1964、1989、1999年、2008年、2018年と改訂があり、1989年以降は約10年毎に改訂されている。
（4）これは先に示した学校教育法第22条の規定によることがわかる。
（5）無償化の対象となるのは、保護者が就労していることが前提となる（新2号認定の対象）。
（6）保育士は保育所のみならずその他の児童福祉施設においても、児童の保育や保護者の保育に関する指導を行う専門職である。従って対象とする年齢は乳幼児のみならず、18歳までの児童であり、またその保護者ということになる。
（7）幼稚園については幼稚園が新制度に移行するか、従来の私学助成を受けるか選択でき、新制度に移行した場合のみ無償化の対象となる。
（8）認可外保育施設（一般的な認可外保育施設、地方自治体独自の認証保育施設、ベビーシッター、認可外の事業所内保育等）、一時預かり事業、病児保育事業、ファミリー・サポート・センター事業等をさす。
（9）児童発達支援・医療型児童発達支援・居宅訪問型児童発達支援・保育所等訪問支援・福祉型障害児入所施設・医療型障害児入所施設等をさす。

〈参考・引用文献〉
・内閣府「よく分かる『子ども・子育て支援新制度』」 https://www8.cao.go.jp/shoushi/shinseido/sukusuku.html（2021年8月9日確認）

・内閣府「認定こども園の認可基準について（平成26年1月）」子ども・子育て支援新制度説明会資料 https://www8.cao.go.jp/shoushi/shinseido/administer/setsumeikai/h260124/pdf/s3.pdf（2021年8月9日確認）
・内閣府「認定こども園概要」 https://www8.cao.go.jp/shoushi/kodomoen/gaiyou.html（2021年8月9日確認）
・内閣府「幼児教育・保育の無償化」 https://www8.cao.go.jp/shoushi/shinseido/musyouka/index.html（2021年8月9日確認）
・文部科学省「学校基本調査」
・文部科学省「教育課程部会幼児教育部会資料6」平成28年3月30日 https://www.mext.go.jp/b_menu/shingi/chukyo/chukyo3/057/siryo/__icsFiles/afieldfile/2016/04/19/1369745_05.pdf（2021年8月9日確認）
・文部科学省「第125回教育課程部会参考資料2─3」令和3年7月15日 https://www.mext.go.jp/content/20210716-mxt_kyoiku01-000016739_s2-3.pdf（2021年8月9日確認）

## 学習課題

（1）幼稚園、保育所、幼保連携型認定こども園の違いについてまとめよう。

（2）保育所の待機児童改善に向けてどのような取り組みがされているかまとめよう。

（3）幼児教育・保育と小学校教育の接続期において何が重要か双方の立場から考えてみよう。

# 第3章　学校教育制度(2)
## ——義務教育制度

　日本では親がその保護する子に教育を受けさせる義務（教育義務）を負っている。その義務は、子を学校に就学させる義務（就学義務）として規定されている。

　日本の義務教育は9年間で、主に小学校及び中学校に通うことによって行われる。発達状況等に応じて、子は特別支援学校に通う場合もある。子が学校に通わない、いわゆる不登校の問題は、今日の学校教育の在り方への課題を投げかけている。

# 第1節　義務教育とは何か

## 1　教育義務と就学義務

　私たちは教育という言葉から学校教育を思い描くことが多いが、教育は本来私的な営みである。2006年に全面改訂された教育基本法は、教育を行う場によって、教育を学校教育、家庭教育、社会教育に区分している。子の教育について、その保護者（多くは親）は他の者に対してその子の教育について優先的に決定することができる。このことは、教育基本法第10条で「父母その他の保護者は、子の教育について一義的責任を有するものであって、生活のために必要な習慣を身に付けさせるとともに、自立心を育成し、心身の調和のとれた発達を図るよう努めるものとする」と確認されている。

　歴史的にみてみると、近代国家の成立によって、教育は、「公教育」と「私教育」とに区分されるようになる。私教育については、民法（1896年制定、以下改正多数）第4編「親族」第4章「親権」において、「親権を行う者は、子の利益のために子の監護及び教育をする権利を有し、義務を負う」（第820条）ことが規定されている。また、「必要な範囲内でその子を懲戒することができる」（第822条）とされている。つまり、親は、その子に対して教育を行う一義的責任を負っているのである。

　親は、私教育のみならず、公教育においてもその子に必要な教育を受けさせる義務を負っている（教育義務）。日本国憲法（1946年制定）第26条第2項は、「すべて国民は、法律の定めるところにより、その保護する子女に普通教育を受けさせる義務を負ふ」と規定し、また、教育基本法第5条は、「国民は、その保護する子に、別に法律で定めるところにより、普通教育を受けさせる義務を負う」としている。なお、憲法の「子女」と教育基本法の「子」は同じ内容なのだが、法が制定された時代により表記のしかたが異なっている。

　この普通教育を受けさせる義務は、日本においては学校に通学させる義務（就学義務）として規定されている。日本国籍を持つ満6歳から12歳までの初等教育段階における義務教育は、小学校、義務教育学校の前期課程、又は

特別支援学校小学部に就学することが義務となる。それに続く満15歳までの義務教育は、中学校、義務教育学校の後期課程、中等教育学校の前期課程、又は特別支援学校の中学部に就学させることが親の義務となる（学校教育法第17条参照）。諸外国のうち、イギリスやアメリカの一部の州等では、ホームスクーリングや親が自身で教育を行う等によって教育義務を果たせば、就学をしなくとも良い場合もある。つまり教育義務はあるが、就学義務はない国もある。

　就学義務には例外がある。病弱、発育不完全その他やむを得ない事由がある場合、就学義務を猶予又は免除することができる（同法第18条）。かつては経済的理由によって、就学が猶予・免除されていたが、1900年以降は認められていない。経済的理由によって就学困難が認められる場合には、市町村は児童生徒の保護者に対して必要な援助を与えなければならないとされている（学校教育法第19条）。また、生活保護法によって教育扶助を受けることもできる。

　就学義務を保障するために、義務教育の対象となる児童生徒を使用（雇用）する場合、その使用者は児童生徒の就学を妨げてはならない。これを「避止義務」という（学校教育法第20条）。


## 2　義務教育の目的・目標

　義務教育の目的は、「各個人の有する能力を伸ばしつつ社会において自立的に生きる基礎を培い、また、国家及び社会の形成者として必要とされる基本的な資質を養うこと」（教育基本法第5条第2項）である。それを基盤とした義務教育の目標は、学校教育法第21条において、10項目に整理されている（巻末資料参照）。

　こうした義務教育の目的や目標は、2006年改正の教育基本法及び2007年改正の学校教育法によって規定されたのだが、これを受けて、小学校・中学校教育の目的は、「心身の発達に応じて、義務教育として行われる普通教育」を施すこととされている（学校教育法第29条、第45条）。これらに加えて、小学校教育の目標（中学校や高等学校等にも準用されている）が以下のとおりに

規定されている（学校教育法第30条第2項）。

　前項の場合においては、生涯にわたり学習する基盤が培われるよう、基礎的な知識及び技能を習得させるとともに、これらを活用して課題を解決するために必要な思考力、判断力、表現力その他の能力をはぐくみ、主体的に学習に取り組む態度を養うことに、特に意を用いなければならない。

### 3　義務教育のための学校設置者

　前述のように、日本では「教育義務＝就学義務」という制度になっている。就学義務を果たすためには義務教育のための学校が設置・運営されなければならない。市町村は小学校及び中学校を、都道府県は特別支援学校を設置する義務を負っている（学校教育法第38条、第49条、第80条）。なお、高等学校については、義務教育ではないため、高等学校の設置義務は法令上定められていない。

　小学校及び中学校の設置義務を負う市町村（東京都の特別区を含む）は、複数の学校がある場合には就学する学校を指定するための通学区域を設定することになっている（学校教育法施行令第5条第2項）。保護者は原則として指定された学校に入学させることになるが、相当な理由がある場合（たとえば、いじめのある場合、希望する部活動の有無等）には、指定以外の学校への変更申し立てを行い、市町村の教育委員会は就学する学校を変更することができる（同令第8条）。また、私立学校や中等教育学校等の指定以外の学校に就学させようとする場合には、市町村教育委員会に届け出ることになっている（同令第9条）。

## 第2節　**義務教育のための学校**

### 1　学級担任制と教科担任制

　義務教育の対象となる諸学校は、小学校、中学校、義務教育学校、中等教

育学校の前期課程、又は特別支援学校の小学部若しくは中学部である。小学校では、一般に学級担任制が採用され、学級担任教員がほぼすべての授業を担当してきた。従って学級担任教員の影響が大きく、時には「学級王国」等と批判的にみられることもあった。2021年1月26日の中央教育審議会（中教審）答申「『令和の日本型学校教育』の構築を目指して」を受け、高学年を中心として教科担任制への移行が模索されている。中学校では、教員免許状が教科別となっており、教科担任制である。

小学校の学級編制は、これまで40人（1年生のみ35人）以下を標準としてきた（いわゆる「40人学級」）が、2021年の公立義務教育諸学校の学級編制及び教職員定数の標準に関する法律（以下、標準法）の改正により、2021年度は1年と2年で、2022年度は3年まで、以下年度を追って35人以下での学級へと移行し、2025年度には全学年で35人以下の学級となる。中学校については、40人以下のままとなっている。


## 2 学校の施設・設備

小学校の施設及び設備については、「指導上、保健衛生上、安全上及び管理上適切なものでなければならない」とされている（小学校設置基準第7条）。国の基準として、校舎及び運動場についての基準が定められており、校舎には、教室（普通教室、特別教室等）、図書室、保健室、職員室が必須とされ、必要に応じて特別支援学級のための教室を備えることとされている。また、体育館は特別の事情のある場合を除いて備えるものとされている。中学校については、中学校設置基準により、同様の規定があるが、校舎の面積や運動場の面積が小学校よりも広くなるように設定されている。

普通教室の大きさについて、国の規定はないが、公立小中学校では平均面積が64平方メートルとなっている。畳でいう「4間×5間（1間は約1.8m）」が平均的な教室の大きさである。机の大きさは、従来40cm×60cmと統一されていたが、1999年にJIS規格が改正され、45cm×65cm等と広くなった。かつては1つの教室に50人もの児童生徒が入っていたため、かなり窮屈であったが、今日では40人学級、さらには35人学級となりつつあり、机が大き

くなってもある程度の余裕はある。しかし近年、情報端末等の整備によって、教室に備え付けとなる備品が増え、教室の広さについての議論もある。

### 3 学校間の接続と小中一貫教育

　小学校と中学校は義務教育という意味では同様であるが、学校運営の在り方が異なるところもある。小学校が学級担任制であるのに対し、中学校は教科担任制である。また、中学校は授業の進み方が速いといわれている。さらには部活動の活発な学校が多く、上下関係が小学校よりも厳しい、といった違いがある。全国の小学校数及び中学校数からすると（第1章参照）、小学校2校の児童が中学校1校に入学する計算になり、思春期の時期に人間関係を構築することになる。環境の変化によって中学校生活に馴染めない「中1ギャップ」が生まれ、問題行動や不登校等につながると考えられている。

　こうした課題に対応するために2016年度には小学校と中学校を合わせた形となる義務教育学校、併設型の小学校及び中学校（中学校併設型小学校及び小学校併設型中学校）が、それぞれ制度化された。

　義務教育学校は、9年間の一体的学校で、小学校に相当する6年を前期課程、中学校に相当する3年を後期課程と呼ぶ。併設型の小学校及び中学校は、同一の設置者（市町村等）による小学校と中学校で、教育課程の編成等で連携しながら教育を進める。こうした学校は、校地や校舎が1つになった施設一体型の場合と、隣接する校舎を活用する施設分離型とに区分することもできる。義務教育学校の標準学級数は、18-27学級である（学校教育法施行規則第79条の3）。

# 第3節　**義務教育の現状と課題**

## 1 小規模化と学校統廃合

　実際の義務教育の諸学校について、量的な変化をみてみよう。現在の学校制度の基本的枠組みは、1947年の学校教育法によって定められた。「図3-1」

は在学者数の推移である。[2]小学校の児童数のピークは、1958年度の1,349万人、1981年度の1,192万人である。その後は減少傾向が続き、2020年度は630万人と、ピーク時の半分以下まで減少している。中学校の生徒数は小学校よりも少し遅れてそのピークを迎え、その後やはり減少傾向となっている。

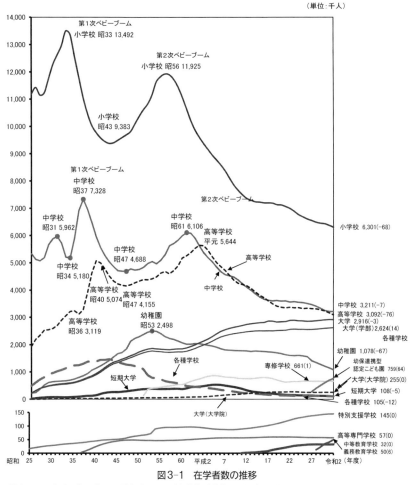

（単位：千人）

**図3-1　在学者数の推移**

（注）　1　（　）内の数は、前年度からの増減値（単位：千人）である。
　　　　2　特別支援学校は、平成18年度以前は盲学校、聾学校、養護学校である。
　　　　3　大学には、学部学生、大学院学生のほか、科目等履修生、聴講生、研究生等を含む。
（出典）文部科学省「学校基本調査」

小学校及び中学校の標準学級数は12-18学級と定められている（学校教育法施行規則第41条、第79条）。つまり小学校では1学年2-3学級、中学校では1学年4-6学級が望ましい規模として想定されている。

　近年の学校における特徴として挙げられるのは、学校の小規模化である。2020年度の小学校19,525校（国立68校、公立19,217校、私立240校、分校を含む）のうち、1校当たりの学級数で、0学級が237校（1.2%）、1-5学級の学校（学年を合わせた複式学級のある学校、あるいはある学年に児童がいない学校）が1,713校（8.8%）、6-11学級の学校（標準規模に満たない学年1-2学級の学校）が6,542校（33.5%）ある。つまり4割以上の小学校は標準規模に達していない（文部科学省「学校基本調査」から計算）。

　中学校では、全10,142校（国立69校、公立9,291校、私立782校）のうち、0学級118校（1.2%）、1-3学級776校（7.7%）、4-6学級1,732校（17.1%）、7-9学級1,603校（15.8%）、10-11学級1,040校（10.3%）等となっており、標準規模に達しない学校数は計5,292校で全体の5割を超えている（文部科学省「学校基本調査」2020年度から計算）。

　学校の小規模化は、児童生徒に目が行き届き、細やかな指導が可能等の長所がある一方で、教育活動上一定の制約ともなり得ることが考えられる。たとえば、行事等が盛り上がらない、学級の組み替えができない、教職員数が少なく事務負担が大きい等が考えられる。さらには、公立の小学校及び中学校の設置者の中心である市町村の財政負担が大きくなる。公立小中学校では、主な教職員の給与等は都道府県あるいは政令指定都市が2/3を負担し、1/3を国が負担している（県費負担教職員制度）。学校設置者はその学校の施設・設備等を維持・管理するとともに、その運営に必要な経費を負担することとなっている（学校教育法第5条）。これを学校設置者管理主義、学校設置者負担主義という。

　公立小中学校の主な設置者である市町村の財政状況をみてみよう。総務省が公表している『地方財政の状況』（2021年版、157頁）によれば、2019年度決算における市町村の歳出（目的別）決算では、民生費（35.9%）、教育費（12.7%）、総務費（11.7%）、土木費（11.0%）等となっている。教育費は市町村では2番目の規模となっていて、市町村の教育費負担が少なくないことが

わかる。

　文部科学省が行っている「地方教育費調査」において、小学校の費用を例にみてみよう。国、都道府県、市町村が負担する小学校の教育費は、日本全体で年間6兆1,859億円である（2019会計年度）。内訳では、国庫補助金が1兆438億円（16.9％）、都道府県支出金が2兆3,685億円（38.3％）、市町村支出金2兆3,354億円（37.8％）、地方債その他が4,382億円（7.1％）となっている。2019年度の公立小学校は19,432校であるから、単純に計算すると、公立小学校1校当たり年間約3.18億円の経費が国、都道府県、市町村から支出されていることになる。

## 2　学校と地域社会の関係

　2000年代に入り、公立の小学校や中学校を選ぶことができる学校選択制を導入する市町村が出てきた。これは市町村が指定した複数の学校から、あるいは通学可能な学校の中から保護者が学校を指定する制度である。2012年に行われた文部科学省の調査では、小学校が複数ある1,547市町村教育委員会（調査対象全体は1,753）のうち、246市町村教育委員会（15.1％）で、中学校が複数ある1,250市町村教育委員会（調査対象全体は1,758）のうち、204市町村教育委員会（15.6％）で、学校選択制が実施されていた。しかし、学校選択制の取りやめを検討中あるいは決定した市町村も調査されており、学校選択制は減少傾向となっているようである（その後文部科学省による調査は実施されていないようである(3)）。

　学校は地域に密着した存在であり、保護者や地域住民の協力の上に成り立っている。学校評議員（2000年）や学校運営協議会（2004年）等、保護者や地域住民が学校の運営に参画する制度も整えられてきた（第9章参照）。また、2017年に告示された学習指導要領は、社会に開かれた教育課程によるカリキュラム・マネジメントの重要性を記述している。

　しかし児童生徒数の減少等の影響により、学校規模が小さくなり、さらには学校統廃合によって学校が地域から物理的に離れた存在になる可能性が増えている。上述の学校選択制の調査では、小学校では1,753市町村教育委

員会のうち200余りで、中学校では1,758市町村教育委員会のうち500余りで、選択する学校がない状況、つまり市町村に小学校あるいは中学校が1校のみであることになる。

## 3　義務教育と学習費

　2020年度の学校基本調査によれば、小学校19,525校のうち、私立小学校は240校あり、小学生約630万人のうち、私立小学校に通学している者は7万8,926人（1.25%）である。中学校1万0,142校のうち、私立中学校は782校あり、中学生約321万人のうち、私立中学校に通学している者は24万2,095人（7.54%）である。私立の小中学校は都市部に多い。たとえば東京都では中学校803校のうち私立中学校は188校で、中学生30万4,405人のうち私立中学校に通学する者は7万6,707人と25.2%に達している。つまり東京都では4人に1人が私立中学校に通学している計算になる。公立の中等教育学校及び併設中学校があることを含めて考慮すると、通学区域で指定される公立中学校以外の中学校を受験する者が相当数いることがわかる。このことは、塾等の教育費を必要とすることにつながる。

　文部科学省が2年毎に調査している「子供の学習費調査」（2018年調査）によれば、1年間の学習費総額は、公立小学校で32.1万円、私立小学校で159.9万円、公立中学校で48.8万円、私立中学校で140.6万円となっている。合計すると、公立小学校6年間で192.8万円、私立小学校6年間で959.2万円、公立中学校3年間で146.5万円、私立中学校3年間で421.9万円となる。小中学校をすべて公立に通うと339.3万円、小中学校をすべて私立に通うと1,381.1万円と公立のおよそ3倍の学習費が必要になる。

表3-1　小中学校における学習費（単位：円）

| 区分 | 小学校 | | 中学校 | |
|---|---|---|---|---|
| | 公立 | 私立 | 公立 | 私立 |
| 学習費総額 | 321,281 | 1,598,691 | 488,397 | 1,406,433 |
| 学校教育費 | 63,102 | 904,164 | 138,961 | 1,071,438 |
| うち授業料 | … | 485,337 | … | 428,574 |
| 学校給食費 | 43,728 | 47,638 | 42,945 | 3,731 |
| 学校外活動費 | 214,451 | 646,889 | 306,491 | 331,264 |

（出典）文部科学省「平成30年度子供の学習費調査」

　公立学校への通学は、授業料がなく、教科書も無償であるが、それでも平均して1年に30-50万円程度の費用が必要になる。私立学校への通学となると、年間で約150万円程度が必要となる。こうした私的な教育費が多くなれば、教育の機会均等という考え方は実質的に成り立たなくなるであろう。

## 第4節　**特別支援教育の制度**

### 1　特別支援教育の歴史的背景

　かつて、日本における障害のある子どもの教育は、障害の種類や程度に応じた「特別の指導」を「特別の場」で行うことを基本としていた。そうした教育を「特殊教育」と呼んでいた。盲学校、聾学校、知的障害養護学校、肢体不自由養護学校、病弱養護学校が設置され、それぞれの障害のある子どもの教育がなされていた。小・中学校では、弱視、難聴、知的障害、肢体不自由、情緒障害、言語障害等の特殊学級が設置されていた。

　2006年に学校教育法が一部改正され、2007年から施行されたことにより、「特殊教育」から「特別支援教育」への転換が行われた。従来の盲学校、聾学校、養護学校は、特別支援学校に名称が変更され、特別支援学校は複数の障害に対応した教育を行うことができるようになった。実際の名称をみてみると、視覚特別支援学校、聴覚特別支援学校等の障害種別を示すものや、総合支援学校のように複数の障害種別に対応していることを示すものがある。また、従来の養護学校を名称として用いている学校もある。また、小・中学

校における特殊学級の名称は「特別支援学級」に変更された。


## 2 特別支援教育の推進

前出の学校教育法一部改正施行に合わせて、2007年に「特別支援教育の推進について（通知）」（文部科学省初等中等教育局長通知第125号）が発出された。これは、日本の特別支援教育の理念や実施のための具体的な取り組みを示しており、現在に至るまで特別支援教育の基本となるものである（表3-2）。この中で重要なのは、発達障害について、特別支援教育の対象であることを明示したことである。また、発達障害を含めて、通常の学級にも特別な支援が必要な子どもが在籍していることを踏まえ、すべての学校において、子どもたちの実態把握と支援を適切に行う必要があることを示したことである。

また、特別支援教育の理念を具体化するための各学校の取り組みとして表3-3の6点を示している。

表3-2　特別支援教育の理念（強調文字は筆者）

> 　特別支援教育は、障害のある幼児児童生徒の**自立や社会参加に向けた主体的な取組**を支援するという視点に立ち、**幼児児童生徒一人一人の教育的ニーズを把握**し、その持てる力を高め、**生活や学習上の困難を改善又は克服する**ため、適切な指導及び必要な支援を行うものである。
>
> 　また、特別支援教育は、これまでの特殊教育の対象の障害だけでなく、知的な遅れのない**発達障害も含めて、特別な支援を必要とする幼児児童生徒が在籍する全ての学校において実施**されるものである。
>
> 　さらに、特別支援教育は、障害のある幼児児童生徒への教育にとどまらず、障害の有無やその他の個々の違いを認識しつつ**様々な人々が生き生きと活躍できる共生社会の形成の基礎**となるものであり、我が国の現在及び将来の社会にとって重要な意味を持っている。

（出典）文部科学省初等中等教育局長（19文科初第125号）「特別支援教育の推進について（通知）」、2007年

表3-3　特別支援教育を行うための体制

| ① | 特別支援教育に関する校内委員会の設置 |
| --- | --- |
| ② | 幼児児童生徒の実態把握 |
| ③ | 特別支援教育コーディネーターの指名 |
| ④ | 関係機関との連携を図った「個別の教育支援計画」の策定と活用 |
| ⑤ | 「個別の指導計画」の作成 |
| ⑥ | 教員の専門性の向上 |

（出典）文部科学省初等中等教育局長（19文科初第125号）「特別支援教育の推進について（通知）」、2007年より筆者が抜粋

■注「個別の教育支援計画」と「個別の指導計画」は2017年の学習指導要領改訂により、特別支援学校に加え、小・中学校においても、特別支援学級や通級指導教室で指導を受ける児童生徒については作成し活用することとなった。また、通常の学級に在籍する特別な支援が必要な児童生徒についても作成し活用することに努めることとなった。

「個別の教育支援計画」について「小学校学習指導要領（平成29年告示）解説」では以下のように説明している。「平成15年に示された障害者基本計画においては、教育、医療、福祉、労働等の関係機関が連携・協力を図り、障害のある児童の生涯にわたる継続的な支援体制を整え、それぞれの年代における児童の望ましい成長を促すため、個別の支援計画を作成することが示された。この個別の支援計画のうち、幼児児童生徒に対して、教育機関が中心となって作成するものを、個別の教育支援計画という。」

「個別の指導計画」について、同書では以下のように説明している。「個別の指導計画は、個々の児童の実態に応じて適切な指導を行うために学校で作成されるものである。個別の指導計画は、教育課程を具体化し、障害のある児童など一人一人の指導目標、指導内容及び指導方法を明確にして、きめ細やかに指導するために作成するものである。」

## 3　特別支援教育のしくみ

### （1）通常の学級

　通常の学級とは、大勢の子どもたちの中で生活し学習する場である。通称で「一般級」とか「普通級」などと言う場合もある。担任1人が学級運営を行うことが基本であるが、特別な支援を必要とする子どもの日常生活上の介助や学習活動の支援を行うために、特別支援教育支援員等が配置される場合がある。また、特別支援教育コーディネーターが相談に応じたり、校内委員会を組織して学校全体として支援を行ったりしている。

　小・中学校の学習指導要領（平成29年告示）解説では教科等毎に、個に応じた指導内容や方法の例示がなされている。たとえば、「小学校学習指導要領（平成29年告示）解説【国語編】」には、表3-4に示すような記述がある。こうした例示は、通常の学級においても障害のある子どもなど特別な支援を必要とする子どもに対して適切に支援することを求めるものであり、当たり前に行われることが期待されている。

表3-4　小学校の国語における個に応じた指導内容や方法の例示

> ・声を出して発表することに困難がある場合や、人前で話すことへの不安を抱いている場合には、紙やホワイトボードに書いたものを提示したり、ICT機器を活用して発表したりするなど、多様な表現方法が選択できるように工夫し、自分の考えを表すことに対する自信がもてるような配慮をする。

（出典）文部科学省「小学校学習指導要領（平成29年告示）解説【国語編】」2018年

### （2）通級による指導

　通級による指導は、通常の学級に在籍していて、比較的障害の程度が軽度の子どもを対象に行われる。対象となる障害は、言語障害、自閉症、情緒障害、弱視、難聴、学習障害、注意欠陥多動性障害、肢体不自由、病弱・身体虚弱である（2021年時点では、知的障害は通級による対象になっていないが、2021年度から2年間、文部科学省によって「特別支援教育に関する実践研究充実事業（知的障害に対する通級による指導についての実践研究）」が実施されている）。

通級による指導を受ける子どもたちは、多くの時間を通常の学級で過ごし、授業を受け、週に1〜8時間程度、通級指導教室で通級による指導を受ける。学習障害の場合は年間10回程度の指導になる場合もある。通級による指導の時間は、通常の学級を抜けることになるが、この場合、「特別の教育課程」による指導を、通級指導教室で受けたことになるので欠席扱いにはならない。

2018年度から、それまでの小・中学校に加え高等学校においても通級による指導を実施できるようになった。

### （3）特別支援学級

特別支援学級は、小・中学校に設置され、障害のある子どもたちに対して少人数できめこまやかな指導を行っている。地域によっては「個別級」とか「支援級」や、「あさがお学級」などの通称で呼ばれていることがある。対象となる障害は、知的障害、肢体不自由、身体虚弱、弱視、難聴、言語障害、自閉症・情緒障害である。なお、特別支援学級では、通級による指導と異なり自閉症と情緒障害を一体として扱うので表記も「自閉症・情緒障害」となっている。

特別支援学級は、小・中学校の学習の目的や目標（教育課程）を達成することを基本としている。しかし、障害の種類や程度によっては、そのままでは適当ではない場合があるため「特別の教育課程」を編成して、子どもの実態に即した指導目標と指導内容を設定するようにしている。また、特別支援学校の学習指導要領に示されている自立活動を取り入れて、障害による生活や学習上の困難を克服し自立を図ることを目指している。

子どもの実態に応じて、通常の学級で学ぶことも行われている。こうした教育活動を「交流及び共同学習」と呼ぶ。交流及び共同学習は、障害のある子どもにとって重要なのはもちろんであるが、障害のない子どもにとっても、障害のある子どもの存在や特別支援教育に対する理解と認識を深める絶好の機会である。

### （4）特別支援学校

特別支援学校は、障害のある子どもたち対して、さらに少人数で一人ひと

りの子どもに即した教育を行っている。対象となる障害は、視覚障害、聴覚障害、知的障害、肢体不自由、病弱（身体虚弱を含む）である。特別支援学校では、特別支援学校学習指導要領による教育が行われる。幼稚園や小中学校、高等学校の教育に準じる教育を行うとともに、障害による生活や学習上の困難を克服し自立を図ることを目指したものである。特別支援学校は、小・中学校とは別に建てられていることが多いが、小・中学校と同じ敷地内にある特別支援学校や、小・中学校や高等学校の校舎の一部として設置されている特別支援学校の分教室もある。

　特別支援学校においても「交流及び共同学習」が行われることが多い。特別支援学校と近隣の小・中学校等で実施する「学校間交流」や、特別支援学校に通う子どもが居住する地域の小・中学校等（本来ならばその子が通っていたであろう小・中学校）と交流及び共同学習を行う「居住地校交流」等がある。居住地校交流は、障害のある子どもが、居住する地域で同年代の子どもの顔見知りができるなど、将来の地域での生活の基盤づくりにつながると同時に、共生社会の形成にとっても重要な教育活動である。


## 4　障害のある子どもをめぐる国際動向

　2006年に国連が「障害者の権利に関する条約」を採択した。日本は2007年にこの条約に署名して以来、国内の制度との整合性等を検討した。教育の分野では2010年に中央教育審議会初等中等教育分科会に「特別支援教育の在り方に関する特別委員会」を設置して、インクルーシブ教育システムの構築という権利条約の理念を踏まえた就学相談・就学先決定の在り方及び制度改革や教職員等の確保及び専門性の向上のための方策等を検討した。同特別委員会の報告を踏まえ、2012年、中央教育審議会初等中等教育分科会が「共生社会の形成に向けたインクルーシブ教育システム構築のための特別支援教育の推進（報告）」を報告した。教育以外の分野での検討を踏まえ、2014年に日本はこの条約を批准し、日本国内で発効した。条約の第24条で教育について以下のように記している。

　締約国は、教育についての障害者の権利を認める。締約国は、この権利を差別なしに、かつ、機会の均等を基礎として実現するため、障害者を包容するあらゆる段階の教育制度及び生涯学習を確保する。（外務省2019）

　これは外務省の訳であるが「障害者を包容する教育制度」とは、英語では、inclusive education systemと表記されており、文部科学省は「インクルーシブ教育システム」という表記を用いている。「インクルーシブ教育システム」について、中央教育審議会初等中等教育分科会は、以下のように記すとともに、報告を通して、その実現に向けた方策を示した。

　人間の多様性の尊重等の強化、障害者が精神的及び身体的な能力等を可能な最大限度まで発達させ、自由な社会に効果的に参加することを可能とするとの目的の下、障害のある者と障害のない者が共に学ぶ仕組みであり、障害のある者が「general education system」（署名時の仮訳：教育制度一般）から排除されないこと、自己の生活する地域において初等中等教育の機会が与えられること、個人に必要な「合理的配慮」が提供される等が必要とされている。（中央教育審議会初等中等教育分科会2012）

## 5　障害のある子どもの就学先決定

　2013年に、障害のある児童生徒の就学先決定の仕組みに関する学校教育法施行令の改正が行われた（図3-2）。それまでは、一定の基準に該当する障害のある児童生徒等は原則特別支援学校に就学するとしていたものを改めて、障害の状態等を踏まえた「総合的な観点」から就学先を決定する仕組みとした。その際、本人及び保護者の意見を最大限尊重し、教育的ニーズと必要な支援について合意形成を行うことを原則とし、最終的に市町村教育委員会が就学先を決定することとした。また、就学先が決定した後、必ずしも同じ学びの場に在籍し続けるのではなく、障害の状態等の変化を踏まえて転学できるように規定を整備した。

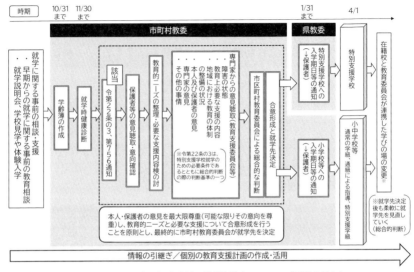

図3-2 障害のある児童生徒の就学先決定について（手続の流れ）

（出典）文部科学省、2021年

〈注〉

（1）文部科学省初等中等教育局「少人数によるきめ細かな指導体制の計画的な整備の検討について」2020年10月21日　https://www.kantei.go.jp/jp/singi/kyouikusaisei/jikkoukaigi_wg/syotyutou_wg/dai3/siryou4.pdf（2021年7月30日最終確認）

（2）学校基本調査在学者数の推移　https://www.e-stat.go.jp/stat-search/files?page=1&layout=datalist&toukei=00400001&tstat=000001011528&cycle=0&tclass1=000001021812&tclass2val=0（2021年7月30日最終確認）

（3）文部科学省「学校選択制等について」　https://www.mext.go.jp/ a_menu/shotou/gakko-sentaku/index.htm（2021年8月18日最終確認）

〈参考・引用文献〉

・外務省「障害者の権利に関する条約」2019年　https://www.mofa.go.jp/mofaj/gaiko/jinken/index_shogaisha.html（2021年8月23日確認）
・加藤崇英・臼井智美編『教育の制度と学校のマネジメント』時事通信出版局、2018年
・中央教育審議会初等中等教育分科会「共生社会の形成に向けたインクルーシブ教育システムの構築のための特別支援教育の推進（報告）」2012年
・中澤渉『日本の公教育——学力・コスト・民主主義』中央公論新社、2018年
・広田照幸『教育改革のやめ方』岩波書店、2019年
・古田薫・山下晃一編著『法規で学ぶ教育制度』ミネルヴァ書房、2020年
・本図愛実・末冨芳編『新・教育の制度と経営』学事出版、2020年
・文部省編『学制百年史』帝国地方行政学会、1972年
・文部科学省『文部科学白書』（各年版）　https://www.mext.go.jp/ b_menu/hakusho/html/

monbu.htm（2021年8月23日最終確認）
・文部科学省初等中等教育局特別支援教育課「障害のある子供の教育支援の手引—子供たち一人一人の教育的ニーズを踏まえた学びの充実に向けて—」2021年

## 学習課題

（1）日本では教育義務は就学義務により果たされるが、諸外国では教育義務のみが課されている国がある。その考え方の違いを調べてみよう。

（2）小学校と中学校の学校運営の共通点と相違点について、整理してみよう。

（3）学校選択を実施する場合の利点と課題を整理してみよう。

（4）自分が学んできた学校には障害のある子どもに対してどのような学びの場があったか、また、障害のある子どもとどのように接してきたかを振り返ろう。

# 第4章　学校教育制度(3)
## ──後期中等教育制度

　中学校を卒業した者の大多数は高等学校に進学する。高等学
校への入学者は普通科が7割程であり、他に専門学科が2割
強、そして総合学科がある。また、課程別にみると、全日制、
定時制、通信制がある。後期中等教育段階の学校には、高等
学校の他に、中高一貫教育の中等教育学校、特別支援学校高
等部、高等専門学校等がある。

　高等学校に入学するには、一部の学校を除き高校入試がある
が、公立高等学校入試は、一般に受験できる学校数が1校又
は2校に制限されている。また、多くの高校は、入学時の学
力レベルによって階層化しているといわれる。

　高等学校卒業後は、過半数の者が大学か短期大学に進学する。
他に専門学校に進学する者を含めると、高等教育機関進学率
は8割程になる。就職者は2割に満たない。

## 第1節　高等学校の概要

### 1　中学校から高等学校へ

　戦前は、小学校卒業後、旧制中学校（男子）、高等女学校（女子）、実業学校に進学する者は2割程度とされ（米田2002）、就職する者も少なくなく、人生の最初の分岐点は12歳であった。

　1947年に学校教育法が施行され、新制中学校が市町村によって設置され、旧制中学校等は主に新制高等学校の母体となっていった。このため、義務教育を修了し、進路が多様化するのは、12歳から15歳へと変わった。

　中学校卒業後の進路は高等学校等への進学と就職とに大別できる。高等学校等への進学率（通信制課程（本科）への進学者を除く）は、1950年の時点では42.5％であったが、1954年に50.9％と半数を超え、1961年に62.3％、1965年に70.7％、1970年に82.1％、1974年に90.8％と急速に上昇したことがわかる（「学校基本調査」年次統計から）。一方、中学校卒業者に占める就職者の割合は、1952年の47.5％がもっとも高く、1959年に39.8％、1964年に28.7％、1969年に18.7％、1973年に9.4％と低下していき、2002年以降は1％を下回っている（「学校基本調査」年次統計から）。

　今日では義務教育である中学校等を修了すると、多くの者は高等学校等に進学する。「学校基本調査」（2020年）によれば、2020年3月に中学校等を卒業した者（108.7万人）の進路は、高等学校等に進学した者が98.8％（107.5万人）、専修学校進学者が0.3％（3,184人）、就職者等が0.2％（2,023人）、等となっている。高等学校は、2020年度時点で4,874校あり、設置者別では国立15校、公立3,537校、私立1,322校となっている。

### 2　高等学校の目的・目標

　高等学校の目的は、「中学校における教育の基礎の上に、心身の発達及び進路に応じて、高度な普通教育及び専門教育を施すこと」（学校教育法第50条）である。義務教育では普通教育が目的とされているが、高等学校では高

度な普通教育に加え、進路に応じた専門教育を行うことになる。高等学校の
教育目標は、その目的を実現するために、①「普通教育を更に発展拡充させ
て、豊かな人間性、創造性及び健やかな身体を養い、国家及び社会の形成者
として必要な資質を養うこと」、②「社会において果たさなければならない
使命の自覚に基づき、個性に応じて将来の進路を決定させ、一般的な教養を
高め、専門的な知識、技術及び技能を習得させること」、③「個性の確立に
努めるとともに、社会について、広く深い理解と健全な批判力を養い、社会
の発展に寄与する態度を養うこと」、とされている（同法第51条）。


## 3 高等学校の課程

　高等学校は、課程と学科により区分されている。

　高等学校の課程は、①全日制、②定時制、③通信制の3つに整理されてい
る（学校教育法第53条、第54条）。修業年限は、全日制の課程については3年、
定時制及び通信制の課程については3年以上とされている（同法第56条）。

①の全日制は、小学校及び中学校と同様に、通例午前及び午後にわたり教
　育活動を行う。

②の定時制は、元来は勤労青年に高校教育の機会を提供することを想定し、
　夜間あるいは農閑期を中心に教育を提供する課程として設置されていた。
　近年は夜間に加え、午前、午後、夜間と時間帯を設定した定時制課程の
　高等学校の設置が拡がってきた。

③の通信制の課程は、地域の事情等により、全日制や定時制の高等学校に
　通学できない者に高校教育の機会を提供している。通信制の教育は、添
　削指導、面接指導及び試験の方法により行うが、放送その他の多様なメ
　ディアを活用することもできる（高等学校通信教育規程第2条）。

　2020年度時点で、全日制4,702校、定時制640校（このうち468校は全日制
と定時制併設）、通信制257校がある（「学校基本調査」から）。

　高等学校の卒業には、学習指導要領の定める条件を満たし、74単位以上
を修得する必要がある。

## 4　高等学校の学科

　高等学校の学科は、①普通教育を主とする学科（主に普通科）、②専門教育を主とする学科（専門学科）、③総合学科（普通教育及び専門教育を選択履修する学科）、の3つに区分されている。全日制課程入学者約100万人（2020年）のうち、普通科73.2万人（73.2%）、専門学科21.5万人（21.5%）、総合学科5.2万人（5.2%）となっている（「学校基本調査」から）。

### （1）普通教育を主とする学科

　高等学校の普通科は、もっとも一般的な学科であり、全日制入学者の7割以上は普通科である。

　小学校及び中学校が教科を中心に編成されていたのに対し、高等学校の教育課程は、教科及び科目を中心に編成される。普通科の教科は国語、地理歴史、公民、数学、理科、保健体育、芸術、外国語、家庭、情報、及び理数があり、教科は科目によって細分化される。たとえば、教科数学には数学Ⅰ、数学Ⅱ、といった科目が置かれている。高等学校では、理数以外の10教科に必履修科目が置かれている。学校は独自の学校設定教科・科目を置くことができる。また、小・中学校は「総合的な学習の時間」であったが、高等学校では「総合的な探究の時間」を原則3単位以上履修する。なお、特別の教科である道徳は高等学校にはない。これらは普通教育を主とする学科以外でも共通である。

　これまで普通教育を主とする学科は普通科のみが規定されていたが、2021年3月の法令改正で普通教育を主とする学科の弾力化が行われ、新たに学際領域に関する学科、及び地域社会に関する学科を設置することができるようになった（高等学校設置基準第20条、第21条）。

### （2）専門教育を主とする学科

　専門学科は農業、工業、商業、水産、家庭、看護、情報、福祉といった職業教育を主とする専門学科（かつては職業学科、それを設置する高校を職業高校と呼んでいた）と、理数、体育、音楽、美術、外国語、国際関係等の専

門学科がある（高等学校設置基準第6条、2018年3月告示「高等学校学習指導要領」）。

　専門学科においては、専門に関する教科・科目を25単位以上履修しなければならない。


## （3）総合学科

　総合学科は、1994年度から普通科、専門学科に続く「第3の学科」として設置された。普通科及び専門学科では、学年別に教育課程を編成することが多いが、総合学科では、学年による教育課程の区分を設けない課程とすることが原則となっている（2018年3月告示「高等学校学習指導要領」）。

　総合学科では、望ましい勤労観、職業観の育成や自己の将来の生き方や進路、教科・科目の履修計画の作成等を考慮した科目である「産業社会と人間」を原則履修科目として、すべての生徒に2～4単位履修させることになっている。また、総合学科では「産業社会と人間」及び専門教科・科目を合わせて25単位以上設け、生徒が多様な教科・科目を選択できるようになっている。


## （4）普通科中心の高等学校

　全日制及び定時制の学科数は合計で6,657学科あるが（2020年度）、このうち普通科は3,733学科、専門学科では商業科609学科、工業科526学科、農業科303学科、家庭科273学科、看護科97学科、福祉科97学科、水産科41学科、情報科26学科、その他571学科となっている。総合学科は373学科である（「学校基本調査」から）。

　生徒数（本科のみ）でみると、1970年頃までは普通科がおよそ6割、専門学科がおよそ4割であったが、その後専門学科の割合は低下していった。2020年度の高校生は308万2,862人であるが、普通科225万4,161人（73.1％）、専門学科66万510人（21.4％）、総合学科16万8,191人（5.5％）となっている（「学校基本調査」から）。

## 第2節　後期中等教育の多様化

　後期中等教育段階は、1960年代の高度経済成長期以降多様化されていく。高等学校の普通科、専門学科の他に総合学科が制度化された他、高等専門学校、中高一貫教育校、専修学校高等課程（高等専修学校）等がある。

### 1　高等専門学校

　高等専門学校は1962年に制度化された。中学校卒業（およびそれと同程度）が入学条件であることから、後期中等教育段階を含む高等教育機関であるといえる（詳細は第5章参照）。

### 2　中高一貫教育校

　義務教育期間である中学校は市町村に設置義務がある。一方、高等学校については、その母体となる戦前の旧制中学校や高等女学校等が主に都道府県により設置されたため、戦後の公立高等学校は都道府県が設置の中心となってきた。このように制度的に分断されてきた中等教育6年間を1つのまとまりとして、一人一人の能力・適性に応じた教育を進めるために、1999年に中高一貫教育が選択的に導入された。中高一貫教育には、（1）中等教育学校、（2）併設型の中学校・高等学校、（3）連携型の中学校・高等学校、の3つの形態がある。

#### （1）中等教育学校（2020年度56校、うち国立4校、公立33校、私立19校）

　中等教育学校は、中学校と高等学校を合わせて1つの学校とし、一体的に中高一貫教育を行う形態である。中学校の部分は前期課程、高等学校の部分は後期課程として区分される。教育の目的・目標は、高等学校のものとほぼ同様に規定されている（学校教育法第63条及び第64条）。後期課程からの生徒入学は予定されない。

　中等教育学校は1つの学校であるから、校長は1名である。教員は通例中

学校及び高等学校の免許状の両者を有する者が配置され、前期課程と後期課程の両方を指導することができる。後述するように、教育課程編成についての特例がある。

　公立の中等教育学校及び併設型中学校への入学においては、学力検査を行わないこととしている。<sup>(1)</sup>

### （2）併設型の中学校及び高等学校（2020年度496校、うち私立398校）

　併設型の中学校及び高等学校は、同一の設置者による併設型中学校と併設型高等学校による形態である（例：県立中学校と県立高等学校）。併設中学校から併設高等学校への入学には選抜は行われず、そのまま進学する（いわゆる内進生）。一般には高等学校から新たに生徒が入学してくる（いわゆる外進生）が、新たに生徒が入学しない例（したがって実態は中等教育学校と同様）もある。

　併設型の中学校と高等学校は、同一または隣接する敷地に設置される。学校としては区別されているので、校長も別々に置くことが可能であり、教職員も中学校所属または高等学校所属となる。実際には兼務発令を行うことにより、中学校と高等学校双方で授業を行えるようにすることが可能である。また、後述するように、教育課程編成についての特例がある。

### （3）連携型の中学校及び高等学校（2020年度88校、うち公立84校）

　連携型は、異なる設置者による中学校と高等学校（例：市町村立中学校と県立高等学校）が教育課程の編成や教員・生徒間の交流を深める形態である。連携型中学校から連携型高等学校への入学者の選抜は、設置者間の協議に基づき、調査書及び学力検査の成績以外の資料により行うことができる。

### （4）中高一貫教育校の現状と課題

　2020年度において、中高一貫教育校は中等教育学校56校、併設型496校、連携型88校となっている。<sup>(2)</sup>

　中等教育学校及び併設型では、①中等教育学校後期課程及び併設型高等学校における指導内容の一部については、中等教育学校前期課程及び併設型中

学校における指導の内容に移行して指導することができる、②中等教育学校前期課程及び併設型中学校と中等教育学校後期課程及び併設型高等学校における指導の内容については、各教科や各教科に属する科目の内容のうち相互に関連するものの一部を入れ替えて指導することができる、等の教育課程の特例がある。また、連携型の中学校では、必修教科の授業時数を減じ、当該必修教科の内容を代替できる内容の選択教科の授業時数の増加に充てることができる等の教育課程の特例がある。

　中高一貫教育では、教育課程の特例等により、高校受験にとらわれない、長期的な学習環境を整えることができる。一方で、生徒集団が長期間同じメンバーで固定されることから、学習環境になじめない生徒が生じるおそれがある等の課題も指摘されている。

### 3　専修学校高等課程（高等専修学校）等

　専修学校は学校教育法第11章に規定された教育機関である（第1章参照）。このうち、中学校等の卒業者を主な対象としたものを専修学校高等課程（高等専修学校）という。2020年3月に中学校を卒業した者で、専修学校高等課程に進学した者は2,506人（0.2%）である（「学校基本調査」から）。

　なお、「学校基本調査」において、高等学校等進学者の他に、専修学校（高等課程）進学者、専修学校（一般課程）進学者（678人）、公共職業能力開発施設等入学者（242人）が就職者等とは別に区分されている。

## 第3節　高校入試と高等学校に要する費用

### 1　高校入試

　高等学校に入学するためには、一般に高等学校の実施する入学者選抜に合格する必要がある。その基準や手続き等については、時代によって変化してきた。第2次世界大戦後は、GHQは「高校3原則」として、小学区制、男女共学制、総合制を指導・推奨した。このうち、小学区制とは、小中学校と

同様に、居住地域により進学できる高等学校を1校とするものである。また、公立高等学校への入学は、原則希望者は全員入学できるようにすることとされ、高等学校の定員を入学希望者が上回る場合に中学校からの報告書による選抜を行うものとした（1948年通達）。しかし1951年から1954年にかけて、文部省（当時）は学力検査の実施を認めるようになった。また、複数の高等学校の入学者定員を合計し、全体の合格者を決めてから各学校に生徒を配分する総合選抜制が行われた地域が一部あった。こうして高校入試は学力検査を加えて実施することが普及していった。

　現在の高等学校入学者選抜は、大きくは推薦入試と学力検査等に基づく入試とに区分される。推薦入試では、中学校で作成される調査書、面接、小論文・作文等によって選抜が行われる。学力検査等による入試は、学力検査、調査書、面接等により選抜が行われる。

　高等学校の学区制は、都道府県が通学区域を定めることになっていた。1960年代頃に多くの県で中学区制（1学区に2-6校）となり、さらに大学区制（1学区に7校以上）へと拡大していった。2001年の地方教育行政の組織及び運営に関する法律（地方教育行政法）の改正で、通学区域についての規定が削除され、県内のどの高等学校でも受験できる（全県で1区）という県が増加していった。公立高等学校を志願する機会は、1校又は2校の受験が可能なところが多い。

　たとえば東京都は、全日制・定時制高等学校は都全体で428校（うち私立237校と、私立高校が半数を超えている唯一の都道府県）で、都立高校について、東京都全体を通学区域としている。従って私立高校、公立高校、国立高校と400校以上の選択肢の中から志望校を選択して受験することができる。公立高校で志願できるのは原則1校である。愛知県は、高等学校が222校（うち公立165校、私立55校、国立2校）ある。愛知県の公立高校（全日制課程普通科）の通学区域は大きく2学区に、そのうち1学区はさらに2つの群に分かれている。実質3つの群は、さらにAグループとBグループに区分され、各グループに20校程度の高校が振り分けられている。志願者は群の各グループの中から志望校1校まで、合計で2校までを選択する形になっている（2023年度以降選抜方法等を一部改正予定）。普通科40校程度に専門学科等や

私立高校を合わせて選択肢は150校程度となる。岩手県は県立高校普通科及び理数科について8つの通学区域を設定している（岩手県立高等学校の通学区域に関する規則、2020年時点）。通学区域の高等学校数は10校から3校までの幅がある。こうして県内に通学区域を設定する場合、通学区域以外の高等学校を志願することも一般に認められているが、定員の10%程度に制限されている場合が多い。志願できる公立高校は、学力調査を課さない推薦入学者選抜（定員の10%以内）1校と、一般入学者選抜1校の計2校までである。高校数が最も少ないのは鳥取県で公立24校、私立8校の合計32校である。志願できる公立高校は原則1校である。

専門学科や推薦入試、二次募集（再募集）に応募したり、県境を越えて私立高校等に志願したりすることは可能であるが、実際に選択できる高等学校数は制約されている。このため、日本の高等学校は、学力的に同質性の高い学校となっている。また、地域性によって、選択できる幅に大きな違いがあることがわかる。

併せて中学受験についてみてみよう。中高一貫教育制度の導入にあたり、国会は「受験エリート校化」しないように1998年に附帯決議を行った。これは戦前の旧制中学校のように、高等教育進学に特化することが予想されたためである。国会の附帯決議を受け、公立中高一貫教育校では学力検査は実施されていない。しかし実態として、多くの公立中高一貫教育校で適性検査が実施されており、「学力」と「適性」の違いが問われている。また、私立中学校入学にあたっては一般に学力検査が実施されている。


## 2　高校教育と費用

後期中等教育段階は義務教育ではない。後期中等教育段階までを義務教育としている国も一部ある（例：ドイツ、ベルギー等）が、職業教育・訓練を含むパートタイムの定時制義務であることが多い。なお、日本の高等学校等進学率は、100%に近い値となっており、全員入学に近い状況である。

高等学校は義務教育ではないことから、公立であっても授業料が原則徴収されている。東京都を例にみると、高等学校全日制課程の年間授業料は11

万8,800万円、入学料は5,650円となっている。<sup>(3)</sup>

　文部科学省が2年毎に行っている「子供の学習費調査」（2018年実施）によれば、子ども一人当たりの高等学校（全日制）の年間平均学校教育費は、公立で28.0万円、私立で71.9万円が必要となっている。この他に塾等の学校外活動費を加えると、年間学習費総額は、公立で45.7万円、私立で97.0万円となる。

　2010年度、当時の民主党連立政権は、高校授業料の実質無償化を実施した。これは国公立、私立を問わず、公立高等学校の生徒一人当たりの授業料平均であった年間11万8,800円を、国が負担するものである。私立高等学校については、実際の授業料との差額を本人、家庭が負担することとなった。

　その後、自民党連立政権が発足すると制度が2014年に変更され、授業料補助に所得制限を導入し、およそ年収910万円を超える世帯は、授業料を負担することとなった。ただし年収が限られている世帯への補助額を増額した。さらに2020年度からは低所得者家庭への補助額を増額し、年収590万円未満の世帯に対する私立高等学校等の授業料の実質無償化を開始した。<sup>(4)</sup>

　多くの都道府県も、私立高等学校に就学する場合の補助を充実させている。

# 第4節　高校卒業後の進路

## 1　進学及び就職状況の概要

　2020年3月に高等学校を卒業した者は103万7,284人であった。2017年度の1年生は110万4,839人であったから、おおよその卒業率は93.9%程度と推計される。逆に高等学校を途中で退学した者が6%程度いることが推計できる（実際は再入学や転学等、これよりも数値が高くなると考えられる）。

表4-1　高等学校卒業者の進路状況（2020年3月卒）

| | 人 | 大学等<br>（％） | 専修学校等<br>（％） | 就職者<br>（％） | その他<br>（％） |
|---|---|---|---|---|---|
| 普通科 | 760,444 | 65.3 | 21.0 | 8.2 | 5.5 |
| 職業教育を主とする専門学科 | 188,366 | 20.8 | 22.7 | 54.1 | 2.5 |
| その他の専門学科 | 34,028 | 70.1 | 17.8 | 5.8 | 6.3 |
| 総合学科 | 54,446 | 34.9 | 32.0 | 28.0 | 5.1 |
| 総計 | 1,037,284 | 55.8 | 21.8 | 17.5 | 5.0 |

（出典）文部科学省「学校基本調査」に基づき筆者作成

　高等学校卒業後の進路であるが、大学や短期大学等に進学した者が55.8％、専修学校等に進学した者が21.8％、就職した者が17.5％等となっている（表4-1）。卒業後の進路は学科により違いがある。普通科ではおよそ3分の2が大学等に進学し、就職する者は10％に満たない。一方、専門学科のうちの職業に関連する学科（農業、工業、商業、水産、家庭、看護、情報、福祉）では、半数以上の者が就職し、大学等に進学している者は2割程度である。ただし表4-1には示していないが、看護科では進学率が9割近い。学校教育で必要な職業的な知識や技能を獲得せずに就職する者がいるとともに、専門的な知識を得た者が大学等に進学した場合に合わせた教育課程が大学等で用意されているのか等、高校とその後の進路の接続を検討していく必要がある。

## 2　大学入試と高大接続

　高等学校と大学の関係は、国によって特色を持っている。①アメリカのように、教育関係機関が共通のテスト等を実施し、大学はその結果を参考にしながら、独自の基準で入学者を選抜する方法、②ドイツやフランスのように、高等学校が卒業試験を実施し、卒業資格が原則どの大学・学部にも通用する大学入学資格とする方法、③韓国のように、国が統一試験を実施し、その結果に基づき、大学が入学者を決定する方法、④日本のように、大学がそれぞれ独自に入学者選抜を実施する方法、等がある。

　日本の大学入試制度は、戦後70数年の間にもかなりの変化がある。1949年に学校教育法に基づく新制大学が生まれたが、新制大学は、戦前の大学、

専門学校、旧制高等学校、そして師範学校等をすべて同じ大学としてまとめたものである。国立大学はⅠ期校、Ⅱ期校と2つのグループに区分され、試験日が重ならなければ受験者が2つの国立大学、そして私立大学を受験することが可能であった。試験は各大学・学部で個別に実施されてきた。大学に共通するテストは、戦後早い時期の進学適性検査（1947-1955年）、能研テスト（1963-1968年）があったが、いずれも定着せずに短期間で廃止された（大塚2018）。一般には国立大学は4-5教科、私立大学は3教科程度で学力検査を実施していた。

　1979年度入試から国立大学を対象として共通1次試験が導入された。国立大学は全大学参加であり、当初は5教科7科目（社理は2科目選択）で開始された。大学は、共通1次試験で受験者数を絞りこんで2次試験を実施し、合格者を決定するという手続きをとった。共通1次試験は、志望できる国立大学が1校となり、国立大学の序列化や入試科目の少ない私立大学の希望者が増加し、国立大学の人気が低下するといった課題を生んだ。このため、1987年からは5教科5科目に科目数を削減して受験者の負担を軽減するとともに、国立大学をA、Bの2グループに分け、複数の国立大学を受験できるように改めた。

　1990年からは共通1次試験に代わり、大学入試センター試験が実施された。これは大学の特徴に合わせて科目選択を可能とする「アラカルト方式」が採用され、私立大学等も参加しやすいものとなった。

　大学入試には学力試験を中心とした一般入試の他に、推薦入試、アドミッション・オフィス入試（AO入試）等がある。推薦入試は、1965年に通達が出され、1967年度から開始された（大塚2018）。これは入試における高等学校調査書の活用が意図されている。しかし高校間の相違により、調査書の信頼性を獲得することが難しく、量的には学力検査を中心とする一般入試が中心であった。アドミッション・オフィス入試は、1990年に慶應義塾大学湘南藤沢キャンパスで開始された。1998年には国立大学にもアドミッション・センターが設置され、徐々に多くの大学に拡大していった（大塚2018）。また、高等学校を卒業しなくとも大学に入学することができる「飛び入学」の制度が1998年に導入された。高等学校に2年以上在籍し、大学の定める分

野における特に優れた資質を有することが入学条件となる。個性に応じた教育を提供することがその趣旨である。2020年度入試時点で、千葉大学など8大学で飛び入学が行われている。

表4-2　2019年度入試方法別大学入学者数

| 区分 | 一般入試 | 推薦入試 | AO入試 | その他 | 人数合計 |
|---|---|---|---|---|---|
| 国立 | 83.2%<br>81,459人 | 12.2%<br>11,990人 | 4.1%<br>4,016人 | 0.5%<br>442人 | 15.9%<br>97,907人 |
| 公立 | 71.7%<br>23,788人 | 25.1%<br>8,344人 | 2.8%<br>927人 | 0.4%<br>130人 | 5.4%<br>33,189人 |
| 私立 | 45.6%<br>221,396人 | 42.6%<br>206,672人 | 11.6%<br>56,184人 | 0.3%<br>1,254人 | 78.7%<br>485,506人 |
| 人数合計 | 53.0%<br>326;643人 | 36.8%<br>227,006人 | 9.9%<br>61,127人 | 0.3%<br>1,826人 | 100%<br>616,602人 |

（出典）文部科学省「令和2年度　大学入学者選抜・教務関係事項連絡協議会」資料から筆者作成

　表4-2は入試方法別の大学入学者数である。国公立大学では一般入試が依然として中心的な入試方法となっているが、私立大学では一般入試入学者は50%を割り込み、推薦入試とAO入試を合わせた入学者の割合が50%を超えている。表4-2には示していないが、2000年度入学者と比較すると、国立、公立、私立ともに推薦入試やAO入試による入学者の割合が増加し、一般入試による入学者の割合が低下している。私立大学では2000年度入学者は一般入試60.1%、推薦入試37.2%、AO入試1.7%、その他1.1%であったから、この20年弱の間に一般入試による入学者が半数以下となり、推薦入試やAO入試による入学者が半数を超えるようになった。推薦入試やAO入試は一般入試よりも入試実施時期が早いため、入学者を確保することが容易である。こうした私立大学の入試傾向の原因として、18歳人口の減少によって、大学等進学率が上昇しても入学者を集めにくくなっているためであると考えられる。日本私立大学振興・共催事業団が毎年作成している「私立大学・短期大学等入学志願動向」によると、回答のあった593校のうち、定員を充足できなかった大学は184校、割合で31.0%であった（2020年度）。入学者の確保が難しくなりやすいのは、入学定員が少ない小規模な大学、東北地方、中国地方、四国地方等に立地する大学である。

　こうして大学入試制度は、学力検査中心から、推薦入試やAO入試等、多様化してきた。1990年代以降は18歳人口の減少と、定員を確保することを優先せざるをえない私立大学の経営事情から、推薦入試やAO入試等の「学力不問」とされる入試が増え、大学入試の選抜機能の低下と大学生の学力低下が懸念されるようになった（大塚2018）。

　こうした中で、大学の入試選抜という考え方から高大接続という考え方が広がっていく。そのために、高校の基礎的教科・科目の学習を確認する大学入学共通テストの導入が検討されていくこととなった。2017年には大学入学共通テストの実施方針が文部科学省から公表された。大学入学共通テストは、これまでのセンター試験とは異なり、多様な資質・能力を測定するために、①国語及び数学で記述式問題を導入すること、②英語民間試験の活用が検討されていたが、公正な実施が困難であるとして、どちらも導入が見送られた。大学入学共通テストそれ自体は、2021年から実施されている。多様な能力の評価は、各大学の個別試験に委ねられた。

## 3　高等学校におけるキャリア教育

　キャリア教育は、1999年の中央教育審議会（以下、中教審）答申「初等中等教育と高等教育との接続の改善について」において、「望ましい職業観・勤労観及び職業に関する知識や技能を身に付けさせるとともに、自己の個性を理解し、主体的に進路を選択する能力・態度を育てる教育」として重要性が指摘された。その後、国立教育政策研究所生徒指導研究センター（2002）から4領域8能力が提案され、2011年の中教審答申「今後の学校におけるキャリア教育・職業教育の在り方について」において、「一人一人の社会的・職業的自立に向け、必要な基礎となる能力や態度を育てることを通して、キャリア発達を促す教育」と定義された。

　キャリア教育は、幼児期の教育から高等教育までを対象とし、「基礎的・汎用的能力を育成するとともに、社会・職業との関連を重視し、実践的・体験的な活動を充実すること」（2011年中教審答申）を目指している。そのために必要な力として、①基礎的・基本的な知識・技能、②基礎的・汎用的

能力、③意欲・態度及び価値観、④専門的な知識・技能、の4つに区分している。②基礎的・汎用的能力は、ア）人間関係形成・社会形成能力、イ）自己理解・自己管理能力、ウ）課題対応能力、エ）キャリアプランニング能力、を具体的な内容としている。

　高等学校を卒業した後の進路は多様である。多様な選択肢の中から適した進路を選択するためには、進路指導やキャリア教育を充実させる必要がある。高等学校には、進路指導主事を中心とした進路（指導）部が置かれることが通例である。高等学校では、3年間のキャリア教育計画を作成し、系統的なキャリア教育を実施することが必要である。

〈注〉
（1）文部科学省「中高一貫教育の概要」2012年　https://www.mext.go.jp/a_menu/shotou/ikkan/2/1316125.htm（2021年7月31日確認）
（2）文部科学省「高等学校教育の現状について」2021年　https://www.mext.go.jp/a_menu/shotou/kaikaku/20210315-mxt_kouhou02-1.pdf（2021年7月31日確認）
（3）東京都教育委員会「都立高等学校、中等教育学校（後期課程）の授業料・入学料及び特別支援学校高等部の授業料について」2018年　https://www.kyoiku.metro.tokyo.lg.jp/admission/tuition/tuition/tuition.html
（4）文部科学省「高校生等への修学支援」　https://www.mext.go.jp/a_menu/shotou/mushouka/index.htm（2021年8月18日確認）

〈参考・引用文献〉
・大塚雄作「学制の多様化と高大接続──共通試験の視点から」日本高等教育学会『高等教育研究』第21集、59-91頁、玉川大学出版部、2018年
・菊地栄治『高校教育改革の総合的研究』多賀出版、1996年
・国立教育政策研究所生徒指導研究センター『児童生徒の職業観・勤労観を育む教育の推進について（調査研究報告書）』2002年
・坂野慎二・藤田晃之編著『改訂版 海外の教育改革』放送大学教育振興会、2021年
・佐々木享『高校教育論』大月書店、1976年
・中央教育審議会「今後の学校におけるキャリア教育・職業教育の在り方について（答申）」https://www.mext.go.jp/b_menu/shingi/chukyo/chukyo0/toushin/1315467.htm（2021年8月18日確認）
・中澤渉『日本の公教育──学力・コスト・民主主義』中央公論新社、2018年
・日本キャリア教育学会『新版キャリア教育概説』東洋館出版社、2020年
・日本私立大学振興・共済事業団『令和2（2020）年度私立大学・短期大学等入学志願動向』https://www.shigaku.go.jp/files/shigandoukouR2.pdf（2021年8月12日確認）
・文部科学省「子供の学習費調査」　https://www.e-stat.go.jp/stat-search/files?page=1&toukei=00400201&tstat=000001012023（2021年8月10日確認）
・文部科学省「学校基本調査」　https://www.e-stat.go.jp/stat-search/files?page=1&toukei=004000

01&tstat=000001011528（2021年8月10日確認）
・山村滋他『大学入試改革は高校生の学習行動を変えるか——首都圏10校パネル調査による実証分析』ミネルヴァ書房、2019年
・米田俊彦「高校教育像の史的展開に関する認識枠組み——旧制中等学校と新制高等学校との連続面を中心に」日本教育制度学会『教育制度学研究』第9号、84-86頁、2002年

## 学習課題

（1）高等学校の教育課程について、実際の高等学校を複数調べ、比較してみよう。

（2）1960年代から1970年代にかけて、高等学校進学率が急速に上昇した社会的背景について、整理してみよう。

（3）複数の都道府県の高等学校入学者選抜の方法などについて調べ、比較してみよう。

（4）大学の入学者選抜について、その変化を調べてまとめてみよう。

# 第5章　高等教育と生涯学習

　大学を中心とした日本の高等教育は、量的な拡大を続けてき
た。同一年齢による大学等進学率は50%を、高等教育機関
進学率（専門学校を含む）は80%に達している。M.トロウ
のいう高等教育の大衆化でいえば、最終のユニバーサル段階
にあるといえる。高等教育の量的拡大は、高等教育機関間で
の機能分化を促し、高等教育の質保証が求められるようにな
る。
　同時に、高等教育機関は職業に必要な高度な知識、技能を提
供する場でもある。社会変化の激しい時代には、高等教育機
関は生涯にわたる学修機会を提供することが求められ、学生
も多様化していくと考えられる。

## 第1節　高等教育機関

### 1　高等教育機関の概要

　学校教育法第1条で高等教育機関として規定されているのは、大学と高等専門学校の2つである。

　1947年に制定された学校教育法第1条で、高等教育機関に相当する学校は大学のみであった。大学院は大学の章の中に、それに関する条項が盛り込まれていた。その後、高等教育機関の多様化が進んでいく。短期大学は1950年に「当分の間」設置が可能となり、1964年に恒久的機関とされた。高等専門学校は1962年に中堅技術者の養成を目指して制度化された。2000年代に入り、専門的な職業人材を養成するために、専門職大学院（2003年制度化）、専門職大学、専門職短期大学（2019年度制度化）の規定が置かれることとなった。

　高等教育を担う学校数は、2020年時点で以下のようになっている（「学校基本調査」から）。

表5-1　高等教育機関の学校数と学生数（人）とその割合（％）（2020年）

|  | 学校数 | 学生数 | 学校数（％） | 学生数（％） |
|---|---|---|---|---|
| 大学 | 795 | 2,915,605 | 100.0 | 100.0 |
| 　国立 | 86 | 598,881 | 10.8 | 20.5 |
| 　公立 | 94 | 158,579 | 11.8 | 5.4 |
| 　私立 | 615 | 2,158,145 | 77.4 | 74.0 |
| 短期大学 | 323 | 107,596 | 100.0 | 100.0 |
| 　公立 | 17 | 5,548 | 5.3 | 5.2 |
| 　私立 | 306 | 102,048 | 94.7 | 94.8 |
| 高等専門学校 | 57 | 56,974 | 100.0 | 100.0 |
| 　国立 | 51 | 51,217 | 89.5 | 89.9 |
| 　公立 | 3 | 3,800 | 5.3 | 6.7 |
| 　私立 | 3 | 1,957 | 5.3 | 3.4 |

（出典）「学校基本調査」に基づき筆者作成

## 2 高等教育機関の種類

### （1）大学

　大学の目的は、「学術の中心として、広く知識を授けるとともに、深く専門の学芸を教授研究し、知的、道徳的及び応用的能力を展開させること」である（学校教育法第83条）。修業年限は原則4年（医学、歯学、薬学は6年）である。大学に入学できる者は、高等学校若しくは中等教育学校を卒業した者、通常の課程による12年の学校教育を修了した者等である（同法第90条）。例外として飛び入学が認められる場合もある。

　大学には教育研究上の組織として学部を置くことが常例である。大学の教育課程は、必修科目、選択科目、自由科目を各年次に配当して編成し、科目の単位数は1単位当たり45時間の学修を必要とする内容を持って構成することを標準としている（大学設置基準第20条、第21条）。卒業には大学に4年以上在籍し、124単位以上を修得する必要がある（大学設置基準第32条）。大学の卒業により学士の学位が授与される（学校教育法第104条）。

　大学には学長、教授、准教授、助教、助手及び事務職員を置くことが原則義務づけられている。この他に、副学長、学部長等の必要な職員を置くことができる。大学の意思決定は学長が行うが、かつては学部等を単位とする教授会が重要事項の審議機関として位置づけられていた。2014年の法令改正によって、教授会は学長が決定を行うに当たり意見を述べる機関として位置づけが変更された。

　大学への進学率は、1955年の7.9％から、1969年に16.1％、1972年に21.6％となり、その後20％台で推移していたが、1994年に30.1％、2002年に40.5％、2009年に50.2％へと上昇した。

　男女別進学率では、1970年時点では全体で17.1％であったが、男性27.3％、女性6.5％と20ポイント以上の違いがあった。1989年になって、全体の大学進学率は24.7％、男性34.1％、女性14.7％となり、男女差が20ポイントを下回るようになり、2012年には10ポイントを下回るようになった。短期大学を合わせた大学・短期大学への進学率は、2010年代にはほぼ男女差がなくなっている。

大学を設置者別にみると、国立大学の大学数は86校、学生数は59.9万人、公立大学の大学数は94校、学生数が15.9万人である一方、私立大学の大学数は615校、学生数は215.8万人となっており（2020年）、私立大学が大学数、学生数ともに約4分の3を占めている（「学校基本調査」から）。これは高等教育における私的な教育費負担が大きいことにつながっている。

　なお、国立大学は2004年に法人化され、各国立大学法人によって運営されることとなった。公立大学も同様に法人化が可能となった。

## （2）短期大学

　短期大学は、「深く専門の学芸を教授研究し、<u>職業又は実際生活に必要な能力を育成する</u>ことを主な目的とする」（学校教育法108条、下線引用者）。修業年限は2年又は3年である。短期大学には学部を置かず、学科を置くこととなっている。教育課程や単位は大学に準じている。卒業は2年課程の場合には62単位以上、3年課程の場合には93単位以上が必要である（短期大学設置基準第18条）。卒業者には短期大学士の学位が授与される。

　短期大学は1950年に制度化された。1960年代以降女性の短期大学進学率が上昇し、1975年には女性20.2％、男性2.6％、全体で11.2％となった。短期大学への進学率は、1994年の13.2％以降低下傾向となり、2000年には9.4％と10％を割り込むに至った。2020年度の短大進学率は4.2％である。その要因は主たる対象である女性の4年制大学への進路意識の変化によって、短期大学から4年制大学への転換が進んだためと考えられる。

　設置者別にみると、国立はなく、私立が学校数、学生ともに圧倒的である。

## （3）大学院

　大学院は、学校教育法において、大学に関する章の中に規定が盛り込まれ、「大学には大学院を置くことができる」（学校教育法第97条）と一体的な制度であることが理解できる。ただし大学院のみの大学を設置することもできる（学校教育法第103条）。

　大学院の目的は、「学術の理論及び応用を教授研究し、その深奥をきわめ、又は高度の専門性が求められる職業を担うための深い学識及び卓越した能力

を培い、文化の進展に寄与すること」である（学校教育法第99条）。大学院には研究科を置くことが常例である。

　大学院は、修士課程、博士課程、専門職学位課程（専門職大学院）に区分されている（大学院設置基準第2条）。修士課程は大学の学部卒業者等に入学が認められ、標準修業年限は2年である。博士課程の標準修業年限は5年である。前期2年の課程と後期3年の課程に区分され、前期2年の課程は修士課程として取り扱うため、実質は3年である。大学院の教育研究上の組織は研究科である。

　修士課程の修了要件は、2年以上在学し、30単位以上を修得していること、修士論文等の審査及び試験に合格することである（大学院設置基準第16条）。修了により、修士の学位が授与される。

　博士課程の修了要件は、修士課程2年を加えて5年以上在籍し、30単位以上を修得し、博士論文の審査及び試験に合格することである（大学院設置基準第17条）。修了により、博士の学位が授与される（学校教育法第104条）。博士の学位と同等以上の学力があると認める者に対し、博士の学位を授与することができる（いわゆる論文博士）。

　専門職大学院は、その目的を高度専門職業人の養成に特化した課程として、2003年度に創設された。主な専門領域は、法科大学院、教職大学院、ビジネス・MOT、会計、公共政策等である。修業年限は2年だが、法科大学院は3年（法学既修者は2年）である。専門職大学院では、実務経験を有する教員を3割以上（法科大学院では2割以上、教職大学院では4割以上）配置することが義務づけられている。


## （4）専門職大学、専門職短期大学

　専門職大学及び専門職短期大学は2019年に制度化された新たなタイプの大学である。専門職大学は、専門性が求められる職業の実践的かつ応用的な能力を展開させることを目的とし（学校教育法第83条の2）、教育課程を前期課程と後期課程（2年と2年以上、3年と1年以上）に区分することができる（同法第87条の2）。

　専門職短期大学は、深く専門の学芸を教授研究し、専門性が求められる職

業を担うための実践的かつ応用的な能力を育成することを目的とする（学校
教育法第108条第4項）。教育課程、卒業要件等は短期大学の規定に準じる形
となっている。

　専門職大学を卒業した者には学士（専門職）の、専門職短期大学を卒業し
た者には短期大学士（専門職）の学位をそれぞれ授与する（学位規則第2条の
2）。

　2021年度現在、専門職大学14校、専門職短期大学3校がある。

### （5）高等専門学校

　高等専門学校（高専）は、産業構造の高度化、科学技術の進歩等に対応し
て、技術者養成の要望に対応するために、工業教育を主体とする5年課程
（商船学科は5年6月）の学校として1962年に発足した（文部省『学制百年史』
帝国地方行政学会、1972年、906-907頁）。

　高等専門学校は、「深く専門の学芸を教授し、職業に必要な能力を育成す
ることを目的」（学校教育法第115条）としている。専攻分野を教育するため
の組織として学科が置かれるが、工学系の学科が中心である。入学資格は高
等学校と同じで、2020年度の1年生は全体で1万890人、内訳は男性8496人、
女性2394人と男性が多い（「学校基本調査」から）。

　教育課程は、高校と同様に30単位時間（1単位時間は50分を標準とする）
の履修を1単位として計算する。ただし、大学と同様に45時間の学修内容
によって1単位とすることもできる（高等専門学校設置基準第17条）。課程
の修了は、167単位以上（そのうち一般科目75単位以上、専門科目82単位以
上）である。高等専門学校を卒業した者は準学士と称することができる（学
校教育法第121条）。2020年3月の卒業者9,769人の進路は、進学者が3,690人
（37.8％）、就職者が5,795人（59.3％）と就職者が約6割となっている（「学校
基本調査」から）。

### （6）専門学校（専修学校専門課程）

　専修学校は、学校教育法第1条に定める学校以外の教育施設で、「職業若
しくは実際生活に必要な能力を育成し、又は教養の向上を図ることを目的と

して次の各号に該当する組織的な教育を行うもの」で、一定要件を満たすものである（同法第124条）。この中で、高等学校卒業者（及びこれと同等の者）に対して、上記の教育を行う課程を専門課程という。この専門課程を置く専修学校は専門学校と称することができる。専修学校は高等教育の拡大が要望されたことに対応して、1976年に制度化された。

専門学校は、2020年時点で2,779校あり、国立9校、公立184校、私立2,586校と私立が多い（「学校基本調査」から、以下同様）。入学者は27万9,586人（2020年）で、学科別では、文化・教養関係が6.8万人、医療関係が6.3万人、工業関係が4.4万人、商業実務関係が4.0万人、衛生関係が3.8万人、等となっている。

修業年限は法令上では1年以上であるが、2年あるいは3年のものが多い。一定要件を満たして2年以上の課程を修了した者は、専門士と称することができ、同様に4年以上の課程を修了した者は、高度専門士と称することができる。2年以上専門課程を修了した者は、大学に編入学することができる(1)（学校教育法第132条、1998年改正）。

## 第2節　高等教育の社会的役割

### 1　量的拡大と機能分化

高等教育は量的な拡大傾向を続けている。アメリカの高等教育学者であるM.トロウ（Trow, M.）は、高等教育への進学率によって、その機能が変化するとした（トロウ1976）。

①エリート段階（進学率15%まで）：エリート・支配階級の精神や性格の形成

②マス段階（進学率15-50%）：専門分化したエリート形成・社会の指導層の育成

③ユニバーサル段階（進学率50%以上）：産業社会に適応しうる全国民の育成

トロウの区分と日本における高等教育の普及・拡大を合わせてみると、日

本の大学・高等教育進学率が15%を超えたのは1963年、50%を超えたのは2005年である。こうしたユニバーサル段階における高等教育は、産業社会に適応しうる国民の育成が必要となる。同時に、高等教育はその目的等によって多様化していくことになる。つまり、大学等は目的により分類され、階層化されることになる。

2005年の中央教育審議会（中教審）答申「我が国の高等教育の将来像」は、知識基盤社会における高等教育のグランドデザインと位置づけられた。そこでは大学が自らの選択により機能別に分化していくこと（個性化・特色化）を提言した。7つに区分された機能が提案されているが、主には、①世界的研究・教育拠点、②高度専門職業人養成、③幅広い職業人養成、の3つに整理できよう。高等教育が機能分化することは、大学等がその目的・目標とするところが異なることを意味する。

多様化する大学で共通に培う力を示したのが中教審答申「学士課程教育の構築に向けて」（2008年）である。同答申は学士力の参考指針を、（1）知識・技能、（2）汎用的技能（コミュニケーションスキル、問題解決能力等）、（3）態度・志向性（自己管理力、チームワーク、社会的責任等）、（4）総合的な学習経験と創造的思考力、で構成されるとした。各大学は、これらを参考にディプロマ・ポリシーを作成し、そのために必要なカリキュラム・ポリシー、アドミッション・ポリシーを作成することとなった。


## 2　大学教育と質保証

それぞれの高等教育機関がその目的・目標をどのように実現するのか、そしてより良い高等教育を提供するのかを自己確認するとともに、外部の眼による質の保証、評価を行い、高等教育を選択する際の参考となるようにする必要がある。

こうした高等教育機関のより良い教育を保証していく指針となったのが上述の2005年中教審答申である。同答申は、大学の個性化・特色化のために3つの方針＝3ポリシー（入学者受入方針（アドミッション・ポリシー）、教育の実施方針（カリキュラム・ポリシー）、卒業認定・学位授与に関する方針（デ

ィプロマ・ポリシー）)を明確にすることで大学教育の質保証を求めている。

　こうした方針は2018年の中教審答申「2040年に向けた高等教育のグランドデザイン」においても確認されている。同答申は、普遍的な知識・理解と汎用的技能、論理的思考力が予測不可能な時代には重要であるとしている。

　こうした大学教育を含む大学の質は、認証評価によってチェックされている。大学は教育研究水準の向上に資するため、自己点検・評価を行うとともに、認証評価機関による評価（認証評価）を受けることが学校教育法の2002年改正で盛り込まれた。国立、公立、私立大学は認証評価を7年毎に受ける必要がある。認証評価機関は、大学等の機関別認証を行う機関（大学では2021年時点で大学基準協会等5機関）と専門職大学院の分野別認証評価機関（例：教職大学院に対する教員養成評価機構）とがある。それぞれの認証評価機関は、加盟する大学等から評価者を選び、相互に質を確認している。大学等の認証評価は、国が直接認証評価するのではなく、認証評価機関に加盟する大学等が相互にその質を確保するという考え方が基本の枠組みとなっている。

## 3　高等教育の機会と費用

　高等教育は、その後の社会生活に大きな影響を及ぼす。医師のように、特定の職業に就くためには、大学への進学が不可欠となっている。このことは、幸福追求権（第13条）や職業選択の自由（第22条）を保障し、教育の機会均等（第26条）を規定している日本国憲法を考慮すれば、何人もが高等教育にアクセスすることが可能でなければならないであろう。

　日本では私的な教育費負担の割合が高いことが知られているが、私的な教育費負担の中心は就学前教育と高等教育である。ここでは高等教育についてみていくこととする。

　先にみたように、日本の高等教育は私立の割合が高い。国立大学の標準的年間授業料は53万5,800円である（表5-2）。一方、私立大学では90万円を超える年間授業料となっている。また、表では示していないが、私立文科系学部の初年度納付金は、施設設備費を含めて合計117万円余りであるが、私立理科系学部では約155万円、私立医歯系学部では480万円余りとなっている。

表5-2　国公私立大学の授業料及び入学料の推移（単位：円）

| 年 | 国立大学 | | 公立大学 | | 私立大学 | |
|---|---|---|---|---|---|---|
| | 授業料 | 入学料 | 授業料 | 入学料 | 授業料 | 入学料 |
| 1975 | 36000 | 50000 | 27847 | 25068 | 182677 | 95584 |
| 1980 | 180000 | 80000 | 157412 | 119000 | 355156 | 190113 |
| 1990 | 339600 | 206000 | 337105 | 287341 | 615486 | 266603 |
| 2000 | 478800 | 275000 | 478800 | 383607 | 789659 | 290691 |
| 2010 | 535800 | 282000 | 535962 | 397149 | 858265 | 268924 |
| 2019 | 535800 | 282000 | 538734 | 392391 | 911716 | 248813 |

（出典）文部科学省「私立大学等の令和元年度入学者に係る学生納付金等調査結果について」

　こうした学費を支援する奨学金の中心は、独立行政法人日本学生支援機構
（JASSO）の奨学金である。日本学生支援機構の奨学金は第一種（無利子）
と第二種（利子付）の貸与型奨学金があり、第二種（利子付）が中心であっ
た。2020年からは住民税非課税世帯（年収約270万円まで）等を対象とした
給付型奨学金制度と授業料等減免制度が開始されている。

# 第3節　生涯学習

## 1　生涯学習という考え方

　生涯学習という考え方は今後の世界における重要な理念の1つとして位置
づけられる。世界的なレベルでの生涯学習の考え方は、1965年のユネスコ
会議におけるP.ラングランの「生涯教育」提唱や1970年代のOECD（経済協
力開発機構）によるリカレント教育の概念に遡る。ラングランによって1965
年に提唱された「生涯教育」は、個人の教育や学習が学校によって終わるも
のではなく、一生涯をかけて深化発展させていくことが重要視された（ラン
グラン1976-79年）。その後E.ジェルピによって生涯学習の考え方は、社会の
在り方をも大きく変革するような内容であることが示された（ジェルピ1983
年）。
　1973年のOECD報告書「リカレント教育：生涯学習のための戦略」は、
義務教育以降の学校教育と仕事を中心とする諸活動とが交互にクロスするこ

との重要性を指摘している。北欧諸国を中心に、後期中等教育段階を修了すると、人々は一旦職業に従事する。業務遂行上、より高度な知識や技術、あるいは資格が必要になると、大学に戻り、学修する。それによってより上位のポストに昇進していく。こうして学校と職場を行き来する形態が普及していったのである。

　生涯学習という考え方の特色は、学校教育が教育の重要な場であることに加え、学校以外の場、とりわけ職業に関連した教育や学習がより重要性を持つようになること、そして人は就学期に教育が終わるのではなく、生涯学び続けることが重要であることを明らかにした点である。

　欧米諸国で生涯学習が着目されるようになった原因の1つとしてあげられるのは、経済成長と教育による人的資本とを関連づける考え方があったことである。教育機会に恵まれていない人々により高い職業知識や技能を獲得させることが、国の経済発展に必要であるとともに、個人により良い生活を保障することになると考えられたのである。教育は消費ではなく、将来の高い収入を得るための投資と考えられるようになったのである（シュルツ1964年）。

　ところで、日本でも経済成長と教育を結びつけようとする考え方は存在した。日本は1960年代に池田勇人首相の提唱した「所得倍増計画」に代表される高度経済成長の時代を迎えた。1963年に経済審議会が「経済発展における人的能力開発の課題と対策」を答申し、1966年には中央教育審議会が「期待される人間像」を公表し、経済成長と能力開発とを結びつけようとした。

　日本における生涯学習の考え方は、こうした人的能力開発とはやや異なる形で教育界に取り入れられていく。生涯学習（当初は「生涯教育」と呼ばれていた）の考え方は1960年代後半から1970年代前半には紹介されている（波多野1972年）。1971年の社会教育審議会においても生涯教育について取り上げられている。しかし生涯学習についての考え方が日本で普及したのは、1981年の中教審答申「生涯教育について」や、臨時教育審議会（1984-87年）における議論等、1980年代に入ってからである。

　1980年代における日本の学校教育は、曲がり角にきていたといえよう。

1970年代半ばまでに高校進学率は90%を超え、ほとんどの者が高校に進学することが当たり前の時代に入ってきた。同時に、学歴社会という言葉に象徴されるように、将来の進路がどの学校に入るのかによって、大きく左右される状況となっていた。こうした学校中心の社会から、多様な場、多様な機会での学習によって、個々人の能力が重視される、活気ある社会へと移行していくことが必要であると考えられたのである。

## 2 生涯学習社会と学校の役割

　学校システムは、社会の中でそれのみでは完結しない社会システムの一部である。つまり、学校は、将来への準備、より具体的にはよりよい人生とその基盤となる将来の職業世界の準備という役割を有している。日本では学校教育とその後の職業世界との関係がある意味希薄であったといえる。その要因として考えられるのは、第1に学歴、学校歴の偏重である。第2に就職時に必要とされる一般的及び専門的な知識、技能、技術等の曖昧さである。

　第1に学歴、学校歴の偏重について考えてみよう。自分の将来を考えるとき、自分の将来の進路、さらには将来就きたい職業を展望し、そのために必要な学校や学部、専攻を選択することが本来であろう。しかし、実際の進路選択行動になると、必ずしも自分の希望に沿った学校教育が受けられるとは限らない。たとえば、中学校では進路指導主事を中心として高校等への進路指導を行っている。その多くはその生徒の偏差値に相当する高校等を受験するように勧める。生徒や保護者もその学力に見合った学校を選択する際の基準として偏差値を重視する。逆に特色ある高校等を選択したくても、普通科では特色といっても部活動くらいしか選択の基準がないというのが実態である。大学等を選択する際も、文系と理系という受験科目による条件を考慮して、その中で偏差値の高い大学、学部を第1希望、その次に偏差値の高い大学、学部を第2希望、といったように受験する大学、学部を選ぶ場合が多い。

　第2の理由は、日本企業の採用・人事制度と専門的知識、技能の曖昧さである。日本では企業が新規学校卒業者を一括して採用するシステムを基本としてきた。多くの企業が選抜基準として重視してきたのが学校歴である。理

系学部の学生では学部専攻の専門性が一定度考慮されてきたが、文系学部の学生の場合、専門性が考慮される場合もあるものの、多くは学生の潜在的な能力が重視され、仕事に必要とされる能力は入職後に企業が独自に教育することが多かった。しかも、日本企業は専門職としての採用は少なく、多くが総合職、あるいは一般職としての採用であった。総合職の場合、入職前後に配属部署が決定され、数年毎に多様な部門をローテーションで回り、長い期間をかけて会社が本人の適性を見極めるという人事が多かった。そのため、大学における学修の専門性はそれほど重視されなかった。文系学生を選抜する際に、企業が結果的に重視することとなったのが、学校歴であった。

　しかし、1990年代の不況期以降、企業も採用方針を修正し、具体的な知識や能力等を重視する方向に変わってきている。具体的には資格等によって一定の能力を証明することが求められるようになってきた。今後の学校教育全体を通じて、自分の適性を知り、将来の職業について考えるキャリア教育が重要となっていく。文部科学省も1999年の中教審答申「初等中等教育と高等教育との接続の改善について」や2011年の中教審答申「今後の学校におけるキャリア教育・職業教育の在り方について」において、今後キャリア教育が重要であるとの立場を示した。中学校の職場体験や高校のインターンシップ等、将来の職業や社会参加を意識した教育活動は、今後の学校活動で重要性を増していくと考えられる。

　また、生涯学習と学校教育が結びついている欧米諸国では、学生の年齢層が多様であるとともに、パートタイム学生を受け入れる等学修形態も多様化している。日本における大学や専門学校等は、これまで若者を中心に学生を受け入れてきたが、今後は社会人等幅広い年齢の者を対象として、専門的な知識や技術を提供する機関となっていく必要がある。すでに専門学校等では、多様な学生が入学してくるようになってきている。大学でも大学院を中心に社会人学生が徐々に増えてきている。

## 3　生涯学習社会と「学び」

### （1）日本の生涯学習の特色

　高等教育を含む教育改革は、社会の変化によって不可避なものと考えられるようになってきた。社会の変化は、生涯学習社会、知識基盤社会、情報化社会、グローバル社会、持続可能な社会といったキーワードによって説明されている。近代社会においては、学校教育を受けたか受けなかったかによって、その後の職業や将来の栄達が大きく左右される社会であった。しかし、生涯学習社会等の考え方は、こうした学校教育中心の社会の在り方を大きく変え、生涯にわたる学習を追求する考え方を含んだものである。

　日本における生涯学習は、教養を高めるためのカルチャーセンターのようなものを思い浮かべることが多い。一方、欧米諸国では、生涯学習の中心は職業能力開発としての意味合いを持っている。こうした違いの理由として考えられるのは、第1に、日本社会における職業能力開発は、終身雇用制による企業内のそれが中心であったことである（小池2005）。日本では、終身雇用制が定着しており、いったん企業に就職すると、生涯その企業の中で人事異動などによって職位を上昇していく。そのため、高校や大学等では、直接職業に関連する能力を高める必要はなく、企業に就職してからそうした能力を高めていった。また、企業の立場からすると、その企業独自の職業能力（「特殊熟練」という用語が用いられる）として、能力を企業内資格として評価することにより、他企業への人材流出を防ぐことも意図されていたといわれている。このため、職業能力を学校で獲得することが重視されてこなかったと考えられる。

　第2に、特定の職業については、文部科学省以外の省庁が教育内容を所管している。たとえば、保育士や看護師等の資格やその養成機関における教育内容等は厚生労働省（旧厚生省）が所管している。さらに、失業者等に対する職業能力開発を目的とする事業も厚生労働省（旧労働省）の所管である。このため、文部科学省が所管する生涯学習は、従来の社会教育を中心とした教養を高めるための事業等に焦点をあてることとなったのである。

　いずれにしても、日本においても学校中心の教育システムから、生涯にわ

たる学習が求められる社会へと変化していることは間違いない。職業に関する知識・技能が、急激な速度で変化する時代において、学校を卒業して5年、10年を経過すると、その当時学校で学んだことは時代遅れになっているのである。生涯学習社会は、豊かな教養や文化を求めて学び続けるという側面とともに、職業に必要な能力を生涯にわたり学び続けなければならないという厳しい側面を併せ持つのである。

### （2）生涯学習社会における学校教育の役割

　今日の社会における学校の役割は、従来の考え方から変化せざるを得ない状況に置かれている。その要因として、第1に必要とされる知識の変化や高度化に対応するための能力を獲得することが重要となる。ただ単にある事柄を知っているというのではなく、その知識を基にして文脈に応じて必要な答えを見つけ出すことができるようにする力の基礎を培うよう、学校は教育を提供することが求められる。1998（平成10）年改訂の学習指導要領で「生きる力」が、2017年改訂のそれで資質・能力が重視されたのは、学校に求められるものが変化したことの表れである。

　第2に、労働市場における変化である。1980年代までの日本における就職活動は、企業が生徒や学生の潜在的な能力を査定し、業務遂行に必要な専門的知識や技能は企業が提供するという前提でマッチングが行われてきた。したがって、学校歴やある程度の専門分野、あるいは大学等での体育会での活動等が就職の際には重視されてきた。しかし、1990年代の「就職氷河期」を経て、就職を希望する者は実際に何ができるのかが厳しく問われるようになってきた。

　第3に、新たな知識が必要となった人に、学校は知識や技能を提供する必要がある。これまでの児童生徒あるいは学生を中心とした学校システムに加え、一度学校システムから離れた人たちに最先端の知識技術を提供する場として、学校（とりわけ大学）の存在は重要性を増していく。学校は仕事に就く前の準備としてのみならず、仕事をしながら、あるいは新たな仕事を得るために必要な知識技術あるいは技能を提供する場にもなった。高校や大学を卒業すれば学ぶことが終わるのではなく、社会の変化に対応して生涯学び続

101

けていくことが求められる。これが生涯学習社会である。

　2000年代以降、日本では大学等への進学率が50％を超えるようになり、M.トロウのいう高等教育の「ユニバーサル段階」に入った。しかし専門学校（専修学校専門課程）への進学率を加えてみると、1995年時点ですでに進学率は50％を超えていた。高校を卒業した過半の者が、この時点でその後も学び続けていたのである。2020年時点で、過年度高卒者を含めた高等教育機関への進学率は、83.5％に達している（文部科学省『学校基本調査』から）。

　2016年5月30日に中教審は「個人の能力と可能性を開花させ、全員参加による課題解決社会を実現するための教育の多様化と質保証の在り方について」を答申した。この答申は、専門学校の高等教育機関化（2019年度に専門職大学、専門職短期大学の制度化）への方向性を示すとともに、フォーマル教育（学校教育）、インフォーマル教育（多様な経験を通した学び）、及びノンフォーマル教育（一定程度体系化された教育）を総合的にとらえ、そうした学習の成果を社会や地域における活動に結びつけるよう提言している。将来的にはICTを活用した「生涯学習プラットフォーム（仮称）」を構築し、学習機会の提供機能、学習・活動履歴の記録・証明機能、学習者等のネットワーク化機能を高めることを提案している(2)。生涯学習社会における新しい学校教育の在り方は、学習者の多様化と学習方法の多様化によって、大きな変革の時期にあるといえよう。

〈注〉
（1）専修学校の専門課程の修了者に対する専門士及び高度専門士の称号の付与に関する規程、1994年制定。
（2）文部科学省「ICTを活用した『生涯学習プラットフォーム（仮称）』の構築に関する調査研究」 https://www.mext.go.jp/a_menu/ikusei/chousa/1405414.htm（2021年8月10日確認）

〈参考・引用文献〉
・天野郁夫『大学改革を問い直す』慶應義塾大学出版会、2013年
・小池和男『仕事の経済学』東洋経済新報社、2005年
・小林雅之編著『教育機会均等への挑戦』東信堂、2012年
・坂野慎二・藤田晃之編著『海外の教育改革（改訂版）』放送大学教育振興会、2021年
・ジェルピ、E.『生涯教育──抑圧と解放の弁証法』前平泰志訳、東京創元社、1983年
・シュルツ、T.『教育の経済価値』清水義弘訳、日本経済新聞社、1964年
・ドーア、R.P.『学歴社会　新しい文明病』松居弘道訳、岩波書店、1978年（原著は1976年）
・トロウ、M.『高学歴社会の大学──エリートからマスへ』天野郁夫・喜多村和之訳、東京大学出

版会、1976年
・日本高等教育学会『高等教育研究第23集　大学評価その後の20年』玉川大学出版部、2020年
・日本高等教育学会『高等教育研究第18集　高等教育改革その後の10年』玉川大学出版部、2015年
・波多野完治『生涯教育論』小学館、1972年
・広田照幸他編『シリーズ大学3　大学とコスト――誰がどう支えるのか』岩波書店、2013年
・広田照幸他編『シリーズ大学2　大衆化する大学――学生の多様化をどうみるか』岩波書店、2013年
・矢野眞和・濱中淳子・小川和孝『教育劣位社会――教育費をめぐる世論の社会学』岩波書店、2016年
・ラングラン、P.『生涯教育入門』波多野完治訳、全日本社会教育連合会、1976-79年

## 学習課題

（1）高等教育機関の種類により、教育にどのような違いがあるのかを整理してみよう。

（2）高等教育を受けることによって、個人や社会にどのような変化が起きるのかをまとめてみよう。

（3）生涯学習（教育）は、どのような時代背景で提唱されたのかを整理してみよう。

（4）生涯学習社会における学校教育の役割を整理してみよう。

# 第6章　教育行政制度
## ——国と地方

　教育行政は、教える—学ぶという営みや教師や子どもとは遠いものと考えられるかもしれない。しかし、行政は特に学校を中心とした教育活動に密接に関わっている。たとえば、学校の施設・設備、そこで教える優れた教師の確保・配置、教える内容、必要な教材などは行政が関わって実現している。本章では、教育行政の諸原則や国と地方の役割分担や相互の関係といった基本的な事項、国の教育行政の組織や役割について確認したのち、教育課程や教科書に関する行政、高等教育行政など特に国の教育行政の諸領域について概観する。

## 第1節　教育行政の基礎

### 1　教育行政の定義

　教育行政とは何かと問うとき、学術的に定まった定義はない。たとえば、教育行政を行政全体の中での一領域と捉え、「教育に関する行政」や「教育を対象とする行政」といわれることがある。ここでいう教育とは、組織的に行われ社会的に影響力のある教育を指している（平原1993：7-8）。これは行政活動の対象を表したものといえる。ほかに、教育行政がいかにあるべきかという観点から、教育行政は「教育のための行政」であるとし、その役割を教育の目的を実現するために「教育の諸条件を整備すること（に限定すべき）」とする定義もある。教育の目的は「権利主体としての子どもの可能性を最大限に発達させること」とされ、そのための行政は教育を支配統制するのではなく、教育の進展を支えるサービス的活動を主とすべきとの考えに基づいている（平原1993：13）。この定義は、行政活動の目的に焦点を当て、教育行政を理念的に構想したものといえる。

　これに対し、教育行政の現実を説明しようとする定義もある。たとえば、「教育行政とは、政治（国会、地方議会の立法を軸にした政治総体）によって決定された教育政策を、法や制度の手続き・ルール、慣例等に従い、（教育）行政機関（政府、文部科学省、自治体首長、教育委員会等）や教育機関（学校等）とその執行実務に携わる（教育）官僚・職員集団の管理（経営）を通して実現する総体」（小川2010：9）とする定義である。これは、教育政策の形成・実施の過程を反映しようとしたものといえる。

### 2　教育行政の諸原則

　戦後の教育行政は、戦前の教育行政への反省に立って、特に次のような諸原則のもとで行われるべきとされている。第1に法律主義、第2に地方自治（地方分権）、第3に自主性の確保である（平原1993）。また、地方教育行政においては地方分権、民主化（民衆統制）と一般行政からの独立（専門性）が

三原則とされた。これらに中立性の原理を加えることもある（平原1993，小川2010）。

　教育基本法（平成十八年法律第百二十号）は、教育行政について「教育は、不当な支配に服することなく、この法律及び他の法律の定めるところにより行われるべきもの」と定めており（第16条第1項前段）、法律主義に拠ることが明記されている。戦前、教育に関する事項は、天皇の命令である「勅令」をもって定められた（文部省1972）。これを勅令主義という。戦後は、軍国主義・国家主義的な教育の在り方からの転換を図り、教育行政が恣意的・権力的に行われることを防ぐため、国民を主権者とする民主主義体制の下、教育行政は国会の定める法律に基づいて行われる「法律主義」を原則とすることとなった。

　地方自治（地方分権）とは、教育は、地方公共団体の取り扱うべき事務とし、国の関与をできるだけ排除する（団体自治）とともに、地域住民の意思に基づいて行われるべき（住民自治）とする原則である。これは日本国憲法第92条に定める「地方自治の本旨」を意味する。戦前、教育は国の事務とされ、国の指揮監督の下、市町村が請け負う形で行われてきたが、戦後は、地方が自ら行う事務として位置づけ、地域住民や保護者などの多様な教育意思を反映させることが目指された。それを担う機関として設置されたのが「教育委員会」である（第7章を参照）。

　自主性の確保とは、教育が政治的支配や官僚的統制の犠牲になることなく、学問の自由と教育の自主性を尊重して行われなければならないという意味で（平原1993）、政治的中立性の原理も内包している。この原則は旧教育基本法（昭和二十二年法律第二十五号）で教育行政について定めた第10条第1項の「教育は、不当な支配に服することなく、国民全体に対し直接に責任を負つて行われるべきものである」という一文に表れている。政治的支配から距離を置くという点は、地方教育行政における一般行政からの独立（専門性の確保）により実現されると考えられた。すなわち、住民の直接選挙で選ばれる首長の影響力が強い（政権交代による影響が大きい）一般行政から独立し、専門的に行われることが必要であるとされたのである。また、独立しているがゆえに機能しやすい官僚的統制に対しては、民衆統制の確立により対抗で

きるものと考えられた。そこで採用されたのが教育委員会制度における教育委員の直接選挙であった（1956年にこの公選制の仕組みは廃止され、以降は任命制となった）。

## 3　教育行政の役割と機能

　日本国憲法においては、教育について「すべて国民は、法律の定めるところにより、その能力に応じて、ひとしく教育を受ける権利を有する」（第26条第1項）ことが定められている。この国民の教育を受ける権利の保障こそ政府の重要な役割であり、教育行政の第一義的な任務といえる。また日本国憲法の下で教育及び教育制度全体を通じる基本理念と基本原理を宣明した教育基本法では、教育の目的を「人格の完成」と「国家及び社会の形成者として必要な資質を備えた心身ともに健康な国民の育成」としており（第1条）、教育行政にはこの目的達成に資する活動が求められている。

　教育行政学では、その作用を①規制、②助成、③実施の3つに分類することが多い（平原1993：10）。①規制は、地方公共団体や私人に一定の義務を課したり、行為を禁止・制限したりする権力的な作用を指している。たとえば、学校設置の許認可、教科書検定などが挙げられる。②助成とは、地方公共団体や私人の教育活動を奨励し、支援するために、非権力的な指導・助言・援助を行うこと、資料・情報を提供すること、経費の補助を行うことを意味する。各種ガイドラインの策定や、実践研究など各種推進補助事業と事例の公開、義務教育費国庫負担制度や私学助成などがある。③実施作用とは、学校、研究機関、博物館、図書館などの設置・運営など行政主体が自ら必要な事業を行う行為を指す。

　教育行政は、「教育諸活動を活発ならしめ、国民の知的・文化的水準を高めるとともに、新しい知見の開発に努めることを目的とする」（平原1993：10）ため、助成作用が中心的となるといわれている。すなわち、教育行政は非権力的活動を中心とする（するべき）と考えられている。

　加えて、行政機関は政策立案という機能も担っている（小川2010：26）。政策は、最終的には法令や予算の形式を持つため、本来は立法府（国会）に

より決定されるものであるが、行政立法という言葉があるように、立法府（国会）の定める法律による委任事項については、国の行政機関が規則を定めることができる。たとえば、内閣の定める政令、各省庁の大臣の定める省令などがある。また、法律案の国会への提出は内閣も行うことができ、現在、成立する法案の85%が内閣の提出したものである（村上2020：30）[1]。法案作成においては与党及び文部科学省で内容の検討・調整が行われ、この過程で政策の具体像が作られる。近年は、地方公共団体が法律の範囲内で独自に行う政策も増えてきている。地方分権改革により地方教育行政には一層地域の実情や課題に即した政策立案機能が求められている。

## 4　国と地方の役割分担と政府間関係

### （1）国・都道府県・市町村の役割分担

　教育基本法第16条第1項（後段）は、「教育行政は、国と地方公共団体との適切な役割分担及び相互の協力の下、公正かつ適正に行われなければならない」と定めている。さらに、その役割分担について、「国は、全国的な教育の機会均等と教育水準の維持向上を図るため、教育に関する施策を総合的に策定し、実施し」（第16条第2項）、「地方公共団体は、地域における教育の振興を図るため、その実情に応じた教育に関する施策を策定し、実施しなければならない」（同条第3項）としている。すなわち、国は基準（ナショナル・スタンダード）の策定や財政支援を主要な任務とし、国民の権利保障と全国的な教育水準の確保というナショナル・ミニマムを達成すること、地方には、地域の実情に応じて主体的に教育の質を高め、それぞれの地域での最適な状態（ローカル・オプティマム）を実現することが求められている（表6-1）。

表6-1　教育行政における国・都道府県・市町村の役割分担（義務教育の例）

| | 主な役割 |
|---|---|
| 国 | 学校制度等に関する基本的な制度の枠組みの制定<br>　（例）・「学校教育法」等による学校教育制度の制定<br>　　　　・「地方教育行政の組織及び運営に関する法律」による地方教育行政制度の制定<br>　　　　・教科書検定制度<br>　　　　・教職員免許制度（免許状の種類、授与権者、効力等）の設定<br>全国的な基準の設定<br>　（例）・小中学校等の学校の設置基準（編成、施設設備等）の設定<br>　　　　・学校指導要領等の教育課程の基準の設定<br>　　　　・学級編制と教職員定数の標準の設定<br>地方公共団体における教育条件整備に対する財政的支援<br>　（例）・市町村立小・中学校等の教職員の給与費と校舎の建設等に要する経費の国庫<br>　　　　　負担<br>　　　　・教科書の無償給与<br>指導・助言・援助<br>　（例）・教育内容や学校運営に関する指導、助言、援助 |
| 都道府県 | 広域的な処理を必要とする教育事業の実施<br>　（例）市町村立小・中学校等の教職員の任命<br>市町村における教育条件整備に対する財政的支援<br>　（例）市町村立小・中学校等の教職員の給与費の負担<br>指導・助言・援助<br>　（例）・教育内容や学校運営に関する指導、助言、援助 |
| 市町村 | 学校等の設置管理<br>　（例）・市町村立小・中学校の設置管理 |
| 学校 | 教育の実施<br>　（例）・教育の実施 |

（出典）中央教育審議会「今後の地方教育行政の在り方について（答申）検討資料1」2013年12月13日

## （2）政府間関係と関与

　国―都道府県―市町村間、都道府県同士、市町村同士の関係を政府間関係という。教育行政における国と地方の政府間関係の特徴は、融合的である点にあるといわれている（青木2019：208）。1つの事務について、国と地方公共団体が権限や費用負担を分担している状況を指す。

　表6-1に示された義務教育の例をみてみよう。小・中学校は、学校教育法により市町村にその設置義務が課されている（第38条）。その市町村立学校は、設置者管理主義、設置者負担主義の原則（同法第5条）に基づき、法令上、市町村が管理・運営、経費負担に責任を持つこととなっている。しかし、必要経費のうち、もっとも比重の大きい教職員給与費については、現在、

都道府県が3分の2、国が3分の1を負担している（県費負担教職員制度・義務教育費国庫負担制度：第7章を参照）。これに関連して、国は教職員の給与を算定するために学級編制と教職員配置に関する「標準」を定め、都道府県（および政令市）はこの標準をもとに学級編制の「基準」を設定するとともに、教職員の人事（任免）を行っている。<sup>(2)</sup>

　また、一般に国は、地方公共団体が行う事務について、全国的統一、広域的調整及び行政事務の適正な執行を図る等の目的で、法令に基づき「関与」を行うことができる。地方自治法が定める関与の類型には、①助言・勧告、②資料の提出の要求、③是正の要求、④同意、⑤許可・認可・承認、⑥指示（是正の指示）、⑦協議、⑧代執行がある<sup>(3)</sup>（第245条）。教育行政については、これらに加えて、地方教育行政の組織及び運営に関する法律（以下、地方教育行政法）により、国は、教育機関の設置・管理や学校の組織編制、教育課程、学習指導、生徒指導、研修、教育委員会の運営など自治体が行う様々な教育事務に対し、指導・助言・援助を行うことができる<sup>(4)</sup>（第48条）。この教育行政に特徴的な関与の在り方を「指導行政」と呼ぶ。

　ただし、原則として関与は必要最小限のものとし、地方公共団体の自主性・自立性に配慮したものでなければならない。地域の課題や実情に応じた地方教育行政の実施と、機会均等など全国的な観点から行われる中央教育行政のバランスを、適切性、公正性、公平性の観点からどう図っていくかがつねに問われている。

# 第2節　国の教育行政主体と教育政策形成

## 1　文部科学省

### （1）組織と任務

　日本の行政組織は一定の所管領域を分担管理する府省の「縦割構造」が特徴といわれている（森田2017：99）。教育、科学技術、文化、スポーツと幅広い領域を所管しているのが「文部科学省」（以下、文科省とする）である。内閣の統轄の下、所掌事務に係わる政策の企画・立案、相互調整を図る（国

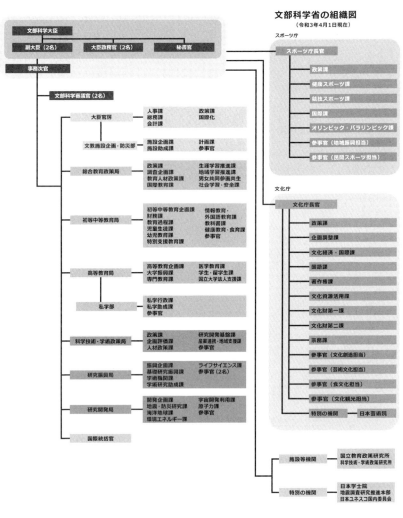

図6-1　文部科学省の組織図（令和3年4月1日現在）
（出典）文部科学省ホームページ「組織図の紹介」

家行政組織法第2条)。

　文科省は、2001年に文部省と科学技術庁を統合して設置された。図6-1
は2021年4月1日現在の文科省の組織である。文科省の長は文部科学大臣
で(文部科学省設置法第2条第2項)、内閣の一員でもある。主任する行政事務
(教育、科学技術など)に係る法律や政令の制定・改廃の案についての閣議請
議等の権限が付与されている。その下には、大臣を補佐する副大臣、大臣政
務官がおり、これらをまとめて政務三役と呼ぶ。政務三役は与党と省をつな
ぐ存在であり、省を代表して国会答弁や視察などを行う(青木2021：35)。

　事務次官は官僚(公務員)組織のトップとして位置づけられている。本省
の組織は、大臣官房という人事や総務、会計などを担う部署と、原局と呼ば
れる政策分野ごとに組織された局・部で構成されている。予算規模が大きく、
文科省の中でも重要な位置を占めているのが初等中等教育局である。いじめ、
不登校、学力向上など社会的関心の高い課題が多い幼児教育、義務教育、高
等学校教育分野を担当している。高等教育局は大学や大学院など高等教育の
振興を図る役割を担う。総合教育政策局は教育政策のとりまとめを行う他、
生涯学習を担当している。科学技術・学術政策局、研究振興局、研究開発局
は科学技術庁に由来する局である。また、大臣官房と原局を内局や本省とい
うのに対し、庁・委員会など府・省に直属して、特殊な事項を所管する機関
を外局といい、文科省にはスポーツ庁と文化庁が置かれている。

　文科省の任務は、「教育の振興及び生涯学習の推進を中核とした豊かな人
間性を備えた創造的な人材の育成、学術の振興、科学技術の総合的な振興並
びにスポーツ及び文化に関する施策の総合的な推進を図るとともに、宗教に
関する行政事務を適切に行うこと」(文部科学省設置法第3条)である。具体
的な所掌事務は文部科学省設置法第4条に95項目にわたって列挙されており、
非常に多岐にわたる。

## (2) 法令に基づく審議会等

　国の政策形成にとって重要な役割を果たす機関として国家行政組織法第8
条の定める審議会等が挙げられる。たとえば文科省には、文部科学大臣の諮
問に応じて教育の重要政策を審議し、意見を述べる組織として学識経験者等

で構成される中央教育審議会（以下、中教審）が設置されている（文部科学省組織令第75条）。この仕組みには、①国民各層の意見を反映させること、②多様な意見を取り入れることによって行政過程を公正なものにすること、③専門的知識を取り入れること、④各種の利害を調整すること、といった役割がある（金子1985：118）。現在置かれている分科会としては、教育制度分科会、生涯学習分科会、初等中等教育分科会、大学分科会の4つが挙げられる（中央教育審議会令第5条）。

## 2　内閣

　日本国憲法は、第65条で「行政権は、内閣に属する」とともに立法権は国会に、司法権は裁判所に属することを宣明している。この権力分立の下、国や公共団体の行う作用の一部が行政とされる。内閣は、内閣総理大臣（以下、首相）と国務大臣とから成る。その下に内閣を直接補佐する内閣官房や内閣の事務の円滑な遂行を担う行政機関である内閣府が置かれている。国会への法案や予算案の提出、教育振興基本計画の策定といった権限は内閣に属することから、教育政策の決定において内閣は大きな影響力を持っている。

　1980年代には、中曽根康弘内閣が臨時教育審議会を設置し、数々の提言を行った。2000年代には、内閣総理大臣の私的諮問機関として設置された組織で創発された政策がいくつも実施されている。私的諮問機関とは、法令による審議会とは異なり、閣議決定や大臣等の決裁のみで設置・開催されるもので、会議、懇談会、考える会などの名称が用いられている。教育に関するものでは、教育改革国民会議（2000年・小渕恵三内閣）、教育再生会議（2006年・第1次安倍晋三内閣）、教育再生懇談会（2008年・福田康夫内閣）、教育再生実行会議（2013年・第2次安倍晋三内閣）、教育未来創造会議（2021年・岸田文雄内閣）などがある。

### 3 国の教育政策形成過程

国の教育政策は、国会にお
ける法律や予算の成立によっ
て具体的な形となるがそのプ
ロセスは図6-2の通りである。

政策形成は、課題設定から
始まる。社会の様々な問題が
政府レベルの議論の俎上（そじょう）にの
るかはここで決まる。政策立
案の過程では、審議会への諮
問や教育関係者・団体・機関
からのヒアリングや調査等も
行われる。最終的には文部科
学大臣による承認を経て、閣
議で法律案を決定し、国会に

図6-2　教育政策決定の流れ
（出典）筆者作成

提出する。国会審議を経て、可決されれば政策は決定、実施へと動き出すこ
ととなる。なお、政策は実施後に評価を行い、改善や廃止などの措置が講じ
られる。

政策は、一般市民からは遠いと考えられがちであるが、政策立案過程にお
いては、パブリックコメント等のしくみにより広く市民の意見を募ることも
ある。近年は、インターネット上での署名活動への参加や、SNSを介して
関係者に直接声をとどけることなど、影響力行使のための様々な手段がある。

## 第3節　教育行政の諸領域

### 1 計画行政・行政調査

#### （1）教育振興基本計画

教育振興基本計画は、教育基本法に示された理念の実現と、我が国の教育

振興に関する施策の総合的・計画的な推進を図るため、教育基本法第17条第1項に基づき政府として策定する計画で、2006年の教育基本法改正時に導入され、2008年より5年ごとに策定されている[8]。教育基本法は、地方公共団体に対しても国の計画を参酌し、当該地方公共団体における教育の振興のための施策に関する基本的な計画を策定するものとしている（第17条第2項）。

　計画には施策の基本方針や目標、各種の具体的な施策、施策を推進するために必要な事項等が総合的・体系的に盛り込まれ、閣議決定を経て政府全体の重要課題と位置づけられることとなる。このように、政府計画の策定や行政活動の計画化を「計画行政」という。

　また、計画の実効性を高めるため、第2期の計画より成果目標および成果指標が明示され、第3期の計画においては、測定指標や参考指標が盛り込まれており[9]、成果測定を積極的に行おうとするものとなっている。現在、エビデンスに基づく政策形成（Evidence-Based-Policy Making: EBPM）が重要視される中で、こうした指標による成果の把握は予算獲得や施策の改善にとって重要である。一方で、目標設定と成果測定という手法は、国→地方→学校と上位段階が定める目標や教育の質が、下位段階の目標や質を規制・管理する「トップダウン方式」の階層構造を構築し（勝野2007：10）、学校や地域のニーズに応じた教育が展開しにくくなるとの指摘もある。何が目標とされるべきか、測定される成果（指標）はどのようなものか、その取扱いが適切かなど、教育活動の当事者や国民が議論、監視していくことが求められる。

### （2）統計・調査

　行政は、今後の行政需要の予測を行ったり、行政ニーズを認定し、政策立案の基礎資料としたりするために、情報収集や調査を行う。教育行政においても、政策や学校教育活動の実施状況、成果を把握するために、教育段階にかかわらず国、地方それぞれのレベルで様々な調査が行われている。

　国レベルで行われる、「学校基本調査」、「学校における教育の情報化の実態等に関する調査」、「地方教育費調査」、「学校保健統計調査」などは定例的・基礎的な統計調査である。教育活動に関わるものでは、「全国学力・学習状況調査」、「児童生徒の問題行動・不登校等生徒指導上の諸課題に関する

116

調査」などがある。またその時々の必要性に応じた調査が行われている。学力調査については、すべての都道府県においても独自に行われており、市町村レベルでも独自に行っている自治体がある。

　調査の手法は多様であり、情報収集という意味合いとすれば、議員や関係団体からのヒアリング、パブリックコメントの収集、研究事業なども含まれる。特に、説明責任の要求に応えるため、エビデンスに基づく教育や教育政策が求められる今日、政策評価・行政評価をする際の資料、政策立案・予算獲得のための根拠資料となる調査は重要となっている。一方で、調査の設計の仕方、得られた調査結果、情報や知見の利用、分析の仕方には注意や配慮を必要とする。たとえば、全国学力・学習状況調査が導入された際には、学校単位の結果の公表や序列づけによる、学校現場の萎縮やテストの自己目的化などが問題となった。

## 2　初等中等教育行政—教育課程行政

　教育行政においてもっとも中心となるのが義務教育を柱とする初等中等教育行政である。文科省においても大きな予算規模を有する。中でも国が、基準の設定や財政措置で大きな役割を果たしているものの一つが教育課程にかかわる行政である。

　教育課程とは、各学校における教育計画でカリキュラムとも呼ばれる。各学校は、学校の目的・目標の達成に向けて、児童生徒の心身の発達に応じ、いつ、どの教育内容（や経験）をどういった順序で行うのか、授業時数との関連において組織する。その教育内容の基準、根拠となるのが国の定める学習指導要領である。学習指導要領は、文部科学大臣が教育基本法、学校教育法、学校教育法施行規則に基づき各教科等の目標や大まかな内容を告示の形式で示したもので、教育課程編成の基本的な考え方や、授業時数の取扱い、配慮事項などを規定した総則と、各教科、道徳及び特別活動の目標、内容及び内容の取扱いなどから構成されている。すべての児童生徒に指導する内容の範囲や程度が示されるなど、基準性を有するとされている。

　国レベルで作成された学習指導要領を、教材の形にしたものが、教科書

117

（教科用図書）である。教科書とは、教科書の発行に関する臨時措置法において「小学校、中学校、義務教育学校、高等学校、中等教育学校及びこれらに準ずる学校において、教育課程の構成に応じて組織排列された教科の主たる教材として、教授の用に供せられる児童又は生徒用図書」であり、文部科学大臣の検定を経たもの（検定教科書）又は文部科学省が著作の名義を有するもの（著作教科書）と定められている（第2条）。初等中等教育諸学校においては原則としてこの教科書の使用が義務付けられている（学校教育法第34条及びその準用規定）。

　教科書に対する国の関与の在り方は、国によって様々であるが、日本では国による教科書検定制度を採用している。民間で著作・編集された図書を教科書として適切か否かを審査し、合格したものの使用を認めるものである。これは、教科書の著作・編集を民間に委ねることにより、著作者の創意工夫を取り入れるとともに、検定により、全国的な教育水準の維持向上、教育の機会均等の保障、適正な教育内容の維持、教育の中立性の確保などの要請に応え、適切な教科書を確保することをねらいとしている。

　どの教科書を使用するかを決める採択は、公立学校では学校の設置者である教育委員会が（地方教育行政法第21条第6号）、国立・私立学校においては校長が行う（教科書発行法第7条第1項）。公立義務諸学校の採択は、都道府県教育委員会が「市町村の区域又はこれらの区域を併せた地域」を採択地区として設定し、その地区ごとに行われる。採択権者は必要な教科書の数（需要数）を文部科学大臣に報告し、文部科学大臣は、その集計に基づいて教科書発行者に発行すべき教科書の種類及び部数を指示する。教科書が製造された後、供給業者から各学校に供給、児童生徒に手渡されることとなる。

　使用義務と関わり、義務教育諸学校の教科書については、義務教育諸学校の教科用図書の無償措置に関する法律（昭和38年法律第182号）により、国から無償給与されている。なお、教科書については、2018年より教育課程の一部において教科用図書に代えて「デジタル教科書」の使用が可能となった（学校教育法第34条第2項）。ただ、学習者用デジタル教科書は、国による無償措置の対象となっていないため、国の補助はあるものの、導入について自治体の財政負担が必要である。2021年3月1日現在、公立学校における学

習者用デジタル教科書の整備率の平均は6.2%である（文部科学省2021.10）。

## 3　高等教育行政と私学行政

### （1）高等教育機関の設置と高等教育政策

　学校教育法第1条に定める高等教育機関には、大学（短期大学、専門職大学、専門職短期大学を含む）と高等専門学校がある（第5章参照）[11]。公立・私立の大学、高等専門学校の設置認可は文部科学大臣が行う（学校教育法第4条第1号）。

　高等教育の中核である大学については、教育基本法で「学術の中心として、高い教養と専門的能力を培うとともに、深く真理を探究して新たな知見を創造し、これらの成果を広く社会に提供することにより、社会の発展に寄与するものとする」（第7条第1項）と定められている。これまで学校教育法でその目的が規定されていたが、2006年教育基本法の改正時に新たに規定が設けられ、「社会発展に寄与する」という役割が明示されることとなった[12]。同時に「大学の自治」や「研究の自由」、「教授の自由」の保障を含む学問の自由（憲法第23条）の規定を受け、第2項で「自主性、自律性その他大学における教育と研究の特性が尊重されなければならない」ことも明記されている。

　政府・行政は「大学の自治」や「自主性・自律性」を尊重しつつも、社会発展のための高等教育の役割を重視し、整備計画や許認可により需給調整を図ってきた。1960年代には、高度経済成長や18歳人口の増加を背景に、高等教育の量的拡大が求められ、当時の文部省は大学設置認可基準を大幅に緩和した。その際、量的な受け皿となったのが私立大学である。しかし、大学紛争を契機に、教育の質が問題となり1970年代半ばには、私立学校振興助成法の成立に伴って私立大学の定員政策が厳格化されるなど、その政策は抑制策に転じた。その後1980年代の終わりには、18歳人口が漸減する中で、再び新増設が緩和されている。この緩和の背景には臨時教育審議会（1984年設置）において示された「教育の自由化」論がある。これは政府が事前の規制や審査により高等教育の量・質を管理するのではなく、各高等教育機関の自主的・自律的な運営や特色化を強調し、市場メカニズムによって量的な調整や、質的な向上を図ろうとするものである。

このような国による行政のスリム化を図る改革の一環として、行政が直接教育機関を管理運営するのではなく、法人に移管する改革が行われた。それが2004年に導入された国立大学法人制度である（2004年には公立大学法人制度が開始された）。同時に、教育研究の質保証を目的として、文部科学大臣の認証を受けた第三者機関による認証評価制度も導入されている（詳細は第5章参照）。このように高等教育政策の重点が量から質へと変化し、国の役割も、方向性の提示や制度的枠組みの設定、質保証システムの整備、財政支援等へと転換が図られている（中央教育審議会2005）。

　現在、人口減少と技術革新による社会の急激な変化により、高等教育は新たな局面を迎えている。社会の変革を担う人材や世界的な研究成果やイノベーションの創出が期待される中で、新学習指導要領で示された資質・能力の3つの柱に対応した大学入試改革が進められている。そして高等教育機関には、「何を学び、身に付けることができるのか」を中軸に据えた学修者本位の教育へ転換を図ること、多様なミッションをもつそれぞれの機関が「知の基盤」として社会が直面する課題の解決に貢献していくことが求められている（中央教育審議会2018）。

### （2）私学行政

　義務教育機関は、地方公共団体の設置する学校（公立学校）が9割以上を占めるのに対し、高等教育機関では、大学で7割以上、短期大学の約9割が学校法人の設置する学校（私立学校）であり、私立学校の果たす役割は大きい[13]。私立学校が行う「建学の精神」に基づいた特色ある教育活動は、多様化する国民のニーズ（需要）に応じた教育機会の提供に大きく貢献してきた。そうした公共性の高さから、国は、1975年に公布された私立学校振興助成法に基づき、私立学校に対して公費による経常経費や施設整備費の補助を行っている。これを「私学助成」という。私学の教育条件の維持向上、在学する児童・生徒・学生の経済的負担の軽減、私立学校の経営の健全性を高めることを目的としている（私立学校振興助成法第1条）。

　私立学校法および学校教育法により、私立学校のうち、高等教育機関については文部科学大臣、中等教育段階までの学校種については都道府県知事が

所管（監督）する。教育機関であるものの、教育委員会が所管していないという特徴がある。地方自治法に基づいて教育委員会に補助執行させることが可能であるが、その方式を採用している自治体は少ない。

　所管庁は、助成金の交付や学校の設置認可を行う他、改善勧告や学校の閉鎖を命令することができる。[14]国公立学校に比べて自律性の高い私立学校であるが、法令違反や教育活動が適切に行われていない場合には、児童・生徒・学生の教育をうける権利の保障のために行政が必要な措置を講ずることができるようになっている。

〈注〉
（1）これを閣法という。残りの15％は国会議員による立法となるが、これを議員立法という。本来、立法は国会（議員）の役割であるが、膨大なテーマについて、専門的な事項も含まれる法案作成をすべて国会で担うことは難しいため、行政機関による法案作成が認められている。
（2）中核市には研修権が認められている（給与負担は都道府県）。
（3）地方公共団体が行う事務には、法律により国から委任される「法定受託事務」と、自治体の権限で処理すべき「自治事務」がある。国の関与は、自治事務の場合には類型の①〜③・⑦を基本とし、個別法により一定の条件下で④〜⑥が可能とされている（⑧はできるだけ設けない）。
（4）国から都道府県・市町村に対してだけでなく、都道府県から市町村に対しても同様である。
（5）政務三役のうち大臣は民間人の登用もあるが、副大臣、大臣政務官は与党の国会議員が担うのが慣例となっている。
（6）名称としては「○○委員会」「○○審査会」「○○会議」などが用いられることもあるため「等」としている。
（7）構成員としては、大学教員など学識経験者、教育委員会や校長会、PTAの代表など教育関係者、民間企業や非営利法人の経営者などが挙げられる。
（8）第1期2008〜2012年、第2期2013〜2017年、第3期2018〜2022年。
（9）「測定指標」は「「今後5年間の教育政策の目標」の状態を直接的・間接的に表す指標のうち、現在の水準等を踏まえ、改善の方向を明記することが必要かつ適切であるものを精選」し設定したもの、「参考指標」は「大きな数値変動の有無を確認すれば足りるものや、今後水準を把握していくものを精選のうえ」設定したもの（「第3期教育振興基本計画」平成30年6月15日p.46）。具体的には、たとえば国際学習到達度調査（PISA）や全国学力・学習状況調査などのテストスコア、いじめの認知件数に対する解消件数の割合などが例示されている。
（10）たとえば、欧米諸国では、民間で発行された図書が使用されるが、検定制度はなく自由発行制が採られている（イギリス、フランス、フィンランド、アメリカなど）。
（11）1条校以外の高等教育機関として、専門課程を置く専修学校（専門学校）や、文科省以外の庁が所管する大学校で学位取得のできる課程を置くものがある。高等専門機関数の7割を占める専門学校は、市町村が設置する場合には都道府県の教育委員会、私立の場合には都道府県知事の認可を受ける。
（12）これについては、大学における教育・研究が社会発展に従属するものと捉えられかねないとの指摘もあるが、社会発展への寄与については、結果として達成されるものであると考えられている（松田2015:33）。

（13）高等専門学校は57校中、51校が国立であり、公立・私立はそれぞれ3校である（文部科学省2021.8）。なお、就学前教育（幼稚園・幼保連携型認定こども園）の段階においても私立が7割以上を占める。

（14）ただし、私立学校の自主性に配慮し、設置認可など法律に定める重要事項については、大学の場合は、大学設置・法人審議会、中等教育段階までの学校の場合は私立学校審議会に諮問し意見を聞くこととされている。

〈参考・引用文献〉
・青木栄一『文部科学省——揺らぐ日本の教育と学術』中央公論新社、2021年
・青木栄一「教育行政の政府間関係」青木栄一・川上泰彦『教育の行政・政治・経営』放送大学教育振興会、2019年
・伊藤正次・出雲明子・手塚洋輔『はじめての行政学』有斐閣、2016年
・小川正人『現代の教育改革と教育行政』放送大学教育振興会、2010年
・勝野正章「教育の目標設定と質の保障——国家のヘゲモニック・プロジェクト」『日本教育政策学会年報』第14号、2007年、8-21頁
・金子正史「審議会行政論」雄川一郎他編『現代行政法大系　第7巻』有斐閣、1985年
・黒崎勲『教育行政学』岩波書店、1999年
・中央教育審議会「我が国の高等教育の将来像（答申）」2005年1月18日
・中央教育審議会「2040年に向けた高等教育のグランドデザイン（答申）」2018年11月26日
・平原春好『教育行政学』東京大学出版会、1993年
・堀内孜編『公教育経営概説』学術図書出版社、2014年
・松田浩「教育基本法第7条」荒牧重人・小川正人・窪田眞二・西原博史編『別冊法学セミナーno.237　新基本法コンメンタール教育関係法』日本評論社、2015年
・村上祐介「国の教育行政組織と政策過程」勝野正章・村上祐介編『教育行政と教育経営』放送大学教育振興会、2020年、25-37頁
・森田朗『新版　現代の行政』第一法規、2017年
・文部省『学制百年史』帝国地方行政学会、1972年
・文部科学省「令和3年度学校基本調査調査（速報値）」2021年8月27日
・文部科学省「令和2年度における教育の情報化の実態等に関する調査結果（令和3年3月1日現在）〔確定値〕2021年10月」

## 学習課題

（1）教育行政の諸原則にはどのようなものがあるのか、説明しよう。

（2）国と地方の役割分担について、基本的な考え方を説明するとともに、義務教育を例に具体的なそれぞれの役割の例を挙げてみよう。

（3）学校で使用する教科書について、児童生徒が使用するまでのプロセスを整理してみよう。

# 第7章 教育行政制度
## ──地方・財政

　前章で触れたように戦後の地方教育行政は、戦前の反省にた
ち教育の地方分権、民主化（民衆統制）、一般行政からの独
立（政治的中立性・専門性の確保）を理念とした。この理念
を実現すべく米国の制度に倣い導入されたのが教育委員会制
度である。教育委員会は報道などで一度は耳にしたことが
あっても、実際にどのような機構であるのかは知られていな
いかもしれない。しかし、地方の教育の振興や方向性の決定
に関わり、幅広い教育事務を担う中心的な組織である。本章
では、教育委員会の役割や首長との分担関係など基本的な仕
組みと、現在までに行われてきた制度改革を概観する。その
うえで、地方教育行政の主要な事務であり、一般行財政には
ない特例的な仕組みである学級編制と教職員配置に関する制
度と費用負担の在り方について取り上げる。また最後に、公
教育に不可欠な教育財政について基本的な仕組みと現状を概
説し、国─都道府県─市町村の役割分担を改めてみていくこ
ととする。

# 第1節　地方教育行政の基礎

## 1　地方教育行政の組織および運営に関する法律

　教育委員会制度は1948年の教育委員会法の制定によりスタートしたが、現在は1956年の地方教育行政の組織及び運営に関する法律（以下、地方教育行政法）により定められている。地方教育行政法は、戦後教育行政の理念を引継ぎつつ、①地方自治の尊重、②教育の政治的中立性と安定性の確保、③指導行政の重視、④行政の調和と連係を理念として、制定された。具体的には、教育委員会の組織や運営、教育委員会と地方公共団体の長（以下、首長）の職務権限、学校等の教育機関の管理、文部科学省と教育委員会の関係などを定めている。教育は、国—都道府県—市町村の連携・協力が必要であるとともに、他の行政領域と総合的に運営されることも必要であり、自治体予算を所管する首長や議会との連携も重要である。そのため、教育委員会の所掌事務や権限を明示するとともに、首長との関係、国—都道府県—市町村の相互関係も規定されている。

## 2　地方教育行政機関

### （1）教育委員会

　各都道府県、各市町村に置くことが義務づけられている教育委員会は、選挙管理委員会、公正取引委員会などと並ぶ行政委員会の一種である（地方自治法138条の2）。地方公共団体に置かれる行政委員会は、選挙で選ばれた地方公共団体の長（以下、首長）と並び、自らの判断と責任において、事務を管理し及び執行する機関である（地方自治法180条の5）。これは、1つの機関に権力が集中することを防ぎ、行政運営の公正性や中立性の確保、民主化を図るという趣旨（これを執行機関多元主義という）に基づくしくみである。そのため、①合議制の機関であること、②委員の構成には一定の配慮がなされるとともに、委員の身分が保証されること、③規則制定権を有する他、審判、裁定等を行う権限を有するものもある、といった特徴を持つ。

　合議制の機関としての教育委員会は、原則として教育長と4名の委員から構成される（地方教育行政法第3条、図7-1）。これを狭義の教育委員会ということがある。行政機関が1人の者で構成される独任制の首長とは異なり多様な属性を持った複数の構成員から成る合議制とすることで、行政の方針が一個人の価値判断に左右されることを防ぎ、様々な意見や立場を集約した中立的な意思決定を行うことができる。

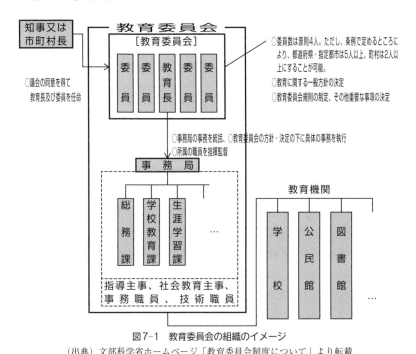

図7-1　教育委員会の組織のイメージ
（出典）文部科学省ホームページ「教育委員会制度について」より転載

　教育行政の専門家と位置づけられる教育長は会務を総理し、教育委員会を代表する職（地方教育行政法第13条第1項）で、首長が議会の同意を得て任命する（同法第4条第1項）。「会務を総理する」とは、教育委員会の会議を主宰し、教育委員会の権限に属するすべての事務をつかさどることである。教育委員会の事務を統括し、所属職員を監督する責任を有しているため、常勤職となっている。教職経験や教育委員会事務局への勤務経験を持つ元教員や、

教育委員会事務局経験のある一般行政職員が登用されることが多い[(3)]。

　一方、教育委員は、非常勤の職で、教育、学術及び文化に関し識見を有するもののうちから、首長が議会の同意を得て任命する（地方教育行政法第4条第2項）。教育委員には「素人」（レイマン）として、教育行政の「専門家」である教育長をトップとして（プロフェッショナル・リーダーシップの下で）行われる行政運営が適正になされるよう、チェックしていく役割がある。これが教育行政の民衆統制を実現するしくみでありレイマン・コントロールと呼ばれる。

　委員の構成についてみると、教育委員には、地域の教育要求や教育課題を把握し、行政運営に反映させることが期待されていることから、性別、年齢、職業、地域等に著しい偏りがないように配慮し、保護者が含まれるようにすることとなっている（同法第4条第5項）。また特に、政治的中立性に配慮し、委員の半数以上が同一の政党に所属することとなってはならない（同法同条第4項）。教育長の任期は3年、教育委員の任期は4年で（同法第5条）、一度に人員が入れ替わることのないよう、原則毎年1人ずつ交代する（途中辞職の場合、前任者の残任期間が任期となる）。首長が交代しても、委員の任命権の行使により教育行政の安定性、中立性が損なわれることを防ぐねらいがある。

　なお、教育委員会には、教育行政実務を担う事務局が置かれる（同法第17条第1項）。教育委員会というとき事務局組織を含めていうことが多い（広義の教育委員会）。

　規則制定権について、教育委員会は、首長から独立した執行機関として、法令又は条例の範囲で、その所管に属する学校その他の教育機関の施設、設備、組織編制、教育課程、教材の取扱いその他の管理運営の基本的事項について、必要な教育委員会規則を定める権限を有している（同法第33条）。定められた規則は、「学校管理規則」と呼ばれることが多い。ただし、予算の調製・執行等、議会の議決案件の議案の提出については、委員会は原則として権限を有しないもの（地方自治法第180条の6）とされている。

　表7-1に示したように教育委員会は、主に学校教育の振興、社会教育・生涯学習の振興、芸術文化の振興や文化財の保護、スポーツの振興に関する事務など幅広い事務を所管している（地方教育行政法第21条）。

　これらの事務について、教育委員会は、地域の教育の振興に関する方針を定めた「大綱」（後述）の下で、地域の教育課題に対する具体的な教育施策を計画立案し、実施する。重要施策は、定期的な教育委員会会議で審議されるが、日常的には、事務局内で情報収集や詳細の設計が行われ、教育長の決裁を経て実施に移される（大畠2019：169）。会議は原則として公開で行われ、議事録も公表される（同法第14条第7・9項）。こうした定例会のほか臨時会や非公式の協議会を開催することもある。また、レイマン・コントロールの役割や住民への説明責任を果たすため、教育委員会は毎年、その権限に属する事務の管理・執行の状況について点検・評価を行うとともに、その結果に関する報告書を作成し、これを議会に提出し、公表しなければならない（同法第26条）。

表7-1　教育委員会と首長の役割分担

| 教育委員会の職務権限<br>（地教行法第21条） | 原則教育委員会が管理・執行するが、条例を制定すれば首長に移管できる事務<br>（地教行法第23条） | 首長の職務権限<br>（地教行法第22条） |
|---|---|---|
| ○学校教育の振興<br>・公立学校の設置、管理<br>・教職員の人事・研修<br>・児童生徒の入学、退学<br>・学校の組織編成、教育課程、生徒指導<br>・教科書その他の教材の取扱いに関する事務の処理<br>・校舎等の施設の整備<br>○社会教育・生涯学習の振興<br>・講座、集会の開設等社会教育事業の実施<br>・公民館、図書館、博物館等の設置、管理<br>・社会教育関係団体等に対する指導、助言、援助<br>○その他<br>・ユネスコ活動に関すること<br>・教育に係わる調査・統計に関すること<br>・教育に関する法人に関すること | ○文化の振興に関すること<br>・文化事業の実施<br>・文化施設の設置管理<br>○文化財の保護に関すること<br>○スポーツ振興に関すること<br>・スポーツ事業の実施<br>・スポーツ施設の設置管理<br>○社会教育に関する教育機関のうち条例で定めるものの設置、管理及び廃止に関すること | ○大学に関すること<br>○幼保連携型認定こども園に関すること<br>○私立学校に関すること<br>○教育財産の取得・処分<br>○契約の締結<br>○予算の執行 |

（出典）文部科学省ホームページ「教育委員会制度について」および地教行法を基に筆者作成

## （2）首長

　教育委員会は、一般行政から独立して教育行政を担う機関であるが、教育事務のすべてについて権限を有しているわけではなく、首長と役割を分担し

ている。

　首長は、学校教育では、大学と幼保連携型認定こども園、私立学校につい
て所管している（地方教育行政法第22条第1～3号）。特に首長が教育委員会の
所掌事項に関する契約や予算の執行を行う点は重要である（同条第5・6号）。
首長も教育行政に対して一定の責任を負うことで、地域の総合行政の観点か
ら、一般行政との調和を図るねらいがある。また条例を制定することで、文
化の振興や文化財の保護、スポーツに関する事務などは首長に移管すること
ができる（同法第23条）。

　首長は、教育長および委員の任命と表7-1にある事項について権限を有す
る他、総合教育会議の主宰、大綱の策定という重大な役割を担っている。

　総合教育会議とは、大綱の策定、および教育を行うための諸条件の整備や
地域の実情に応じた教育・学術・文化の振興を図るために重点的に講ずべき
施策、児童・生徒等の生命・身体に被害が生じているまたは被害が生ずるお
それがある場合など緊急の場合に講ずべき措置について、首長と教育委員会
が協議、事務の調整を行う会議である（同法第1条の4第1、2項）。教育総合
会議は、首長が招集するが、必要に応じて教育委員会が首長に対して招集を
求めることもでき（同条第3、4項）、総合教育会議における調整は、首長と
教育委員会が合意することを意味し、双方が合意をした事項については、互
いにその結果を尊重しなければならない。

　大綱とは、地方公共団体の教育、学術及び文化の振興に関する総合的な施
策について、その目標や施策の根本となる方針を定めるもので、首長に策定
が義務づけられている（同法第1条の3）。大綱の策定については、総合教育
会議において調整・協議することとされ、首長と教育委員会が十分な議論を
行うことで、地域住民の意向を一層反映し、地方公共団体としての教育政策
に関する方向性を明確化、総合的な推進を図ることが期待されている。<sup>(4)</sup>

## 3　教育委員会制度改革

　教育委員会は地方教育行政の3つの原則を実現すべく導入されたが、運営
上の問題点から大きく3度の改革が行われてきた。

## （1）公選制教育委員会（1948年〜1956年）

　導入時の教育委員会制度は、委員が公選制であること、教育委員会に教育長の任命および指揮監督権、教育予算案の提出権、教育財産の取得・管理権などを有していたことが大きな特徴であった。

　委員（都道府県7名、市町村5名）のうち1名は議員選出、それ以外の委員は住民による直接選挙で選出されていた。教育委員会を主宰し、代表する職として、「教育委員長」（非常勤）が委員の中から互選により選ばれるとともに、それとは別に教育事務局の統括責任者としての「教育長」（常勤）が教育委員会によって任命されていた。レイマンの代表としての教育委員長とプロフェッショナル・リーダーとしての教育長という2つの「長」の職が並立していたが、教育委員会は、教育長を任命し、その教育長をトップとする事務局に対して指揮監督を行う権限を持っており、現在より強くレイマン・コントロールを実現する仕組みとなっていたといえる。

　また教育委員会は、所掌の事務に関する予算や条例の原案を首長に提出する権限を有し、首長はそれを修正する場合、原案を附記して議会に提出しなければならないこととなっており、一般行政からの独立性も高かった。

　しかし、東西冷戦の対立構造を背景に、委員の選出も政治的様相を呈し、[5]一部の地方公共団体においては予算等をめぐって首長と教育委員会が対立し紛争が生じるなど、地方公共団体全体の運営面で問題が生じた。

## （2）任命承認制教育委員会（1956年〜1999年）

　こうした問題が戦後改革の行き過ぎの結果であるとして、1956年には地方教育行政法の制定（教育委員会法の廃止）により、委員の公選制および教育予算原案の送付権は廃止となった。この時期は、教育委員会をめぐる問題だけでなく、戦後の教育改革後の低学力など学校教育の在り方が問題視されるようになっており、日本の高度成長が目指される中、教育行政においても国による管理統制が強まるいわゆる「逆コース」がはじまることとなった。その象徴の1つが、地方教育行政法の制定である。教育委員会は存続されたものの、首長・一般行政との調和と、文部省（当時）—都道府県教委—市町村教委間の連絡調整を図る政策が強く打ち出された（小川2015:63）。

5名となった教育委員は、議会の同意を得て首長が任命することとなり、教育委員会が任命する教育長については、上位機関（都道府県の場合は文部省、市町村の場合は都道府県教委）の承認が必要となった。また市町村では教育長は委員を兼任し、「素人」委員の数が減らされることとなった。

　加えて地方教育行政法には、地方自治法とは別に文部大臣（当時）の是正改善措置要求の規定、指導・助言の規定が置かれ、上位機関の関与、指導的地位に正当性が与えられることになった。

### （3）任命制教育委員会（1999年～2014年）

　1986年に出された臨時教育審議会第2次答申で、教育委員会の機能不全が指摘されて以降、1990年代になると、小さな政府を目指す行政改革の中で、再び中央集権的な教育行政の在り方やその下での教育委員会の形骸化に批判がなされるようになった。いじめや暴力行為、不登校など生徒指導上の諸問題が、上意下達の官僚的・硬直的な教育行政や、それによる画一的な学校教育に起因するものと考えられたのである。

　そして1999年の地方分権の推進を図るための関係法律の整備等に関する法律（地方分権一括法）の制定に伴う地方教育行政法の改正では、教育長の任命について上位機関の承認制が廃止された。以降、2000年代には、教育委員会の活性化を図る改正が行われた。2001年の改正では、地域の多様な意向を反映するため、委員の年齢、性別、職業等に著しい偏りが生じないよう配慮すること、保護者が含まれるよう努めることという、教育委員の構成の多様化を図る規定が盛り込まれた。加えて、教育委員会会議を原則公開とし、教育行政の説明責任を果たすことが求められた。2007年には、教育委員会が自らの責任で所掌事務を管理、執行することを強く要請する趣旨から、教育委員会が教育長に委任できない事項（第25条）[6]が規定されるとともに、教育委員会は学識経験者の知見を活用し、活動状況の点検・評価を行うことが義務づけられた。

### （4）現行教育委員会制度（2014年～）

　このように制度改革が行われてきた教育委員会であるが、廃止論も根強く

残っており、2011年の大津市におけるいじめ自殺事件をきっかけに、再び教育委員会への批判が強まることとなった。特に制度上の課題とされた点は、第1に、教育委員長と教育長の間で、最終的な意思決定や責任の所在が不明確で、緊急時の適切かつ迅速な対応ができなかったことである。これは教育委員会会議の開催状況に対して以前から指摘されていた問題でもあった。第2に、裁判となれば自治体行政の最終責任者となる首長が、教育行政にあまり関与してこなかったことである。非常勤の委員で構成される合議制の教育委員会は必ずしも住民の意向を十分に反映しているとは言えず、住民の直接選挙で選ばれる首長が教育行政に関与すべきと考えられた。

こうした課題に対応するため、首長が主宰する総合教育会議が制度化されるとともに、大綱の策定が首長に義務づけられた。さらに、教育委員会の指揮監督下に置かれていた教育長は、教育委員会の代表を兼ねる新教育長として、首長が議会の同意を得て任命する特別職となった。現行の教育委員会制度に対しては、首長と教育長の緊密性が高まったことから、教育施策がスムーズに決定、実施されることがある反面、政治的中立性の観点からの懸念も表明されている。

## 第2節　地方教育行政の役割

### 1　学級編制と教職員配置

地方教育行政の主な事務は、設置する学校の教育条件の整備であるが、その1つに学級編制がある。公立学校において、学級を何人の児童生徒で編制するのかは、まず国が法律により、「標準」を定めている（表7-2）[7]。その法律とは、公立義務教育諸学校の学級編制及び教職員定数の標準に関する法律（以下、義務標準法）及び公立高等学校の適正配置及び教職員定数の標準等に関する法律（以下、高校標準法）である。

また義務諸学校の場合、学級は原則として、同学年の児童生徒で編制する（義務標準法第3条第1項）。児童生徒数が著しく少ないか、その他特別の事情がある場合、数学年の児童生徒を1学級に編制できる（いわゆる複式学級）。

131

表7-2 法律に定める1学級あたりの生徒数

| 小学校 | 35人※／特別支援学級：8人 |
|---|---|
| 中学校 | 40人／特別支援学級：8人 |
| 高等学校 | 40人 |
| 特別支援学校 | 小・中学部：6人／高等部：8人（重度障害生徒：3人） |

※2020年度まで第2学年以上は40人、以後段階的に標準を引き下げ全学年が35人になるのは2025年度。
（出典）義務標準法第3条第2項、高校標準法第6条・第14条より筆者作成

　この標準は、1学級あたりの人数の「上限」を示したもので、各都道府県教育委員会は、これを踏まえて学級編制の「基準」を設定している（図7-2）。学校に必要な教職員数は、この「基準」で編制された学級数に応じて算定される。その計算上の教職員数を「教職員定数」という(8)。

　義務教育の場合、市（指定都市を除く）町村教育委員会は、都道府県の基準を「標準」とし、個別の学校ごとの実情に応じて、児童生徒に対する教育的配慮の観点から、市町村別の教職員定数等の範囲内で学級編制を柔軟に行う。

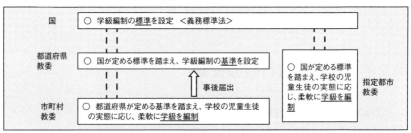

図7-2 公立義務諸学校の学級編制における国・都道府県・指定都市・市町村の関係
（出典）文部科学省「公立義務教育諸学校の学級編制及び教職員定数等に関する参考資料」（今後の教職員定数の在り方等に関する国と地方の協議の場　第1回2021年5月17日配付資料）より転載

　1999年に公布された地方分権一括法以前は、国の標準が則らなければならない基準として扱われており、地方が独自に基準を設定することはできなかった。現在、都道府県の教育委員会は、児童又は生徒の実態を考慮して特に必要があると認める場合には、国の標準を下回る数を基準として定めることができるようになっている。これは、いわゆる上乗せ施策と呼ばれるもの(9)で、地方公共団体が独自に費用を負担して行う。2020年度時点で、国の標

準を下回る学級編制の取り組みを実施している都道府県・指定都市の数は67自治体中、65 自治体となっている（一部の学年や学校のみに行っている場合なども含む）。少人数学級は、人員および教室確保のための予算を伴う追加施策であるため、自治体の財政状況が関係し、導入の可否や程度は自治体間で差があるのが実情である。

　日本の学校における平均学級規模は、OECD平均よりも大きく、国際的にみても、学級規模の大きい国の1つである。初等教育で27.2人（OECD平均21.0人）、前期中等教育32.1人（OECD平均23.2人）となっている（OECD2020）。1教員当たりの児童生徒数では、前期中等教育段階で13.0人（OECD平均13.0人）と、OECD平均と同じであるものの、初等教育ではOECD平均より大きく、16.2人（OECD平均14.6人）である。

　こうした指摘に加え、Society5.0時代の到来や子どもたちの多様化の一層の進展も踏まえ、感染症予防を含めた安全・安心な教育環境の下、ICT等を活用した個別最適な学びと協働的な学びを実現するという趣旨から2021年3月、義務標準法の改正により、同年4月1日より5年をかけて計画的に、公立小学校（義務教育学校の前期課程を含む）第2学年以上の学級編制の標準が「40人」から「35 人」に引き下げられることとなった。国による少人数学級の実施である。標準を一律に引き下げるのは1980年以来、約40年ぶりとなる（第1学年については2011年より35人に引き下げられている[10]）。

## 2　教職員給与負担と配置（人事管理）

　学級編制、教職員定数と深く関係しているのが教職員の給与負担と人事管理である。学校教育法第5条は、学校について、その管理および経費の負担は学校の設置者が担うことを定めている。これを設置者管理主義、設置者負担主義の原則という。しかし、教育費のうちもっとも大きな額を占める人件費は例外である。市（指定都市を除く）町村立の小学校、中学校、義務教育学校、中等教育学校の前期課程、特別支援学校の教職員の給与は、都道府県が負担するとともに、採用・人事についても都道府県教育委員会が任命権者として責任を負う仕組みとなっている（市町村立学校職員給与負担法第1条、

地方教育行政法第37条）。市町村を越えて教職員の適正な配置と人事交流を図り、域内の一定の教育の質を保障しようとするものである。これを県費負担教職員制度という（図7-3）。ただし、県費負担教職員の身分は、市町村職員であり、服務監督権は市町村教育委員会にある。なお、指定都市は教職員の任命、給与負担、服務監督を一元的に行っている。中核市には研修権がある。

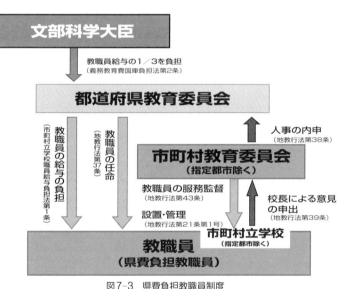

図7-3　県費負担教職員制度
（出典）文部科学省ホームページ「県費負担教職員制度について」より転載

　都道府県・指定都市の負担する教員給与については、その3分の1の費用を国が補助している。これを義務教育費国庫負担制度という。この仕組みは、市町村の規模および財政力には差があり、多くの市町村は単独での費用負担が難しいことから、教員の給与水準を維持し、離島や人口規模の小さい地域においても安定的に教員を確保するために重要な役割を果たしてきた。一方で、都道府県が上位機関化し、都道府県主導の教育行政運営が行われたことで、市町村や学校の自主性・自立性が制約されてきたとの指摘もある（小川2015:57）。市町村教育委員会の意向を反映させる趣旨から、都道府県教育委員会が県費負担教職員の任免その他の進退を行う際には、市町村教育委員会

の内申をまつこと、その内申には校長の意見を付すこととされている（地方教育行政法第38条、第39条）。また同一市町村内の教職員の転任については市区町村の判断で行うことができる。

## 第3節　教育財政

### 1　教育財政の仕組み

　政府は、国民のために政府運営や公共的事業に必要な資金を調達し、その資金を配分、支出している。この一連の経済活動を財政という。教育財政は、教育にかかわる政府の経済活動であり、国や地方公共団体は役割分担しながら、法令および教育政策に基づいて財源を確保し、学校教育やその他の教育事業等への支出を行っている。それにより、国民に教育機会を提供し、教育を受ける権利を平等に保障するとともに、文化の継承や治安維持、経済発展など公共の利益の実現を目指している。

　国・地方を通じた財政支出について、2019（令和元）年度における歳出純計額は172兆2,667億円で、そのうち教育費は20兆5,251億円で11.9%を占める。教育費のうち約75%が学校教育費で15兆2977億円となっている（総務省2021）。学校教育費のうち約6割は初等中等教育関係の費用となっている（文部科学省2021）。

　地方自治の原則に基づき、本来地方公共団体の事務処理に必要な経費は、全額をその地方公共団体が負担しなければならない（地方財政法第9条）。教育分野への総歳出のうち約85%を、初等中等教育の実施主体である地方公共団体が支出している（総務省2021）。しかし、地方公共団体の規模により税収には差があり、必要な経費を単独で賄うことは難しい。そのため、国からの財政移転が行われており、地方公共団体の財政力の差が教育水準に大きく影響することのないよう、国も教育に対する一定の責任を果たしている。

　財政移転には、使途が特定された特定補助金と、使途が限定されず、総経費の財政保障を行う一般補助金がある。義務教育費国庫負担金、公立学校施設費国庫負担金が特定補助金にあたる。一般補助金として地方交付税交付金

があり、これは自治体の財政力に応じて、必要額を補てんするもので、たとえば人件費の一部（給与以外の手当等）については一般補助金である地方交付税交付金として都道府県に配当されている。

地方に対して、どの程度国が補助するかは、財政状況や政治に左右される。2000年代には財政状況の悪化や地方分権改革を背景に、使途を特定した補助金が、地方行政の自主性を阻害している（統制の手段となっている）として、義務教育費国庫負担金は負担率が2分の1から3分の1に引き下げられた。

## 2　国と地方の教育費支出の内訳

教育費支出の内訳は、人件費や教育活動費など事業運営に係る支出、施設整備等に係る支出、家計への経済的支援に係る支出などに分けられる。国の予算をみると、2020（令和2）年度の文部科学省予算（図7-4、7-5）は5兆3,060億円であるが、うち、約1兆5,000億円で予算の約3割を占め、最大の使途となっているのが公立義務教育諸学校の教員給与である義務教育費国庫負担金である。そのほか、初等中等教育関係では、高校生等への修学支援に約4500億円（8.5%）、公立学校施設整備に695億円（1.3%）教科書購入費460億円（0.9%）などがある。

義務教育費および公立学校施設費の国庫負担金以外で、国が地方に補助している経費として、家庭への経済的支援である市町村の就学援助費を補助するための要保護児童生徒援助費補助費や、その他、私立学校の運営、施設整備について都道府県が行う助成（私学助成）の一部を補助している。

都道府県および市町村の教育行政費をみると、都道府県においては、小学校費が最も大きな割合（27.3%）を占め（138ページ〔図7-6〕）、以下、高等学校費（20.4%）、教職員の退職金や私立学校の振興等に要する経費である教育総務費（19.9%）、中学校費（16.0%）の順となっている。市町村においては、小学校費が最も大きな割合（28.8%）を占め、以下、体育施設の建設・運営や体育振興及び義務教育諸学校等の給食等に要する経費である保健体育費（18.3%）、教育総務費及び中学校費（15.4%）、社会教育費（14.7%）の順となっている。

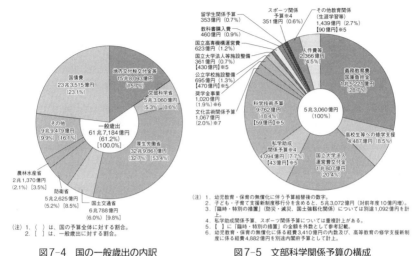

**図7-4　国の一般歳出の内訳**

**図7-5　文部科学関係予算の構成**

（出典）文部科学省『令和2年度　文部科学白書』より転載

　公立小・中学校の設置者である市町村と同程度、都道府県もまた小中学校教育にかかわる費用を負担していることがわかる。

　教育費の性質別内訳をみると都道府県においては教育行政費のうち約75%が人件費で、これは都道府県の歳出全体のなかでも2割弱を占める大きな支出となっている（図7-7、総務省2021）。人件費は市町村と都道府県を合わせた地方全体の教育行政費においても約6割を占めている。

　市町村については、義務教育施設整備等の経費である普通建設事業費や職員旅費や備品購入費、賃料等の消費的経費を指す物件費(11)が多くなっており、学校を中心に施設・設備の設置管理が主な役割となっていることがわかる。

　今日、教育への政府支出は少子化を背景に現状維持から抑制傾向にあり、削減の対象となりやすい状況にある。そうした中でも近年、国レベルでは幼児教育や高等教育の無償化が進められるなど、教育の私費負担の軽減が進められている。さらなる教育への投資をどのように確保していくのか検討していく必要がある。

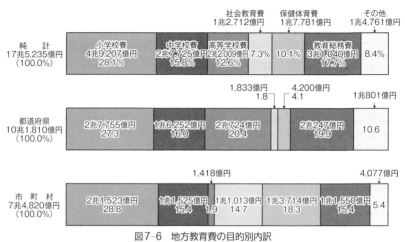

図7-6　地方教育費の目的別内訳

（出典）総務省『令和3年版　地方財政白書（令和元年度決算）』より転載

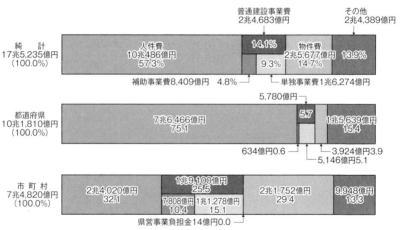

図7-7　地方教育費の性質別内訳

（出典）総務省『令和3年版　地方財政白書（令和元年度決算）』より転載

〈注〉
（1）ただし、地域の実情に応じ、条例で定めるところにより、都道府県・政令市については5名以上、町村については2名以上とすることができる。
（2）教育長は教育行政に関し、高度に識見を有する専門職として位置づけられているため、制度創設時には免許が必要な職であったが、現在、資格要件などはほとんどなく、首長が資格などを問わずに任命する特別職の公務員（政治的任用職）的な性格が強いとされている（村上2019:31）。
（3）都道府県や大規模自治体の場合には、一般行政職員から、市町村や小規模自治体では教職経験者が任命されることが多い（村上2019:32、文部科学省2019）。
（4）地方公共団体において策定されている教育振興基本計画との関係については、その中の目標や施策の根本となる方針の部分が大綱に該当するものと考えられており、地方公共団体の長が、総合教育会議において教育委員会と協議・調整し、当該計画をもって大綱に代えることと判断した場合には、別途、大綱を策定する必要はないとされている（文部科学省2014）。
（5）選挙が実質的に政党を基盤に行われ、それが教育委員会の運営に持ち込まれたこと、資金力のある者や強力な支持母体を持った者が当選しやすい傾向があったこと、大きな組織力を有する団体が組織力を利用して教育委員を送り込み、教育行政をコントロールしようとする例などがあった（文部科学省2004）。
（6）教育委員会の定める規程の制定・改廃、所管に属する学校その他の教育機関の設置・廃止、教育委員会および学校その他の教育機関の職員の人事などがある（地教行法第25条第2項第1〜6号を参照）。
（7）国私立学校については、学校種ごとの学校設置基準が適用される。たとえば小学校設置基準では、原則として40人以下とされている（第4条）。
（8）学級数や全校児童生徒数など学校規模に応じて算定される担任等の基本的な教職員を「基礎定数」、学校が個々に抱える課題解決のために特例的に配置される教職員を「加配定数」といい、教職員定数はこれらを合わせた数になる。
（9）自治体が法令の加配対象以外で、加配を独自に配置する場合などは「横出し」施策という。
（10）政府は2021年6月の「経済財政運営と改革の基本方針（骨太の方針）」に公立中学校への少人数学級導入を検討することなどを盛り込んでおり、今後の定数改善が期待されている。
（11）性質別歳出の一分類で、人件費、維持補修費、扶助費、補助費等以外の地方公共団体が支出する消費的性質の経費の総称。

〈参考・引用文献〉
・青木栄一『地方分権と教育行政——少人数学級編制の政策過程』勁草書房、2013年
・大畠奈穂子「地方教育行政——教育施策はどのように決められているか」青木栄一編著『教育制度を支える教育行政』ミネルヴァ書房、2019年
・小川正人『教育改革のゆくえ——国から地方へ』筑摩書房、2010年
・小川正人「自治体教育行政と教育委員会制度改革」小川正人・岩永雅也編著『日本の教育改革』放送大学教育振興会、2015年、59-76頁
・OECD（経済協力開発機構）編著『図表でみる教育OECDインディケータ（2020年版）』明石書店、2020年
・苅谷剛彦『教育と平等——大衆教育社会はいかに生成したか』中央公論社、2009年
・末冨芳『教育費の政治経済学』勁草書房、2010年
・総務省『令和3年版　地方財政白書（令和元年度決算）』2021年3月　https://www.soumu.go.jp/

menu_seisaku/hakusyo/chihou/r03data/2021data/r03czb01-04.html（2021年10月30日確認）
・村上祐介編著『教育委員会改革5つのポイント』学事出版、2014年
・村上祐介『教育行政の政治学——教育委員会制度の改革と実態に関する実証的研究』木鐸社、2011年
・村上祐介「地方自治体の教育行政組織」青木栄一・川上泰彦編著『教育の行政・政治・経営』放送大学教育振興会、2019年、26-40頁
・文部科学省「旧教育委員会法下における教育委員会制度について」（中央教育審議会教育制度分科会地方教育行政部会第3回配付資料）2004年5月10日
・文部科学省「地方教育行政の組織及び運営に関する法律の一部を改正する法律について（通知）」2014年7月17日
・文部科学省「公立小学校・中学校の適正規模・適正配置等に関する手引の策定について（通知）」2015年1月27日
・文部科学省「令和元年度教育行政調査」2019年5月1日現在
・文部科学省『令和2年度　文部科学白書』日経印刷、2021年
・文部科学省「教育委員会制度について」https://www.mext.go.jp/a_menu/chihou/05071301.htm（2021年7月30日確認）
・文部科学省「県費負担教職員制度について」https://www.mext.go.jp/a_menu/shotou/kyuyo/__icsFiles/afieldfile/2017/09/14/1394392_01.pdf（2021年10月30日確認）

## 学習課題

（1）教育委員会の権限と地方公共団体の長の権限を整理し、連携・協力の課題を考えてみよう。

（2）自分の居住地の教育大綱や教育振興基本計画を読み、地域の教育課題と対策を整理してみよう。

（3）学校の設置管理にかかわる費用に関する負担の原則と例外について説明しよう。

# 第8章　学校の組織・経営・評価

　日本の公立学校の管理運営については、1956年以降中央集権的な管理運営が教育委員会によって行われていたが、1980年代の臨時教育審議会の設置を契機として、1990年代以降自律的学校経営が目指され、現在に至っている。本章では第1節において、自律的学校経営が求められるようになった歴史的流れを概観する。第2節において、自律的学校経営を可能にする校長のリーダーシップの在り方について言及する。そして、第3節において事後評価としての学校評価について説明し、自律的学校経営における教育の質保証について考察する。

# 第1節 教育委員会による公立学校管理運営と自律的学校経営

## 1 教育委員会による公立学校管理運営の歴史的流れ

　第7章で詳説されているように、日本における公立学校の管理運営は、地方教育行政の組織及び運営に関する法律（以下、地方教育行政法とする）に則り、都道府県・市区町村の教育委員会が行うことになっている。同法第33条を法的根拠として、公立学校の管理運営に関する基本的事項（施設、設備、組織編制、教育課程、教材の取扱い等）について教育委員会は、教育委員会規則（学校管理規則は、その一部）を定め、公立学校の管理運営を行っている。事例として、和歌山県A市の学校管理規則を取り上げると、第1条に本規則の趣旨が書かれている。また、本章において後述する校務分掌（第17条）と学校評価（第20条）に関しては、以下の通りそれぞれ規定されている。

### A市の教育委員会規則

> 第1条　この規則は、公立小中学校に関して法令、A市立小学校及び中学校設置条例その他の規則に定めるもののほか、管理運営の基本的事項その他必要な事項を定めるものとする。
> 第17条　この規則に定めるもののほか、校務分掌組織は、校長が定め、教育長に報告するものとする。
> 第20条　学校は、その教育水準の向上を図り、当該学校の目的を実現するため、教育活動その他の学校運営の状況について自ら点検及び評価を行い、その結果を公表するものとする。

（出典）http://www.city.hashimoto.lg.jp/section/reiki_honbun/r282RG00000297.html（2021年8月8日確認）

　1956年に地方教育行政法が制定されて以降、日本の公立学校においては、中央集権的な管理運営が実施され、個々の公立学校（校長）による自律的学校経営は制限されてきた。しかし、大きな転機は1980年代半ばに訪れた。それは、中曽根康弘内閣が「小さな政府」を標榜したからであり、教育の分野においても、内閣総理大臣直轄の諮問機関として臨時教育審議会（以下、臨教審、1984-1987年）が設置され、従来とは一線を画する教育改革が議論された。臨教審は、当時すでに教育課題として認識されていた「詰め込み教育」、「画一教育」、「学歴社会」等は、欧米先進国への「追い付き型教育」

が原因だという認識を示した。そして「追い付き型教育」からの脱却を提唱
し、個性重視の原則、生涯学習体系への移行、国際化・情報化への対応、と
いう3つの視点が提示された。

　上記の流れを受けて、政府による1990年代後半以降の、国から地方、都
道府県から市町村への権限移譲や、規制緩和に基づく地方分権の推進は、教
育分野においても変化をもたらした。具体的には、1998年の中央教育審議
会（以下、中教審）答申「今後の地方教育行政の在り方について」では、学
校の自主性・自律性の確立が求められ、そのための学校の運営体制と責任
の明確化が必要とされた。また、同年に改訂された学習指導要領では「特
色ある学校づくり」が奨励され、公立学校による自律的学校経営が可能とな
る基礎が形作られた。教育制度の点からは、第1に、上記の中教審答申に則
り2000年に学校教育法施行規則が改正され、学校評議員制度が導入された。
第2に、2004年には地方教育行政法が改正され、学校運営協議会制度、いわ
ゆるコミュニティスクールも制度化された（第9章にて詳説）。

## 2　アカウンタビリティと自律的学校経営

　1980年代の臨教審の設置を発端として、1990年代の規制緩和・地方分権
化推進の影響により、2000年前後から学校教育においてもアカウンタビリ
ティ（結果の説明責任）が問われるようになった。たとえば、品川区が2000
年度から導入した小学校選択制度（中学校は2001年度から導入）は、児童・
生徒および保護者によって学校が選択されることになり、アカウンタビリテ
ィが問われることになった。また、2007年度から導入された全国学力・学
習状況調査によって、児童生徒の「学力」状況を把握し、教育成果の有無を
「学力」という指標を用いて、個々の学校のアカウンタビリティが問われる
ことになった。

　上記のように、都市部を中心とした一部の自治体ではあるが、公立小・中
学校が選択の対象になっている状況がある。また、1998年に改訂された学
習指導要領が奨励しているように、各学校が「特色ある学校づくり」を行う
ことができる状況においては、従来のような、教育委員会による事前規制的

な学校管理運営に加えて、自律的な学校経営と事後評価（本章第3節の学校評価で詳説）が必要になる。

　自律的な学校経営については、少なくとも学校の外部と内部の視点からとらえておく必要がある。学校の外部とは、端的には教育委員会との関係である。既述したように、1990年代後半以降は、規制緩和・地方分権化が進み、個々の学校の裁量権限の拡大傾向がみられることから、自律的な学校経営を実現しやすい状況になる。ただし、学校現場に権限を移譲すれば、自律的な学校経営が実現されるということではない。自律的な学校経営を実現するためには、学校を内部から組織的にとらえておく必要がある。主には以下の2点が重要である。1つは校長を中心とした組織体制であり、もう1つは校長のリーダーシップの在り方である（校長のリーダーシップについては本章第2節で後述）。

　1998年の中教審答申「今後の地方教育行政の在り方について」は、以下の通り指摘した。

　学校の自主性・自律性を確立するためには、それに対応した学校の運営体制と責任の明確化が必要である。このため、校長をはじめとする教職員一人ひとりが、その持てる能力を最大限に発揮し、組織的、一体的に教育課程に取り組める体制をつくることが必要であり、このような観点から学校運営組織を見直すことが必要である。

　この答申を受けて、文部省は、2000年1月に学校教育法施行規則を改正し、「小学校には設置者の定めるところにより、校長の職務の遂行に資するため、職員会議を置くことができる（学校教育法施行規則第48条）」とし、職員会議の位置づけを明確にした。上記のように規定したのは、学校によっては校長の職務の遂行に資する職員会議になっていない実態があったためであり、上記のように規定することにより、学校内の校長による責任体制を明確にするためでもあった。

## 3 学校経営とPDCAのマネジメント・サイクル

　以下では、自律的な学校経営の「経営」について言及する。学校経営、特に公立学校を経営するという表現は一般的ではない。その主な理由は、会社経営・企業経営のように、経営は利潤を生みだす組織を対象にして使われる場合が多いからである。しかし、経営を大辞林（第4版）で調べてみると、「方針を定め、組織を整えて、目的を達成するよう持続的に事を行うこと」とある。したがって、経営が営利企業だけに限定されるわけではないことがわかる。

　では、学校経営とはどのように説明できるのか。[2] PDCAのマネジメント・サイクルという用語を使って説明すると、学校経営とは人（教職員等）・もの（施設設備、教科書等）・お金（学校予算）という3つの要素をやりくり（management）しながら、計画（Plan）－実施（Do）－評価（Check）－改善（Action）というマネジメント・サイクルを通して、各学校の教育目標を実現すること、と説明することができる。

# 第2節　学校組織と校長のリーダーシップ

## 1 教育を受ける権利主体としての児童生徒

　日本における義務教育年限は9年と定められている（学校教育法第16条）。そして、小学校（6年）と中学校（3年）の就学義務は、保護者に課せられている（同法第17条）。一方で、病弱等による就学義務の猶予・免除も規定されている（同法第18条）。義務教育の無償については、国又は地方公共団体の設置する学校における義務教育について、授業料を徴収しない規定が整備されている（日本国憲法第26条、教育基本法第5条第4項）。加えて、経済的理由によって、就学困難と認められる児童生徒の保護者に対しては、市町村は必要な援助を与えなければならない（学校教育法第19条）。

　小・中学校の設置義務を負う市町村（特別区を含む）教育委員会は、当該市町村の区域内に住所を有する学齢児童及び学齢生徒について、学齢簿を編

製し、就学対象となる児童生徒を確定する（学校教育法施行令第1条）。また、市町村の教育委員会は、当該市町村の設置する小学校、中学校又は義務教育学校が2校以上ある場合は、当該就学予定者の就学すべき小学校、中学校又は義務教育学校を指定しなければならない（同法施行令第5条第2項）。いじめ等による理由がある場合は、就学学校の変更も認められている（同法施行令第8条）。また、認定特別支援学校就学者については、市町村教育委員会が特別支援学校に就学させる旨を翌学年の初めから3か月前までに通知しなければならない（同法施行令第11条）。

　以上のような法的整備を行い、教育を受ける権利主体としての児童生徒の学習権を保障する仕組みが整えられている。ただ、外国籍児童生徒への教育を受ける権利の保障など、課題が残されていることも事実である。


## 2　教職員の職務と校務分掌

### （1）教職員の職務と法的規定

　学校では、授業以外にも様々な業務があり、適切な人員が配置されることが法的に定められている。法的根拠としては、学校教育法第37条に「小学校には、校長、教頭、教諭、養護教諭及び事務職員を置かなければならない」と規定され、同法第2項では「小学校には、前項に規定するもののほか、副校長、主幹教諭、指導教諭、栄養教諭その他必要な職員を置くことができる」とある。主な職名、職務規定、根拠法令は、表8-1の通りである。

表8-1　小・中学校に置かれる主な職・職務規定・根拠法令

| 職名 | 職務規定 | 根拠法令 |
|---|---|---|
| 校長 | 校務をつかさどり、所属職員を監督する。 | 学校教育法第37条第4項 |
| 副校長 | 校長を助け、命を受けて校務をつかさどる。 | 同法第37条第5項 |
| 教頭 | 校長（副校長を置く小学校にあつては、校長及び副校長）を助け、校務を整理し、及び必要に応じ児童の教育をつかさどる。 | 同法第37条第7項 |
| 主幹教諭 | 校長（副校長を置く小学校にあつては、校長及び副校長）及び教頭を助け、命を受けて校務の一部を整理し、並びに児童の教育をつかさどる。 | 同法第37条第9項 |

| 指導教諭 | 児童の教育をつかさどり、並びに教諭その他の職員に対して、教育指導の改善及び充実のために必要な指導及び助言を行う。 | 同法第37条第10項 |
|---|---|---|
| 教諭 | 児童の教育をつかさどる。 | 同法第37条第11項 |
| 養護教諭 | 児童の養護をつかさどる。 | 同法第37条第12項 |
| 栄養教諭 | 児童の栄養の指導及び管理をつかさどる。 | 同法第37条第13項 |
| 事務職員 | 事務をつかさどる。 | 同法第37条第14項 |

(出典)筆者作成

　学校教育法施行規則第44条では「小学校には、教務主任及び学年主任を置くものとする」とあり、教務主任は、「校長の監督を受け、教育計画の立案その他の教務に関する事項について連絡調整及び指導、助言に当たる」と定められている（同法施行規則第44条第4項）。教務主任は、多くの学校において、教育計画を立案する等の教務に関する非常に重要な役割を担っているが、あくまで校長が決定する校務分掌上の役割という位置づけである。一方で2007年の学校教育法改正により新たに規定された主幹教諭は、教育委員会が任命する「職」であり、職務内容としては表8-1にある通り、「命を受けて校務の一部を整理」することから、他の教諭に職務命令を出すことができる。教務主任は、「教務に関する事項について連絡調整及び指導、助言に当たる」ことが職務であることから、主幹教諭のように職務命令を出すことはできない。

## （2）校務分掌

　2006年に改正された教育基本法第6条第2項には「学校においては、教育の目標が達成されるよう、教育を受ける者の心身の発達に応じて、体系的な教育が組織的に行われなければならない」とある。

　上記の「組織的」の意味は、校長を監督者として、それぞれの学校の教育目標の設定、教育課程編成、各学年経営、教科担任制における同一教科教員との連携などが含まれる。教員は、多くの時間を担当する授業に費やしてはいるものの、一方でつねに学校や学年全体の動向を確認しながら、組織的に連携して業務の遂行にあたっている。そして、組織的な学校経営を行うために、各学校では、図8-1にあるように、校長を組織の頂点として、いくつか

の部や委員会が組織され、各教職員は何かしらの分掌を校長から与えられる。小学校を例に法的に見れば、「小学校においては、調和のとれた学校運営が行われるためにふさわしい校務分掌の仕組みを整えるものとする」と、学校教育法施行規則第43条に規定されている。

　校務分掌の組織図は、地域や学校段階によって一様ではないが、管理職としての校長と教頭（副校長）、管理職と各部・委員会の主任等から構成される企画（運営）委員会、教員が配属される各委員会がある。各委員会からの提案等を企画（運営）委員会で意見調整した上で、職員会議において教職員への周知徹底を図り、組織的な教育活動を行う仕組みになっている。

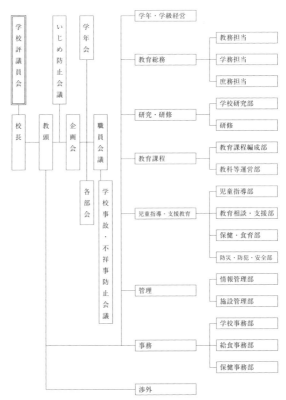

図8-1　B小学校の校務分掌組織

（出典）筆者作成

148

## 3　学校組織の主要な組織形態と校長のリーダーシップ

### （1）学校組織の３つの組織形態

　既述した通り、1990年代後半以降、学校の自主性・自律性の確立が求められ、そのための学校の運営体制と責任の明確化が必要とされたため、校長の職務の円滑な執行のために職員会議が法的に位置づけられるなど、校長の権限が強化された。その結果、個々の学校経営に直接的な影響を及ぼす校長のリーダーシップは、従来に比して、大きな意味を持つようになった。

　学校はどのような組織形態であれば、より効率的に学校経営を行うことができるのか。露口（2021）の整理に基づけば、学校組織の主要な在り方は、離散モデル、統制モデル、分散モデルに類型できる。また、各モデルにおける校長等のリーダーシップの在り方についても違いがみられる。以下では、３つの各モデルについて説明する。

### （2）離散モデル

　離散モデルとは、管理職（校長、教頭）以外の教員は、上下の関係にはなくフラットな状態に近い組織形態である。長らく小学校では学級王国と称されてきたように、日常の職務は担当するクラスを対象として個業を中心に展開された。学校を取り巻く環境の変化が大きくない状況では、校長による迅速な意思決定よりも、職員会議の議論を通して、学校全体で合意を形成していくことが好まれる傾向にあった。学校は、前年度踏襲主義と表現されることがあるが、こういった文化的特性を持つ学校組織における校長のリーダーシップは、「交流型リーダーシップ」と呼ばれ、教職員とのコミュニケーションや交流活動を通して、組織全体の信頼関係を構築しようとするリーダーシップの在り方である。

### （3）統制モデル

　統制モデルが効果を発揮するのは、変化が激しい環境であるとされる。そういった環境では、学校経営の権限が校長に集約され、学校の意思決定が校長等の管理職によって迅速に行われる。実際の業務も、管理職の指示・命令

に基づき、校務分掌上各委員会の長を担当している主任等を中心に迅速に行われる。統制モデルにおいては「変革型リーダーシップ」と表現される、校長の強い権限が発揮される学校経営が一般的である。急速に変化する環境に迅速に対応できる半面、校長の力量によって学校経営に直接的な影響を与え得る組織及びリーダーシップの在り方と言える。

### （4）分散モデル

　分散モデルは、上記の統制モデルの短所を補完するモデルだといわれている。指摘したように統制モデルでは校長の力量如何によって、学校経営に直接的な影響を与えかねない。しかし、分散モデルにおける意思決定は、校長に加えて、教頭や主任等によって構成される企画（運営）委員会によって行われる。

　分散モデルに適した校長のリーダーシップ・モデルの1つに、サーバント・リーダーシップ（奉仕型リーダーシップ）がある。サーバント・リーダーシップとは、「まず相手に奉仕し、その後相手を導くもの」（小野2013、126頁）と定義される。また、サーバント・リーダーの属性を校長として考えてみると、表8-2の通り、以下の10の属性がある。

表8-2　サーバント・リーダーシップの10の属性

| | 属性 | 具体的な言動の例示 |
|---|---|---|
| 1 | 傾聴 | 教職員の話に耳を傾ける。 |
| 2 | 共感 | まずは教職員の意見を受け入れる。 |
| 3 | 癒し | 教職員の心に寄り添う。 |
| 4 | 気づき | 直接伝えるばかりではなく、教職員が気づくように仕向ける。 |
| 5 | 説得 | 指示・命令であっても教職員が納得するように説明する。 |
| 6 | 概念化 | 教職員に分かるように、文字化、図式化、数値化して示す。 |
| 7 | 先見力・予見力 | 今後の見通しを示す。 |
| 8 | 執事役 | 教職員のために奉仕する。 |
| 9 | 人々の成長に関わる | 教職員の成長に関わる。 |
| 10 | コミュニティづくり | コミュニティとしての学校を維持・発展させる。 |

（出典）小野善生、2013年、139頁を参考に筆者加筆

　学校の管理者である校長が教職員に奉仕するリーダーシップの在り方は、伝統的な思考では抵抗感を払拭することは難しい。しかし、学校を取り巻く

変化の激しい現代において、また、多様な教育ニーズに適切に対応していくためには、校内のすべての教職員の働く意欲を向上させ、資質能力を高めながら、学校づくりをする校長のリーダーシップが強く求められている。そのためには、校長が中心になって学校経営を行っている際に、上記のサーバント・リーダーシップの属性から示唆を得ることができる。

## 第3節　学校評価と質保証

### 1　学校評価制度導入の経緯と「学校評価ガイドライン」

　1998年の中教審答申「今後の地方教育行政の在り方について」において、学校の経営責任を明らかにするための取り組みとして、自己評価による保護者や地域住民への説明が必要、という提案がなされたことにより学校評価の制度化が進んでいった。法令としては、2002年に小・中学校設置基準（省令）が制定され、自己点検・自己評価と結果の公表が努力義務化された。また、文科省は2006年3月27日に「義務教育諸学校における学校評価ガイドライン」（以下、「学校評価ガイドライン」）を策定した。

　学校評価に関する法的整備については、2007年6月に学校教育法（第42条・43条）、同年10月に学校教育法施行規則（第66、67、68条）の改正が行われ、自己評価・学校関係者評価の実施・公表、評価結果の設置者への報告に関する規定が加えられた。2008年に高等学校も対象とする「学校評価ガイドライン〔改訂〕」が出され、さらに、学校の第三者評価の在り方に関する記述を加えた「学校評価ガイドライン〔平成22年改訂〕」が2010年に作成された。現在は、2015年の学校教育法改正によって制度化された義務教育学校（小中一貫教育）も対象にして加筆された「学校評価ガイドライン〔平成28年改訂〕」が最新の内容になっている。

　上記の通り、学校評価に関して1990年代後期以降政策提言がなされ、法制化された背景としては、既述したPDCAのマネジメント・サイクルを学校評価により実現することを通して、各学校や教育委員会がアカウンタビリティを果たすことが強く求められる時代に入ったことを意味する。

## 2 学校評価の概要と運用

### （1）学校評価の必要性と目的

「学校評価ガイドライン〔平成28年改訂〕」によれば、第1に、学校評価の必要性は、教育活動等の成果を検証し、必要な支援・改善を行うことにより、教育水準の向上と保証を図ること、第2に、学校が適切に説明責任を果たすとともに、学校の状況を共通理解し、相互の連携協力の促進のために、学校評価が必要であると説明している。

「学校評価ガイドライン〔平成28年改訂〕」によれば、学校評価の目的は次の3つである。

①各学校が、自らの教育活動その他の学校運営について、目指すべき目標を設定し、その達成状況や達成に向けた取組の適切さ等について評価することにより、学校として組織的・継続的な改善を図ること。

②各学校が、自己評価及び保護者など学校関係者等による評価の実施とその結果の公表・説明により、適切に説明責任を果たすとともに、保護者、地域住民等から理解と参画を得て、学校・家庭・地域の連携協力による学校づくりを進めること。

③各学校の設置者等が、学校評価の結果に応じて、学校に対する支援や条件整備等の改善措置を講ずることにより、一定水準の教育の質を保証し、その向上を図ること。

## （2）学校評価の方法

「学校評価ガイドライン〔平成28年改訂〕」では、学校教育法施行規則第66-68条に基づき、学校評価は、以下の3つの方法により行うことを示す。

第1に自己評価である。自己評価は、同法施行規則第66条に規定されている通り、各学校の教職員が必ず行わなければならない評価であり、学校評価の核となる。学校評価の目的①にあるように、目指すべき目標を設定し、その達成状況や達成に向けた取組の適切さ等について評価し、組織的・継続的な改善を図る。自己評価の視点は、個々の教員の教育実践を対象にするのではなく、学校全体の達成状況や達成に向けた取組の適切さ等を対象とする。

第2に学校関係者評価である。学校関係者評価の構成員は、保護者、地域住民、その他の学校関係者などが想定されている。学校関係者評価委員会は、自己評価結果について評価することになっており、自己評価のように、設定された評価項目についての評価はしない。また、同法施行規則第67条に規定されている通り、学校関係者評価・公表は、努力義務になっている。

第3に第三者評価である。第三者評価は、学校運営に関する外部の専門家を中心に構成されたメンバーによって専門的観点からなされる評価である。第三者評価は、法令上の実施義務や努力義務は課されていない。

## （3）「学校評価ガイドライン」が示す学校評価の留意点

自己評価に関する留意点は以下の3点である。第1に、自己評価の際の目標設定に関して、総花的な設定ではなく、目標の重点化に留意する必要がある。その重点化された目標は、学校が抱える課題に即した具体的な内容が設定されなければならない。第2に、PDCAサイクルによる自己評価を通して、評価結果に基づいた改善方策を立案し、次のPDCAサイクルにつなげていくことに留意する必要がある。教育現場では、これまでも実践（Do）に対する評価・改善は行われてきたが、計画（Plan）に対する評価・改善は必ずしも積極的に行われてこなかった。第1の留意点で言及したように、重点化された目標をPDCAサイクルのプロセスで再設定をすることで、自己評価の実現可能性を高めることができる。第3に、児童生徒や保護者、地域住民を対象にするアンケートは、あくまで教職員による自己評価の際の情報とし

て位置づけるべきものであり、学校関係者評価ではないことに留意する必要がある。また、保護者等にアンケートを実施する際の匿名性保持にも注意が必要である。

　学校関係者評価における留意点は以下の2点である。学校関係者評価は自己評価結果を評価すると既述したが、そのことによって自己評価の客観性・透明性を高めることを目指している。これが第1の留意点である。第2は、学校関係者評価委員が、自己評価結果に関する情報を共有することを通して、学校の応援団としての役割や、時には厳しい意見も示す「批判的友人」としての役割も果たすことによって、学校関係者評価が、コミュニケーション・ツールとしての活用を目指していることに留意する必要がある。

　第三者評価における留意点は以下の2点である。第1に、第三者評価は学習指導や学校のマネジメント等に関する専門性を有する者による評価であり、自己評価や学校関係者評価が適切に行われているかについても検証し、学校評価システム全体の有効性を高める役割も期待されている。第2に、専門的視点からの評価ではあるが、実施体制については、「学校評価ガイドライン」において示されている通り、以下の（ア）（イ）（ウ）などを含め、柔軟な対応が求められていることに留意する必要がある。

（ア）学校関係者評価の評価者の中に、学校運営に関する外部の専門家を加え、学校関係者評価と第三者評価の両方の性格を併せ持つ評価を行う。

（イ）例えば中学校区単位などの、一定の地域内の複数の学校が協力して、互いの学校の教職員を第三者評価の評価者として評価を行う。

（ウ）学校運営に関する外部の専門家を中心とする評価チームを編成し、評価を行う。


## （4）学校評価により期待される効果

　学校評価の効果については「学校評価等実施状況調査」（平成26年度間調査結果）によれば、「学校運営の組織的・継続的改善」において効果があったと回答した学校は、自己評価では94.4%、学校関係者評価では91.6%と高率にある。しかし、その内訳を見ると、自己評価の94.4%については、「大いに効果があった」は20.3%、「ある程度効果があった」は74.1%であり、学

校関係者評価の91.6％については、「大いに効果があった」は13.7％、「ある程度効果があった」は77.9％であり、「大いに効果があった」の割合は、それぞれ20.3％、13.7％に留まっている。この調査結果を見る限りは、学校評価の効果をより高める必要があるが、それを阻害している要因の分析と対策を学校単位において検討する必要がある。

たとえば、学校評価のサイクルは年度の始まりと終わりに合わせて行うことが多いが、年度末に学校評価の会議等の時間を確保することが難しい。また、時間を確保できたとしても、昨年度との経年比較をとりあえず行い、各項目のポイントの上昇の有無のみが報告されるケースも少なくない。しかし、経年比較を行うことがまったく意味をなさないとは言えないにしても、そういった比較を続ける限り、毎年上昇することが求められ、数字を上げることのみに関心が行きかねない。当該年度の各評価項目の平均値ではなく、自己評価結果の分布に焦点を当てて、ばらつきがあるとすれば、その要因に関する議論を通して、教職員の評価観や教育観の違いを互いに認識し、各人の教育実践の振り返りの契機とすることもできる。

また、第三者評価については、「第三者評価の実施により効果のあったと感じられた点」に関して、回答率（複数回答可）が高い順に学校運営の組織的・継続的な改善（61.5％）、自己評価や学校関係者評価の客観性の向上（49.2％）、教職員の意識改革（46.8％）という結果を示しているが、第三者評価には実施義務や努力義務が課せられておらず、結果として実施率が6.0％（2,877/45,165校）に留まっており、効果は限定的である。

最後に、「学校評価ガイドライン」の「はじめに」を読むと、次の一文を確認することができる。それは、「本ガイドラインは、各学校や設置者における学校評価の取組の参考に資するよう、その目安となる事項を示すものである。したがって、学校評価が必ずこれに沿って実施されなければならないことを示す性質のものではない」という一文である。この一文にあるように、「学校評価ガイドライン」はあくまで目安であって、学校評価をどのように進め、学校改善につなげていくかについては、各学校及び教育委員会に委ねられているのである。各学校のすべての教職員が上記一文の趣旨、学校評価の目的や意義を十分理解した上で、より効果の高い学校評価を行い、学校改

善を実現することが求められている。

〈注〉
（1）苅谷（2019）によれば、その後の「新しい学力観（1989年）」に立った教育改革、「生きる力（1998年）」、さらには「主体的・対話的で深い学び（2017年）」への改革路線へとつながっていくと指摘している。
（2）学校経営に類似した用語として、教育経営があるが、堀内（2018）は教育経営を「学校経営を核として内包する教育活動、教育組織を対象とする総括作用」と捉えるのが、妥当かつ公約数的としている。

〈参考・引用文献〉
・小野善生『最強の「リーダーシップ理論」集中講義』日本実業出版社、2013年
・苅谷剛彦『追いついた近代消えた近代』岩波書店、2019年
・中央教育審議会「今後の地方教育行政の在り方について」1998年
・露口健司「学校組織論」諏訪英広・福本昌之編『教育制度と教育の経営［改訂版］』あいり出版、2021年
・堀内孜「学校経営」日本教育経営学会編『教育経営ハンドブック』学文社、2018年、19頁
・文部科学省「学校評価等実施状況調査（平成26年度間　調査結果）」https://www.mext.go.jp/a_menu/shotou/gakko-hyoka/1369130.htm（2021年8月5日確認）
・文部科学省「学校評価ガイドライン〔平成28年改訂〕」2016年　https://www.mext.go.jp/component/a_menu/education/detail/__icsFiles/afieldfile/2019/01/30/1323515_021.pdf（2021年8月5日確認）

## 学習課題

（1）1998年の中教審答申「今後の地方教育行政の在り方について」にはどのような内容が書かれていて、その答申を受けて、どのような変化が学校にみられたかを整理してみよう。

（2）学校経営をマネジメント・サイクルという言葉を使って説明してみよう。

（3）教務主任と主幹教諭との違いをまとめてみよう。

（4）学校評価を進める際に、どのようなことに気を付けたらいいかについて、まとめてみよう。

# 第9章　学校と地域の連携

公立学校は各々の地域に存在する。学校と地域との関係の濃淡は、地域、時代状況や教育制度の違いによって一様ではない。第1節では、学校と地域の連携が必要な理由を明らかにする。第2節では、学校と地域の連携のための制度として、学校評議員、学校運営協議会（コミュニティ・スクール）、学校支援地域本部、地域学校協働本部と地域学校協働活動に関して、制度概要と普及状況、意義と課題について説明する。そして、第3節では、今後の学校と地域の連携・協働の在り方について言及する。

# 第1節　学校と地域の連携の歴史と必要性

## 1　学校と地域の連携の歴史

　1872年に学制が発布され、身分の隔てなく子どもたちが地域の小学校に通うことができるようになった。いわゆる、近代学校の始まりである。その学制発布に先立ち、京都市では各家の竈（かまど）の大きさに応じて資金を出し合い、1869年には64の小学校が設立された。それ以外の各地域においても、学校建設の費用を地域住民が負担するなど、少なくとも明治初期の段階では、学校と地域の関係は深かったことが知られている。

　また、第二次世界大戦終結後においても、しばらくは各地域独自の教育課程を編成するなど、学校と地域の連携は保持されていた。1947年と1951年の学習指導要領には法的拘束力はなく、いわゆる試案という位置づけであり、各地域の特色を出した自主的な教育課程編成が盛んな時期でもあった。しかし、1956年の地方教育行政の組織及び運営に関する法律（以下、地方教育行政法）の制定により地方分権から中央集権の動きが加速した。また、1958年改訂の学習指導要領には法的拘束力があるとされ、地域や各学校の自主的な教育課程編成が制限された。結果として学校と地域の連携もこの時期以降大きく後退した。

## 2　学校と地域の連携が必要な理由

　学校と地域との連携が必要な理由は、葉養（2006）が指摘しているように、「学校を開く」ことを意図的に行わなければ、地域を基礎にした教育が成立しにくいからである。既述したように、第二次世界大戦後しばらくの間、「学校を開く」ことを意図的に行ったことによって学校と地域の連携は形成・保持されていた。アメリカ第一次教育使節団報告書に基づき、民主的な教育委員会制度が創設され（1948年）、地域を軸として学校を創っていこうとした教育課程の自主編成などの事実を指摘することができる。逆に言えば、「学校を開く」ことを意図的に行わなければ、学校と地域の連携が実現

しないことになる。その理由として、学校が持っている専門性と自律性とい
う特徴により、学校の閉鎖性が増強されると、葉養は説明する。

　もちろん、学校が持っている専門性と自律性で学校の閉鎖性が強まったと
しても、学校の教育がうまく機能し、教育の成果をあげていれば、学校と地
域との連携は必ずしも必要ではないことになる。しかし、詳しくは10章で
説明するが、学校は現在も多くの課題を抱えており、同様に過去においても
難題を抱えてきた。広田（1998）は、「1970年代初頭には、〈教育問題〉へ
の新しい視線が登場しはじめた。それは、学校内部で実際に行われているこ
とを『問題』視し、さらに当の学校や教師をこえて、学校のあり方を問うて
いこうとする視点である」と言及している。たとえば、子どもの中には勉強
が苦手な子どもはいつの時代においてもいたが、勉強ができない直接的な原
因が学校や教員にあるとはならない時代があった。そうならなかった理由は、
学校や教員が保護者や地域に対して持つ文化的優位性の有無であると、広
田（1998）は説明する。つまり、学校や教員が保護者や地域に対して文化的
優位性を保持できていた1970年代以前は、学校や教員は多くの場合尊敬の
対象になり得ていた。しかし、高度経済成長により日本が経済的に豊かにな
り、保護者の学歴が向上するにつれて、学校や教員が文化的優位性を保持す
ることが難しくなり、学校や教員が尊敬の対象とはならなくなった。したが
って、保護者や地域の学校に対する信頼を再び獲得するためにも、学校を意
識的に開き、地域を基礎にした教育を展開していかなければならない状況が
1970年代以降少しずつ生じ始めていたのである。

## 第2節　学校と地域との連携のための制度

### 1　学校評議員

　既述したように1950年代中期以降、日本における中央集権化などの動向
により、学校と地域との連携は後退した。その後、1971年の社会教育審議
会答申「急激な社会構造の変化に対処する社会教育のあり方について」にお
いて、学校と地域との連携が重要であることが示されはしたが、制度改革ま

では進展しなかった。学校と地域との連携を実現するための大きな契機の1つは、1998年の中央教育審議会（以下、中教審）答申「今後の地方教育行政の在り方について」であった。同答申は、「学校の裁量権限を拡大」、「学校の自主性・自律性を確立」、そして「学校評議員制度の導入」などを提案し、その後の学校経営の在り方や学校と地域との連携について大きな影響を与えた。

　上記答申を受けて、2000年1月に学校教育法施行規則が改正され、学校評議員制度が2000年4月から導入された（幼稚園、中・高等学校等にも準用される）。

---

学校教育法施行規則
第49条　小学校には、設置者の定めるところにより、学校評議員を置くことができる。
2　学校評議員は、校長の求めに応じ、学校運営に関し意見を述べることができる。
3　学校評議員は、当該小学校の職員以外の者で教育に関する理解及び識見を有するもののうちから、校長の推薦により、当該小学校の設置者が委嘱する。

---

　学校評議員制度導入の趣旨は、地域に開かれた学校づくりを推進する観点から、学校評議員を置くことによって、学校経営に関し、保護者や地域住民の意向を把握・反映しながらその協力を得るとともに、学校としての説明責任を果たしていくことである。

　学校評議員制度の普及については、同制度導入直後の2002年においてすでに、約半数（47.0％）の公立学校において設置された。さらに2014年時点では7割以上の公立学校（75.4％）において学校評議員が設置されていた。[1]学校評議員制度の意義としては、日本で初めて公的な制度として、保護者や地域住民の意向を校長に直接伝えることができるようになったことを指摘することができる。ただ、校長の求めに応じて校長から推薦された学校評議員が学校運営に関する意見を述べるに留まっており、出された意見をどのように活かすかは校長の裁量に任されているため、学校運営への影響力については必ずしも大きくないことは課題として指摘することができる。

## 2 学校運営協議会

　学校運営協議会制度が制度化されたきっかけは、教育改革国民会議による最終報告書「教育を変える17の提案」（2000年）の1つとして示された「新しいタイプの学校（コミュニティ・スクール等）の設置」である。この提案を受けて、2004年に地方教育行政法が改正され（第47条の5）、学校運営協議会が制度化された。同法第47条の5には学校運営協議会は、「当該学校の運営及び当該運営への必要な支援に関して協議する機関として」位置づけられている。学校運営協議会制度とは、それぞれの学校が地域住民や保護者と学校の教育目標を共有し、組織的・継続的な連携を可能とする「地域とともにある学校」への転換を図るための仕組みであり、学校運営協議会を設置している学校のことを地域運営学校（通称コミュニティ・スクール）と呼ぶ。

　学校運営協議会には3つの権限が与えられている。

　①校長が作成する学校運営の基本方針を承認する。
　②学校運営について、教育委員会又は校長に意見を述べることができる。
　③教職員の任用に関して、教育委員会規則に定める事項について、教育委員会に意見を述べることができる。

「2020年度コミュニティ・スクール及び地域学校協働活動実施状況調査（以下、「2020年度実施状況調査」）」によると、コミュニティ・スクールの導入状況については、図9-1の通り、年度を経るごとに着実に普及し、2020年度においては、全国の公立学校におけるコミュニティ・スクール数は、9,788校（前年度から2,187校増加）であり、導入率は27.2%（前年度から導入率5.9ポイント増加）となっている。また、学校運営協議会ではないものの、類似の仕組みを有している全国の小・中学校（義務教育学校を含む）は、6,819校あり、5割以上の小・中学校において学校運営協議会、もしくは類似の協議会を取り入れていることがわかる。

　学校運営協議会の意義は、地域住民や保護者の意見を一定の権限と責任をもった学校運営協議会を通して、学校運営に参画できる仕組みを日本の公立

161

学校教育制度において初めて制度化したことである。これは既述した学校評議員と比較しても、より大きな権限が学校運営協議会に与えられていることを意味している。

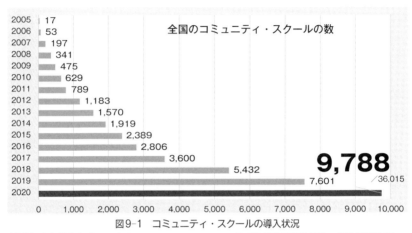

図9-1　コミュニティ・スクールの導入状況

（出典）文部科学省「2020年度コミュニティ・スクール及び地域学校協働活動の実施状況調査について」2020年

　学校運営協議会の課題としては3点挙げることができる。第1は予算不足である。学校運営協議会委員のボランティア精神に頼っている実態が多くみられる。第2に、適性を備えた委員の確保の難しさである。地域にもよるが特に人口規模が小さい地域では人材確保が難しい。第3に、コミュニティ・スクール誕生における主体性の問題である。佐藤晴雄他（2010）による調査でも指摘されているが、教育委員会や自治体主導による公立学校のコミュニティ・スクール化は、必ずしも地域住民や保護者からの要望に基づいてコミュニティ・スクールが誕生していないことを意味しており、コミュニティ・スクールが教育行政主導の域を出ていないことを示している。

　後述する中教審答申「新しい時代の教育や地域創生の実現に向けた学校と地域の連携・協働の在り方と今後の推進方策について（以下、「学校と地域の連携・協働」）」（2015年）を契機として、2017年に地方教育行政法が改正され、学校運営協議会の設置が努力義務化されたことから、コミュニティ・ス

クールは今後一層普及が進むことが予想される。後述する学校支援地域本部及び地域学校協働本部との一体的な整備を進め、学校と地域のより密な連携の可能性が高まりつつある。


## 3 学校支援地域本部

　2006年に教育基本法が59年ぶりに改正され、第13条に「学校、家庭及び地域住民等の相互の連携協力」が新たに規定された。学校支援地域本部とは、教育基本法第13条の内容を具体化する方策の柱であり、学校・家庭・地域が一体となって地域ぐるみで子どもを育てる体制を整えることを目的としている。学校支援地域本部は、①地域コーディネーター、②学校支援ボランティア、③地域教育協議会によって構成されている。

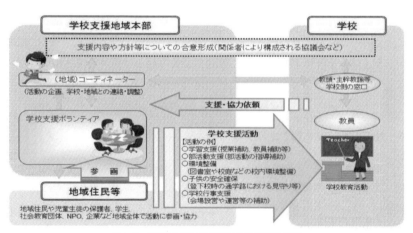

**図9-2　学校と学校支援地域本部の関係と活動**
（出典）文部科学省「資料4　コミュニティ・スクールと学校支援地域本部について」2013年、7頁

　図9-2にあるように、支援内容や方針等について、学校支援地域本部と学校が合意形成をした後に、学校側からの支援・協力の依頼を地域コーディネーターが受け、地域住民等が参加する学校支援ボランティアとの連絡・調整を行う。学校支援活動の例としては、学習（学校行事を含む）支援、部活動

支援、環境整備、子どもの安全確保などがある。地域住民等による学校に対するボランティア活動は従来から行われていたが、地域コーディネーターが中心となって組織的に学校支援を提供することを意図している。学校支援地域本部事業は、2008年度から文部科学省の委託事業として開始され、2009年度からは文部科学省と地方公共団体の分担による補助事業として実施された。第2期教育振興基本計画（2013年6月閣議決定）において、教育行政の4つの基本的方向性「4. 絆づくりと活力あるコミュニティの形成」において学校支援地域本部の普及が盛り込まれた。2015年度において、公立小・中学校のうち、全体の約3割に当たる約9,600校で学校支援地域本部の活動が導入されている。

　学校支援地域本部の意義としては、これまで必ずしも組織的とは言えなかった地域によるボランティア活動を地域コーディネーターが中心になって組織的に展開する体制が整ったことを指摘することができる。課題としては、第1に地域としての教育やビジョンについての議論（熟議）が十分ではないこと、第2に参画が地域の一部の人に限定的になっていること、第3に地域コーディネーターが特定の個人に依存し持続可能な体制が整備されていないこと等が、中教審答申「学校と地域の連携・協働」において報告されている。

## 4　地域学校協働本部と地域学校協働活動

　中教審答申「学校と地域の連携・協働」では、第1に、地域と学校が連携・協働して、地域全体で子どもたちの成長を支え、地域を創生する地域学校協働活動の推進、第2に、従来の学校支援地域本部等の地域と学校の連携体制に加えて地域学校協働本部を全国に整備すること、第3に、コミュニティ・スクールの一層の促進に資する条件整備について言及している。

　上記答申等を受けて、文部科学省は2016年に「『次世代の学校・地域』創生プラン（以下、「創生プラン」)」を策定した。そして、「学校と地域との連携・協働」及び「創生プラン」を受けて、地域学校協働活動を一層推進するために、2017年に社会教育法（第5条第2項、第6条第2項、第9条の7）が改正された。

```
社会教育法
第5条第2項　市町村の教育委員会は、前項第13号から15号までに規定する活動であつて、
　地域住民をその他の関係者が学校と協働して行うもの（以下「地域学校協働活動」という。）
　の機会を提供する事業を実施するに当たつては、地域住民等の積極的な参加を得て当該地域
　学校協働活動が学校との適切な連携の下に円滑かつ効果的に実施されるよう、地域住民等と
　学校との連携協力体制の整備、地域学校協働活動に関する普及啓発その他の必要な措置を講
　ずるものとする。
第6条第2項　前条第2項の規定は、都道府県の教育委員会が地域学校協働活動の機会を提供
　する事業を実施する場合に準用する。
第9条の7　教育委員会は、地域学校協働活動の円滑かつ効果的な実施を図るため、社会的信
　望があり、かつ、地域学校協働活動の推進に熱意と識見を有する者のうちから、地域学校協
　働活動推進員を委嘱することができる。
2　地域学校協働活動推進員は、地域学校協働活動に関する事項につき、教育委員会の施策に
　協力して、地域住民等と学校との間の情報の共有を図るとともに、地域学校協働活動を行う
　地域住民等に対する助言その他の援助を行う。
```

　地域学校協働活動とは、「地域と学校の連携・協働の下、幅広い地域住民等（多様な専門人材、高齢者、若者、PTA・青少年団体、企業・NPO等）が参画し、地域全体で学び合い未来を担う子供たちの成長を支え合う地域をつくる活動（「創生プラン」2016年、6頁）」を意味する。

　また、地域学校協働本部とは、従来の学校支援地域本部等の地域と学校の連携体制を基盤として、より多くのより幅広い層の地域住民、団体等が参画し、緩やかなネットワークを形成することにより、地域学校協働活動を推進する体制を指す。従来の学校支援地域本部と地域学校協働本部の大きな違いは、前者が地域による学校への「支援」であったのに対して、後者は地域と学校との双方向の「連携・協働」を目指している点である。また、地域学校協働活動を推進するために、社会教育法第9条の7に規定されている通り、地域学校協働活動推進員が、地域住民等と学校との情報共有を図るとともに、地域住民等に対する助言を行うなどの、地域と学校をつなぐコーディネーターの役割を担う。

　地域学校協働本部の意義は、社会教育法改正により地域学校協働活動と地域学校協働活動推進員を法的に位置づけ、学校教育と社会教育との結びつきを強化したことである。学校支援地域本部の地域コーディネーターの固定

化の問題と同様に、地域学校協働活動推進委員を持続可能な視点から、人選を含めて体制をどのように整備していくかが今後問われることになる。

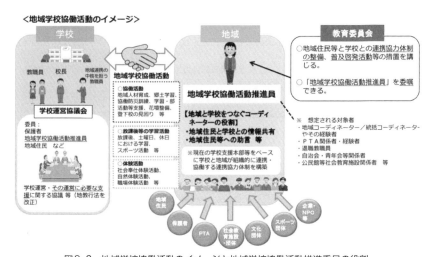

図9-3　地域学校協働活動のイメージと地域学校協働活動推進委員の役割
（出典）文部科学省生涯学習政策局社会教育課地域学校推進室「地域学校協働活動の推進に向けた　ガイドライン（参考の手引き）等について」2017年、3頁

「2020年度実施状況調査」によると、地域学校協働活動の実施状況については、全国の地域学校協働本部数は10,878本部（2019年度から1,491本部増加）、全国の公立小・中学校（義務教育学校を含む）において地域学校協働本部がカバーしている学校数は17,066校（60.3％）であり、2019年度と比較して2,676校増加で、9.8ポイント増加している。全国の地域学校協働活動推進員等は28,822人（うち教育委員会が社会教育法に基づき、地域学校協働活動推進員として委嘱している者は7,339人）であり、また全国の公立学校設置者のうち地域学校協働活動推進員等を配置している割合は83.5％になっている。

# 第3節　今後の学校と地域の連携・協働の促進に向けて

## 1　3つの中央教育審議会答申と「次世代の学校・地域」創生プランの概要

　2015年に同時に出された3つの中教審答申①「学校と地域の連携・協働」、②「チームとしての学校の在り方と今後の改善方策について（以下、「チームとしての学校」）」、③「これからの学校教育を担う教員の資質能力の向上について」を受けて、2016年に文部科学大臣は「次世代の学校・地域」創生プランを策定した。同プランは、わが国が抱える主要な課題として、①高齢者人口は増大する一方で生産年齢人口は減少、②グルーバル化の進展に伴い激しく国際環境が変化、③学校の抱える課題が著しく複雑化・多様化、④地域社会の支え合いの希薄化や家庭の孤立化を指摘した。「次世代の学校・地域」創生プランの具体的な施策は、図9-4の通り、①地域と学校の連携・協働に向けた改革、②学校の組織運営改革、③教員制度の一体的改革が示された。

　図9-4に示している通り、本章第2節で言及したコミュニティ・スクールと地域学校協働本部の推進は、中教審答申①「学校と地域の連携・協働」からの提言であり、中教審答申②「チームとしての学校」に必要な指導体制の整備は、学校の組織運営改革のことを示している（本節2.「チームとしての学校の在り方と今後の改善方策について」の概要で後述[(2)]）。

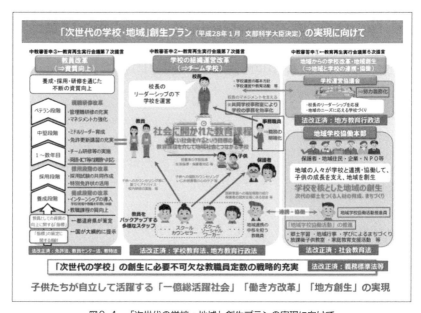

図9-4 「次世代の学校・地域」創生プランの実現に向けて
（出典）文部科学省「『次世代の学校・地域』創生プラン（馳プラン）」2016年、6頁

## 2「チームとしての学校の在り方と今後の改善方策について」の概要

### （1）チームとしての学校が求められる理由と背景

　中教審答申「チームとしての学校」によれば、学校という場において子ど
もが成長していく上で、教員に加えて、多様な価値観や経験を持った大人と
接したり、議論したりすることは、より厚みのある経験を積むことができ、
本当の意味での「生きる力」を定着させることにつながるため、チームとし
ての学校が求められている。

　また、チームとしての学校が求められる背景として、次の3つが同答申に
おいて指摘されている。

　①新しい時代に求められる資質・能力を育む教育課程を実現するための体

　制整備
②複雑化・多様化した課題を解決するための体制整備
③子どもと向き合う時間の確保等のための体制整備


## （2）チームとしての学校を実現するための3つの視点

### ①専門性に基づくチーム体制の構築
「チームとしての学校」によれば、教員が学校や子どもたちの実態を踏まえ、学習指導や生徒指導等に取り組むことができるようにするため、学校は指導体制を充実させる必要がある。そのために、心理や福祉等の専門スタッフは、学校の職員として法令に位置づけ、職務内容等を明確化することにより、質の確保と配置を進めることが「チームとしての学校」において提案された。本答申を受けて、法令改正されたスクールカウンセラー（学校教育法施行規則第65条の2）、スクールソーシャルワーカー（同法施行規則第65条の3）や部活動指導員（同法施行規則78条の2）については、専門性に基づく「チームとしての学校」の体制構築や教員の労働時間の軽減につながると期待されている。


### ②学校マネジメント機能の強化
　専門性に基づく「チームとしての学校」を機能させるため、優秀な管理職を確保するための取り組みや、主幹教諭の配置促進、事務機能の強化などにより、校長のリーダーシップ機能を強化し、これまで以上に学校のマネジメント体制を強化する必要がある。
　核となる管理職の適材確保のために教職大学院等への派遣や管理職マネジメント能力を身に付けさせるためのプログラム開発が提案されている。また、管理職の補佐体制充実のため、加配措置の拡充による主幹教諭の配置促進も提案されている。


### ③教職員一人ひとりが力を発揮できる環境の整備
　教職員がそれぞれの力を発揮できるようにするため、人材育成の充実や業

務改善等の取り組みを進める必要がある。人材育成を目的として、教職員間や専門スタッフとの協働を推進するため、文科大臣優秀教職員表彰において、学校単位等の取り組みを表彰することや、業務環境の改善に関してストレスチェック制度の活動など、教職員のメンタルヘルス対策も提案されている。

　以下の図9-5は、「チームとしての学校」のイメージ図である。縦軸に「授業」、「教員の業務」、「学校組織運営体制」、「管理職像」、「地域との連携」の5つの項目、それを横軸として「従来」、「現在」、「チームとしての学校」の時間軸での具体的な姿を示している。

　本章のテーマに関連する「地域の連携」に着目すれば、「コミュニティ・スクールの仕組みを活用」や「チームとしての学校と地域の連携体制を整備」とあるように、今後の学校と地域の在り方として、学校の教職員、スクールカウンセラー、スクールソーシャルワーカーや部活動指導員等、そして地域学校協働活動推進員等が連携して、一体的に子どもを育てていくことが求められている。


## 3　地域学校協働本部とコミュニティ・スクール

　学校と地域の連携に関する制度は、本章で言及した学校評議員制度、学校運営協議会（コミュニティ・スクール）、学校支援地域本部、地域学校協働本部、学校評価の学校関係者評価（第8章で言及）がある。今後はこれらを個別に取り入れるというよりは、一体的に推進することが求められている。実際、近年の動向を見る限り、上記の制度を一体的に取り入れようとしている学校は、増加傾向にある。「2020年度実施状況調査」によれば、コミュニティ・スクールと地域学校協働本部をともに整備している学校数は、6,524校（23％）である。2019年度と比較しても2,059校増加している。
「地域学校協働活動の推進に向けたガイドライン」によれば、コミュニティ・スクールと地域学校協働本部が連携することにより得られる3つの効果を示している。

　①学校運営の改善と連動した地域学校協働活動の推進

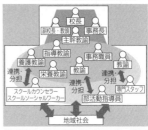

**従来**

・自己完結型の学校

鍋ぶた型、内向きな学校構造
「学年・学級王国」を形成し、
教員間の連携も少ない などの批判

**現在**

・学校教職員に占める教員以外の専門スタッフの
比率が国際的に見て低い構造で、複雑化・多様化
する課題が教員に集中し、授業等の教育指導に
専念しづらい状況
・主として教員のみを管理することを想定したマネ
ジメント

**チームとしての学校**

・多用な専門人材が責任を伴って学校に参画し、
教員はより教育指導や生徒指導に注力
・学校のマネジメントが組織的に行われる体制
・チームとしての学校と地域の連携・協働を強化

（注）「従来」「現在」の学校に係る記述は、学校に対するステレオタイプ的な批判等
を表しているものであり、具体的な学校、あるいは、全ての学校を念頭に記述し
ているものではない。

（注）専門スタッフとして想定されるものについては、本答申の
22ページを参照。また、地域社会の構成員として、保護
者や地域住民等の学校関係者や、警察、消防、保健所、児
童相談所等の関係機関、青少年団体、スポーツ団体、経済
団体、福祉団体等の各種団体などが想定される。

|  | 従来 | 現在 | チームとしての学校 |
|---|---|---|---|
| 授業 | ・教員による一方的な授業への偏重 | ・変化する社会の中で、新しい時代に必要な資質・能力を身に付ける必要 | ・アクティブ・ラーニングの視点からの不断の授業改善 |
| 教員の業務 | ・学習指導、生徒指導等が中心 | ・学習指導、生徒指導等に加え、複雑化・多様化する課題が教員に集中し、授業等の教育指導に専念しづらい状況。 | ・専門スタッフ等との協働により複雑化・多様化する課題に対応しつつ、教員は教育指導により専念 |
| 学校組織運営体制 | ・鍋ぶた型の教職員構造<br>・担任が「学年・学級王国」を形成 | ・主幹教諭の導入等の工夫<br>・学校教職員に占める教員以外の専門スタッフの比率が国際的に見て低い構造 | ・カリキュラム・マネジメントを推進<br>・多様な専門スタッフが責任を持って学校組織に参画して校務を運営 |
| 管理職像 | ・教員の延長線上としての校長 | ・主として教員のみを管理することを想定したマネジメント | ・多様な専門スタッフを含めた学校組織全体を効果的に運営するためのマネジメントが必要 |
| 地域との連携 | ・地域に対して閉鎖的な学校 | ・地域に開かれた学校の推進 | ・コミュニティ・スクールの仕組みを活用<br>・チームとしての学校と地域の連携体制を整備 |

**図9-5 「チームとしての学校」像**

（出典）中央教育審議会「チームとしての学校の在り方と今後の改善方策について」2015年、14頁

②地域と学校の組織的・継続的な連携・協働体制の確立
③子どもの教育に関する課題や目標等の共有による当事者意識の高まり

　中教審答申「学校と地域の連携・協働」では、コミュニティ・スクール、地域学校協働本部、そして、「チームとしての学校」との一体的促進について以下の通り提案している。

「コミュニティ・スクールや地域学校協働本部の推進に当たって重要なことは、学校と地域の特色を生かし、学校と地域が共に考え、地域全体が当事者として参画していくことであり、従前の自律的・主体的な取組を生かしながら、学校と地域が連携・協働して行う企画運営や活動を大切にしていくことである。(中略)「チーム学校」の実現を支える観点からも、コミュニティ・スクールや地域学校協働本部の整備を促進する必要がある（68-69頁）」。

「地域学校協働活動の推進に向けたガイドライン」において示した3つの効果においても、上記の答申「学校と地域の連携・協働」の引用部分においても、使われている最重要キーワードは「当事者意識」「当事者として参画」である。国民の一人ひとりが、高い当事者性を持って、学校や地域の様々な活動に主体的に関わることができるかが問われている。

〈注〉
（1）近年文部科学省による学校評議員の実態調査はなされていないため、2021年時点の詳細は把握できていない。なお2014年のデータは以下を参照。http://www.mext.go.jp/a_menu/shotou/gakko_hyoka/_icsFiles/afieldfile/2018/07/18/1369130_02.pdf（2022年2月5日確認）
（2）3つ目の中教審答申「これからの学校教育を担う教員の資質能力の向上について」も重要な答申であることは言うまでもないが、「学校と地域の連携」という観点については主として言及されていないことから本章では扱わない。

〈参考・引用文献〉
・佐藤晴雄『コミュニティ・スクールの研究』風間書房、2010年
・中央教育審議会答申「新しい時代の教育や地域創生の実現に向けた学校と地域の連携・協働の在り方と今後の推進方策について」2015年
・中央教育審議会答申「チームとしての学校の在り方と今後の改善方策について」2015年
・葉養正明『よみがえれ公立学校──地域の核としての新しい学校づくり』紫峰図書、2006年
・文部科学省「『次世代の学校・地域』創生プラン」2016年
・文部科学省「地域学校協働活動の推進に向けたガイドライン」2017年

・文部科学省「2020年度コミュニティ・スクール及び地域学校協働活動実施状況調査について」
https://www.mext.go.jp/content/20201105-mxt_chisui02-000010925_1.pdf（2021年8月9日確認）
・広田照幸「学校像の変容と〈教育問題〉」佐伯胖他編『学校像の模索』岩波書店、1998年、147-
169頁
・湯藤定宗「教育課程を地域にひらく」教育をひらく研究会編『公教育の問いをひらく』デザイン
エッグ社、2018年、9-26頁

## 学習課題

（1）1970年代以降、学校や教員が保護者や地域に対して文化的優位性を保
持することが難しくなった理由をまとめてみよう。

（2）学校と地域の連携に関して、具体的にどんな制度があるのか。その際、
各制度の概要・意義・課題についてまとめてみよう。

（3）学校と地域の連携・協働の実現には何が必要なのか。テキストに基づ
いて答えてみよう。

# 第10章　学校・学級の諸課題

第1節では、第1〜3期教育振興基本計画及び中央教育審議会答申「『令和の日本型学校教育』の構築を目指して」（以下、「令和の日本型学校教育」）を概観し、日本社会の現状と教育の課題を確認する。第2節では、教育振興基本計画と「令和の日本型学校教育」が示す諸課題を類型化し、各課題（いじめ、不登校、外国人児童生徒等への教育、学校安全）について詳説する。第3節では、上記の各課題を踏まえた効果的な学級経営について言及する。

# 第1節　教育振興基本計画が示す日本の諸課題

## 1　第1期・第2期教育振興基本計画が示す状況と諸課題

　教育振興基本計画とは、我が国の教育振興に関する施策の総合的かつ計画的な推進を図るため、2006年に改正された教育基本法第17条第1項に基づき、政府として教育の振興に関する施策について取りまとめた方針等の基本計画のことである。教育振興基本計画では、今後10年間を通じて目指す教育の姿や今後5年間に総合的かつ計画的に取り組むべき施策等が示されている。これまで第1期（2008年7月1日閣議決定）、第2期（2013年6月14日閣議決定）、そして現在は第3期（2018年6月15日閣議決定）教育振興基本計画が公表されている。

　第1期教育振興基本計画（2008～2012年度）は、「少子高齢化」、「環境問題」、「グローバル化」など国内外の状況の急速な変化の中において、第1に子どもの学ぶ意欲や学力・体力の低下、第2に問題行動、第3に家庭・地域の教育力の低下などの課題が発生している、と指摘した。そして、施策の基本的方向性として、①「社会全体で教育の向上に取り組む」、②「個性を尊重しつつ能力を伸ばし、個人として、社会の一員として生きる基盤を育てる」、③「教養と専門性を備えた知性豊かな人間を養成し、社会の発展を支える」、④「子どもたちの安全・安心を確保するとともに、質の高い教育環境を整備する」、として77項目に及ぶ施策の体系化と、特に重点的に取り組む事項を示した。

　続く第2期教育振興基本計画（2013～2017年度）では、学習意欲・学習時間、低学力層の存在、グローバル化等への対応、若者の内向き志向、規範意識・社会性等の育成など、依然として課題が存在していること、またコミュニティの協働による課題解決の必要性や教育格差の問題など、新たな視点も浮上していることが指摘された。このような検証結果を踏まえて、第2期教育振興基本計画では、今後の社会の方向性として、「自立」「協働」「創造」の3つの理念の実現に向けた生涯学習社会の構築を目指し、以下の4つの教育行政の基本的方向性を示した。

①社会を生き抜く力の育成
②未来への飛躍を実現する人材の養成
③学びのセーフティネットの構築
④絆づくりと活力あるコミュニティの形成

　第1期と第2期教育振興基本計画において共通して指摘されている日本の諸課題として、子どもの学習意欲や学力の低下と家庭・地域社会の教育力の低下が挙げられている。また、第1期において「安心・安全な教育環境の実現」として、小中学校等施設の耐震化について、特に重点的に取り組むべき事項として掲げられていた。さらに第2期振興基本計画においては、東日本大震災（2011年3月11日）の経験を踏まえて、「人びとや地域間、各国間に存在するつながり、人と自然との共生の重要性」など、震災の教訓についても言及されている。特に、上記した教育行政の基本的方向性の④「絆づくりと活力あるコミュニティの形成」は、東日本大震災により、地域社会や家族の変容が一層顕在化・加速化したことが大きな要因になっている。

## 2　第3期教育振興基本計画が示す日本の状況と諸課題

　第3期教育振興基本計画（2018～2022年度）では、図10-1に示す通り、日本の社会状況の変化として、人口減少・高齢化、技術革新、グローバル化、子どもの貧困、地域間格差等が指摘されている。特に人口減少・高齢化に関しては、経済協力開発機構（OECD）の予測では、2030年にかけて生産年齢人口の割合に関して、OECD加盟国中日本が最下位になるとされている。

　また、教育をめぐる状況変化としては、子どもや若者の学習・生活面の課題、地域や家庭の状況変化、教師の負担、高等教育の質保証等の課題が指摘されている。第1期・第2期において指摘されていた子どもの学習意欲や地域・家庭の状況変化については、第3期教育振興基本計画においても引き続き課題として指摘されている。また、第3期教育振興基本計画において新たに指摘されている教師の負担については、「国際教員指標環境調査」（OECD）や「公立小学校・中学校教員勤務実態調査研究」の結果から、日

本が伝統的に保持してきた献身的教師像を前提とした学校の組織体制では、質の高い学校教育を維持発展させることは困難であることが指摘されている。加えて、中央教育審議会（以下、中教審）答申「新しい時代の教育に向けた持続可能な学校指導・運営体制の構築のための学校における働き方改革に関する総合的な方策について（以下、「学校における働き方改革」）」（2019年）においても、教員の働き方については改善すべき課題として強く認識されている。学校における働き方については、後述する中教審答申「令和の日本型学校教育」においても最優先の改革事項として認識されている。

図10-1　第3期教育振興基本計画（概要）

（出典）文部科学省「第3期教育振興基本計画(概要)」2018年、1頁

# 第2節　令和時代の学校教育の新たな動きと諸課題

## 1「『令和の日本型学校教育』の構築を目指して」が示す姿と方策

### （1）現代社会の特徴と「令和の日本型学校教育」の姿

　2021年に中教審は「令和の日本型学校教育」を答申した。同答申におい
て、現代社会を「社会の在り方が劇的に変わる『Society5.0時代』の到来」
と「新型コロナウイルスの感染拡大など先行き不透明な『予測困難な時代』」
と表現し、2020年代を通じて実現すべき「令和の日本型学校教育」の姿を
以下の通り、示している。

　　　「一人一人の児童生徒が、自分のよさや可能性を認識するとともに、あ
　　　らゆる他者を価値のある存在として尊重し、多様な人々と協働しながら
　　　様々な社会的変化を乗り越え、豊かな人生を切り拓き、持続可能な社会
　　　の創り手となることができるよう、その資質・能力を育成することが求
　　　められている。（中教審、2021年、15頁）」

　上記の「令和の日本型学校教育」の姿を実現するために、第1に、日本の
学校が学習指導に加えて生徒指導面でも主要な役割を担い、児童生徒の状況
を総合的に把握して教師が指導を行うことで達成してきた、子どもたちに対
する知・徳・体の一体的な学校教育の良さは継承する。第2に、学校におけ
る働き方改革とGIGAスクール構想を推進することを通して、現行の学習指
導要領の着実な実施が求められていることを本答申では示している。

### （2）「令和の日本型学校教育」を実現するための3つの方策

「令和の日本型学校教育」を実現する3つの方策の第1は、学校における働
き方改革である。中教審答申「学校における働き方改革」によれば、学校に
おける働き方改革の目的は、以下の通りである。

　　「教師が疲労や心理的負担を過度に蓄積して心身の健康を損なうことが

ないようにすることを通して、自らの教職としての専門性を高め、より分かりやすい授業を展開するなど教育活動を充実することにより、より短い勤務でこれまで我が国の義務教育があげてきた高い成果を維持・向上すること（中教審、2019年、7頁）。」

　そのためにすでに着手した法的整備の1つとして、公立の義務教育諸学校等の教職員の給与等に関する特別措置法の一部を改正する法律が2019年12月に成立・公布された。このことにより、上記中教審答申と同日に示されていた「公立学校の教師の勤務時間の上限に関するガイドライン」が指針へと格上げになり、労働基準法第32条の4（1年単位の変形労働時間制）が公立学校の教職員にも適用可能となった。<sup>(1)</sup>

　第2に、GIGAスクール構想である。2019年度補正予算において、児童生徒向けの1人1台端末等の経費が盛り込まれ、2020年度中に義務教育段階のすべての児童生徒への端末1台の環境整備が進められた。ICTの積極的活用を通して、感染症等による学校の臨時休校等の緊急時においても学びを継続させることに留まらず、日常の学びをも大きく変容させる可能性をGIGAスクール構想は有している。

　第3に、2017・2018年に改訂された学習指導要領等である。学習指導要領等は上記した「予測困難な時代」背景を踏まえた上で、子どもたちに身に付けさせる資質・能力の3つの柱として、「知識及び技能」、「思考力、判断力、表現力等」、「学びに向かう力、人間性等」を設定した。そして、社会との連携及び協働による「社会に開かれた教育課程」を重視し、教科等横断的な視点で学びを構成し、実施状況を評価・改善、さらに学校内外の人的・物的資源の確保を通して、カリキュラム・マネジメントを図ることを目指している。

## 2 「令和の日本型学校教育」と教育振興基本計画が共通して示す諸課題

　中教審答申「令和の日本型学校教育」において、日本の学校教育における諸課題として以下の6点が指摘されている。

①子供たちの多様化（特別支援教育を受ける児童生徒や外国人児童生徒の増加、貧困、いじめの重大事態や不登校児童生徒数の増加等）
②生徒の学習意欲の低下
③教師の長時間勤務による疲弊
④情報化の加速度的な進展に関する対応の遅れ
⑤少子高齢化、人口減少の影響
⑥新型コロナウイルス感染症の感染拡大により浮き彫りとなった課題

　上記の6つの課題と第1節で言及した第1～3期教育振興基本計画によって指摘されている課題を概観すると、以下のことが言える。

　第1に、いじめや不登校、子どもたちの学力の課題は、共通して指摘されており、かつ、これらの課題は、新たな課題というよりは、古くから存在している課題である。いじめと不登校については、現状と推移、そして教育現場での対処策等について後述する（子どもたちの学力は第11章で詳説）。

　第2に、以前から存在してはいたが、近年クローズアップされている特別支援学校・学級に在籍する子どもたちや日本語教育支援を必要とする子どもたちへの対応である（特別支援教育については、第3章で詳説）。また、教員の働き方改革や安全教育も同様である（安全教育は第3節で後述）。

　第3に、情報化の加速度的な進展に対する対応の遅れや新型コロナウイルス感染症の感染拡大により浮き彫りとなった、近年新たな課題として対応が迫られている問題である。特に、新型コロナウイルス感染症に対する学校の対応については、変異株の登場など、予断を許さない状況が2021年時点においても続いており、これまで以上に学校現場での柔軟な対応が求められることは言うまでもない。同様に、GIGAスクール構想も学校現場ではこれまで以上の柔軟な対応が求められている。

## 3　今日の学校教育が直面している諸課題の現状

### （1）従来から指摘されてきた未解決の課題としての、いじめ

　いじめに関する文部省による調査は、1985年から開始されている。1986

年にいじめが初めて定義されたが、現在に至るまで複数回定義が変更されている。2011年に滋賀県大津市で起こったいじめ自殺事件をきっかけに「いじめ防止対策推進法」が2013年に制定され、同法第2条において、いじめの定義がなされ現在に至っている。

いじめ防止対策推進法
第2条 「いじめ」とは、児童等に対して、当該児童等が在籍する学校に在籍している等当該児童等と一定の人的関係にある他の児童等が行う心理的又は物理的な影響を与える行為（インターネットを通じて行われるものを含む。）であって、当該行為の対象となった児童等が心身の苦痛を感じているものをいう。

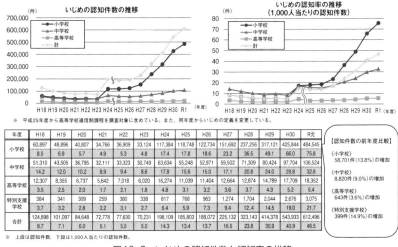

※ 平成25年度から高等学校通信制課程を調査対象に含めている。また，同年度からいじめの定義を変更している。

| 年度 | H18 | H19 | H20 | H21 | H22 | H23 | H24 | H25 | H26 | H27 | H28 | H29 | H30 | R1 |
|---|---|---|---|---|---|---|---|---|---|---|---|---|---|---|
| 小学校 | 60,897 | 48,896 | 40,807 | 34,766 | 36,909 | 33,124 | 117,384 | 118,748 | 122,734 | 151,692 | 237,256 | 317,121 | 425,844 | 484,545 |
| | 8.5 | 6.9 | 5.7 | 4.9 | 5.3 | 4.8 | 17.4 | 17.8 | 18.6 | 23.2 | 36.5 | 49.1 | 66.0 | 75.8 |
| 中学校 | 51,310 | 43,505 | 36,795 | 32,111 | 33,323 | 30,749 | 63,634 | 55,248 | 52,971 | 59,502 | 71,309 | 80,424 | 97,704 | 106,524 |
| | 14.2 | 12.0 | 10.2 | 8.9 | 9.4 | 8.6 | 17.8 | 15.6 | 15.0 | 17.1 | 20.8 | 24.0 | 29.8 | 32.8 |
| 高等学校 | 12,307 | 8,355 | 6,737 | 5,642 | 7,018 | 6,020 | 16,274 | 11,039 | 11,404 | 12,664 | 12,874 | 14,789 | 17,709 | 18,352 |
| | 3.5 | 2.5 | 2.0 | 1.7 | 2.1 | 1.8 | 4.8 | 3.1 | 3.2 | 3.6 | 3.7 | 4.3 | 5.2 | 5.4 |
| 特別支援学校 | 384 | 341 | 309 | 259 | 380 | 338 | 817 | 768 | 963 | 1,274 | 1,704 | 2,044 | 2,676 | 3,075 |
| | 3.7 | 3.2 | 2.8 | 2.2 | 3.1 | 2.7 | 6.4 | 5.9 | 7.3 | 9.4 | 12.4 | 14.5 | 19.0 | 21.7 |
| 合計 | 124,898 | 101,097 | 84,648 | 72,778 | 77,630 | 70,231 | 198,109 | 185,803 | 188,072 | 225,132 | 323,143 | 414,378 | 543,933 | 612,496 |
| | 8.7 | 7.1 | 6.0 | 5.1 | 5.5 | 5.0 | 14.3 | 13.4 | 13.7 | 16.5 | 23.8 | 30.9 | 40.9 | 46.5 |

【認知件数の前年度比較】
《小学校》
　58,701件(13.8%)の増加
《中学校》
　8,820件(9.0%)の増加
《高等学校》
　643件(3.6%)の増加
《特別支援学校》
　399件(14.9%)の増加

※ 上段は認知件数，下段は1,000人当たりの認知件数。

図10-2　いじめの認知件数と認知率の推移
（出典）文部科学省「令和元年度　児童生徒の問題行動・不登校等生徒指導上の諸課題に関する調査結果の概要」2020年、3頁

　文部科学省「令和元年度　児童生徒の問題行動・不登校等生徒指導上の諸課題に関する調査結果の概要」によれば、小・中・高等学校及び特別支援学校におけるいじめの認知件数は61万2,496件（前年度54万3,933件）である。また、児童生徒1,000人当たりの認知件数は46.5件（前年度40.9件）で、共に過去最大の値を示している。学校種別的に見ると、小学校の認知件数が急増

している。いじめの防止等の対策は、「未然防止」が前提であるが、いじめの初期段階のものも含めて積極的に認知し、いじめの解消に努める「早期発見」と「迅速対応」も同様に重要である。

　なお、上記調査の結果に基づけば、認知されたいじめのうち、83.2％は年度末時点で解消されている。このことを考慮すれば、いじめの認知件数が増加している事実だけをとらえて、件数を減らすことだけに専念するのは必ずしも適切ではない。そうではなく、学校全体で組織的にいじめの防止及び早期発見に取り組むことが学校、及び教職員の責務として課されている（いじめ防止対策推進法第8条）ことを認識しなければならない。

### （2）従来から指摘されてきた未解決の課題としての、不登校

　文部科学省は不登校を連続又は断続して年間30日以上欠席し、「何らかの心理的、情緒的、身体的あるいは社会的要因・背景により、児童生徒が登校しないあるいはしたくともできない状況である（ただし、病気や経済的な理由によるものを除く）」ものとして定義している。

　文部科学省「令和元年度 児童生徒の問題行動・不登校等生徒指導上の諸課題に関する調査結果の概要」によれば、2019年度の小・中学校の不登校児童生徒数は、18万1,272人（前年度16万4,528人）で（図10-3）、在籍児童生徒数に占める不登校児童生徒の割合は、1.9％（前年度1.7％）である。不登校児童生徒数が7年連続で増加し、約56％の不登校児童生徒が90日以上欠席している状況である。一方で、児童生徒の休養の必要性を示した、「義務教育の段階における普通教育に相当する教育の機会の確保等に関する法律」（2016年）の趣旨が浸透しつつあるとも考えられる。

　小・中学校における不登校の要因としては、「無気力・不安」が39.9％（小学校が41.1％、中学校が39.5％）、「いじめを除く友人関係をめぐる問題」が15.1％（小学校が10.2％、中学校が17.2％）、「親子の関わり方」が10.2％（小学校が16.7％、中学校が7.5％）である。不登校児童生徒への支援の在り方として、「学校に登校する」ことのみを目標にするのではなく、本人の希望があれば、教育支援センターや不登校特例校、フリースクール等の関係機関の活用を検討し、学習の遅れを生じさせない配慮も必要である。

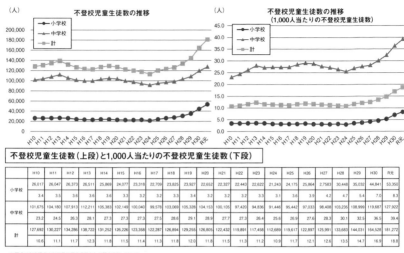

不登校児童生徒数の推移

（1,000人当たりの不登校児童生徒数）

**不登校児童生徒数（上段）と1,000人当たりの不登校児童生徒数（下段）**

| | H10 | H11 | H12 | H13 | H14 | H15 | H16 | H17 | H18 | H19 | H20 | H21 | H22 | H23 | H24 | H25 | H26 | H27 | H28 | H29 | H30 | R元 |
|---|---|---|---|---|---|---|---|---|---|---|---|---|---|---|---|---|---|---|---|---|---|---|
| 小学校 | 26,017 | 26,047 | 26,373 | 26,511 | 25,869 | 24,077 | 23,318 | 22,709 | 23,825 | 23,927 | 22,652 | 22,327 | 22,443 | 22,622 | 21,243 | 24,175 | 25,864 | 2,7583 | 30,448 | 35,032 | 44,841 | 53,350 |
| | 3.4 | 3.5 | 3.6 | 3.6 | 3.5 | 3.3 | 3.3 | 3.4 | 3.2 | 3.2 | 3.2 | 3.2 | 3.3 | 3.1 | 3.2 | 3.6 | 3.9 | 4.2 | 4.7 | 5.4 | 7.0 | 8.3 |
| 中学校 | 101,675 | 104,180 | 107,913 | 112,211 | 105,383 | 102,149 | 100,040 | 99,578 | 103,069 | 105,328 | 104,153 | 100,105 | 97,420 | 94,836 | 91,446 | 95,442 | 97,033 | 98,408 | 103,235 | 108,999 | 119,687 | 127,922 |
| | 23.2 | 24.5 | 26.3 | 28.1 | 27.3 | 27.3 | 27.3 | 27.5 | 28.6 | 29.1 | 28.9 | 27.7 | 27.3 | 26.4 | 25.6 | 26.9 | 27.6 | 28.3 | 30.1 | 32.5 | 36.5 | 39.4 |
| 計 | 127,692 | 130,227 | 134,286 | 138,722 | 131,252 | 126,226 | 123,358 | 122,287 | 126,894 | 129,255 | 126,805 | 122,432 | 119,891 | 117,458 | 112,689 | 119,617 | 122,897 | 125,991 | 133,683 | 144,031 | 164,528 | 181,272 |
| | 10.6 | 11.1 | 11.7 | 12.3 | 11.8 | 11.5 | 11.4 | 11.3 | 11.8 | 12.0 | 11.8 | 11.5 | 11.3 | 11.2 | 10.9 | 11.7 | 12.1 | 12.6 | 13.5 | 14.7 | 16.9 | 18.8 |

※平成10年度調査より不登校児童生徒として調査を行っている。

**図10-3　小・中学校における不登校の状況について**

（出典）文部科学省「令和元年度　児童生徒の問題行動・不登校等生徒指導上の諸課題に関する調査結果の概要」2020年、14頁

　また、不登校児童生徒に対する学校の基本姿勢も非常に重要である。第1に、校長のリーダーシップの下、スクールカウンセラーやスクールソーシャルワーカー等の様々な専門スタッフと連携協力し、組織的な支援体制を整えることが必要である。第2に、校務分掌上、中心的かつコーディネーター的な役割を果たす教員を明確に位置づけて、担任教員に委ねるだけではなく、組織的な支援を不登校児童生徒に対して行うことが必要である。

## （3）外国人児童生徒等への教育

　外国人児童生徒等への教育は、以前から存在していたが、近年クローズアップされてきた課題である。外国人児童生徒等の教育の充実に関する有識者会議による報告書「外国人児童生徒等の教育の充実について」（2020年）によれば、在留外国人数212万5,571人（2009年）から、10年間で282万9,416人（2019年）に増加している。また日本語指導が必要な児童生徒数は、外国籍の児童生徒の場合は10年間で2万8,575人（2008年）から4万755

人（2018年）、日本国籍の児童生徒数は、4,895人（2008年）から1万371人（2018年）に急増している。2018年12月に出入国管理及び難民認定法が改正され、2019年4月から新たな在留資格「特定技能」が創設されたことで、今後さらに在留外国人の増加が見込まれる。また、実態として文部科学省「外国人の子供の就学状況調査」（2019年）によれば、就学していない可能性がある、または就学状況が確認できていない学齢相当の子どもが1万9,471人確認されている。さらに、外国人の子どもが1人以上居住する地方公共団体1,199のうち、特別の指導体制を整備していない市町村教育委員会は、395（32.9%）にも上る。外国人児童生徒等に対する公立学校教育の提供は、地方公共団体が行うことから取り組みに相当の差が生じている実態がある。

　中教審答申「令和の日本型学校教育」においては、上記のような状況を踏まえて、①「指導体制の確保・充実」、②「教師等の指導力の向上、支援環境の改善」、③「就学状況の把握、就学促進」、④「中学生・高校生の進学・キャリア支援の充実」、⑤「異文化理解、母語・母文化支援、幼児に対する支援」についてそれぞれ検討事項を提示している。特に、⑤の異文化理解、母語・母文化支援について留意が必要である。それは「令和の日本型学校教育」においても「外国人児童生徒等の教育の充実について」においても共通して述べられていることであるが、「外国人児童生徒等のアイデンティティの確立や日本語の習得のためには、母語や母文化の習得が重要（外国人児童生徒等の教育の充実に関する有識者会議、2020年、22頁）」という指摘である。また、外国人の子どもたちが、日本において彼らにとって必要な教育を受けることは国際人権規約に基づく権利であることはもちろん、日本の子どもたちがともに学ぶことにより、児童生徒の多様性は社会を豊かにすることを理解できるチャンスでもあり、そのことを社会全体で認識する必要がある。

## （4）学校安全

　東日本大震災（2011年3月11日）後の2013年に第2期教育振興基本計画が策定されたこともあり、上記教育振興基本計画には「震災の教訓」が盛り込まれていた。また、すでに第1期教育振興基本計画においても、基本的方向4「子どもたちの安全・安心を確保するとともに、質の高い教育環境を整

備する」として、「学校等の教育施設の耐震化等の安全・安心な施設環境の構築」は盛り込まれていた。つまり、安全な教育設備の充実に関する施策は、東日本大震災以前から、課題としては認識されていたことがわかる。

　ところで、学校健康教育は、学校安全、学校保健、学校給食の3つから構成されている。その学校安全の領域は、「生活安全」、「交通安全」、「災害安全（防災）」の3つから成る。さらに「学校安全」の活動は、図10-4の通り、「安全教育」と「安全管理」がある。「安全教育」活動は、以下の通りの構成になっている。

　　「児童生徒等が自らの行動や外部環境に存在する様々な危険を制御して、自ら安全に行動したり、他の人や社会の安全のために貢献したりできるようにすることを目指す安全教育と、児童生徒等を取り巻く環境を安全に整えることを目指す安全管理、そして両者の活動を円滑に進めるための組織活動（文部科学省、2019年、11頁）」

　そして安全管理は、児童生徒等の心身状態の管理及び様々な生活や行動の管理からなる「対人管理」と学校の環境の管理である「対物管理」の2つから構成されている。

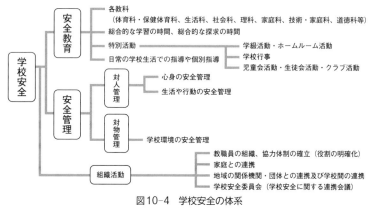

図10-4　学校安全の体系
（出典）文部科学省「『生きる力』をはぐくむ学校での安全教育」2019年、12頁

　学校における安全管理・組織活動の根拠法令は、学校保健安全法である。第27条は学校による学校安全計画の策定、第28条は学校環境の安全の確保、第29条は危険等発生時対処要領の作成、第30条は地域の関係機関との連携が、規定されている。

---

学校保健安全法
（学校安全計画の策定等）
第二十七条　学校においては、児童生徒等の安全の確保を図るため、当該学校の施設及び設備の安全点検、児童生徒等に対する通学を含めた学校生活その他の日常生活における安全に関する指導、職員の研修その他学校における安全に関する事項について計画を策定し、これを実施しなければならない。
（学校環境の安全の確保）
第二十八条　校長は、当該学校の施設又は設備について、児童生徒等の安全の確保を図る上で支障となる事項があると認めた場合には、遅滞なく、その改善を図るために必要な措置を講じ、又は当該措置を講ずることができないときは、当該学校の設置者に対し、その旨を申し出るものとする。
（危険等発生時対処要領の作成等）
第二十九条　学校においては、児童生徒等の安全の確保を図るため、当該学校の実情に応じて、危険等発生時において当該学校の職員がとるべき措置の具体的内容及び手順を定めた対処要領（次項において「危険等発生時対処要領」という。）を作成するものとする。
2　校長は、危険等発生時対処要領の職員に対する周知、訓練の実施その他の危険等発生時において職員が適切に対処するために必要な措置を講ずるものとする。
3　学校においては、事故等により児童生徒等に危害が生じた場合において、当該児童生徒等及び当該事故等により心理的外傷その他の心身の健康に対する影響を受けた児童生徒等その他の関係者の心身の健康を回復させるため、これらの者に対して必要な支援を行うものとする。この場合においては、第十条の規定を準用する。
（地域の関係機関等との連携）
第三十条　学校においては、児童生徒等の安全の確保を図るため、児童生徒等の保護者との連携を図るとともに、当該学校が所在する地域の実情に応じて、当該地域を管轄する警察署その他の関係機関、地域の安全を確保するための活動を行う団体その他の関係団体、当該地域の住民その他の関係者との連携を図るよう努めるものとする。

---

　学校安全計画を立てる際の重要なポイントは、以下の3点である。

　　「①学校安全計画は、安全教育の各種計画に盛り込まれる内容と安全管理の内容とを関連させ、統合し、全体的な立場から年間を見通した安全

に関する諸活動の総合的な基本計画である。

　②学校安全計画を策定するには、すべての教職員、保護者や関係機関・関係団体等の参画や周知が重要である。

　③策定後も、全国各地において発生する様々な事故等・自校を取り巻く安全上の課題やその対策を検証し、学校安全計画を毎年見直しPDCAサイクルを回すことが必要である（文部科学省、2019年、19頁）。」

　また、各学校は危機管理マニュアル（＝危険等発生時対処要領）を作成することが義務付けられている。危機管理マニュアルは、上記した学校安全計画を踏まえ、危機管理を具体的に実行するための必要な事項や手順を示したものである。

　学校における危機管理の目的は、言うまでもなく、児童生徒等や教職員等の生命や心身等の安全を確保することである。学校における危機管理は、以下の3つの段階がある。

①安全な環境を整備し、事故等の発生を未然に防ぐとともに、事故等の発生に対して備えるための事前の危機管理。
②事故等の発生時に適切かつ迅速に対処し、被害を最小限に抑えるための発生時の危機管理。
③危機が一旦収まった後、心のケアや授業再開など通常の生活の再開を図るとともに、再発の防止を図る事後の危機管理。

　以上のような学校安全計画や危機管理マニュアルを入念に準備し、それらを毎年見直したとしても、想定外の災害に遭わないとは限らない。それは、2020年以降の新型コロナウイルス感染症の被害拡大を目の当たりにしている今日なら、現実味を共有することができる。想定外を想定しながら、事前の危機管理、災害発生時の危機管理、事後の危機管理の対応が強く求められている。

## 第3節　効果的な学級経営

### 1　授業と学級経営

　上記した諸課題のうち、特にいじめと不登校は、学校の諸課題であると同時に、学級担任としても対応すべき課題でもある。以下では、中学校の学級担任を想定して、それらの課題にどのように対応することができるのかも含めて、効果的な学級経営について言及する。

　中学校は教科担任制であることから、いわゆる相当免許状主義に基づき、担当教科の授業を行う。担当授業数は、教科や学校規模によって異なるが、概ね週に20コマ程度である。

　2017年に改訂された中学校学習指導要領における重要なキーワードの1つは、「主体的・対話的で深い学び」である。一方で2021年時点において新型コロナウイルス感染症対策が必須であり、対話やグループワーク等が制限されている現状がある。生徒の学びを止めないためにも既述したGIGAスクール構想によるICT教育の充実が一層求められている。そのために各教員はICT教育を行うための知識・技術を身に付けなければならない。

　また教科の授業に加えて、学級担任の場合は、総合的な学習の時間、特別の教科としての道徳（以下、道徳）、特別活動も担当する。従来から指摘されてきたが、未解決の問題として言及したいじめ防止・対策に関して、学校全体として組織的に取り組む重要性については第2節で述べた。日常的な教育活動でいえば、たとえば、道徳の授業において、生徒が「道徳的価値についての自覚を深める」ことが最も重要である。[2]道徳の学習指導要領の内容でいえば、以下の内容をどのような教材を用い、いかなる発問を設定して、道徳的価値についての自覚を深めさせるかが教員には求められている。

---

B　主として人との関わりに関すること
［友情、信頼］
　友情の尊さを理解して心から信頼できる友達をもち、互いに励まし合い、高め合うとともに、異性についての理解を深め、悩みや葛藤も経験しながら人間関係を深めていくこと。

---

189

## 2　授業外の活動と学級経営

　言うまでもなく年度当初の中学生の戸惑いは特に大きい。その要因は、新しい級友や学級担任との出会いなどの新しい環境である。学級担任としては、効果的な学級開きで中学生の戸惑いや緊張感を軽減させることが必要である。授業としての特別活動を活用することはもちろん、授業外のショート・ホームルームなどの時間を効果的に使い、生徒同士や対教員との信頼関係を構築することが最も重要である。そのために、効果的なアイス・ブレイクなどのファシリテーションやプロジェクト・アドベンチャーの知識や技術を身に付けておくことも必要である<sup>(3)</sup>。

　諸課題として言及したいじめや不登校への対応についても担任教員による学級づくりが大きな役割を果たす。子どもたち一人ひとりの様子を観察できるのは、実質的には担任教員である。友達関係に変化が生じていたり、様子がいつもと少しでも違うと感じたりしたときは、要注意である。ただ、直接話しかけるのは必ずしも得策でないこともある。そういった事態に陥らないような、学級づくりに普段から力を入れる必要がある。

　中学生という多感な時期においては、生徒が精神的に不安定になることも多い。第2節3（2）において既述したように、不登校の最も大きな要因は「無気力・不安」であったが、過度の不安を生徒が感じることのないように、教室の秩序を保つ生徒指導も必要である。ショート・ホームルームを積極的に活用し、学級の生徒たちが気持ちよく学校生活を送ることのできるように校則や学級で決めたルールの徹底等を確認したり、必要があると判断した場合は、個別に生徒を指導することも必要である。

　また、ほとんどの生徒は、高等学校等に進学することから進路指導も教員としては重要な仕事である。学校全体で行うキャリア教育の充実（職場体験等）や校務分掌上の進路指導担当による指導はもちろん、学級担任として、普段から一人ひとりの生徒とコミュニケーションをとり、各人の特性や将来の希望する職業などを把握し、進路などについて生徒との対話を丁寧に行うことも必要である。また、各学期末の保護者を交えた三者懇談会の機会をとらえて、家庭での様子や親子関係などを把握することも必要である。

　加えて、中学校に限ったことではないが、適切な保護者対応も担任教員には求められている。三者懇談会以外では担任教員が保護者と直接コミュニケーションをとることはほぼない。保護者の立場からすれば、学級に関して入ってくる情報としては、我が子を通しての情報もあるが、中学生という時期を考えると学級に関する必要な情報提供が我が子から適切になされている家庭は多くないと推察される。したがって、学級通信は担任教員から保護者への数少ない情報発信の手段であり、保護者との信頼関係を構築する1つの方法と認識し、保護者が求めているだろう情報と学級担任として伝えたい情報のバランスに十分配慮した積極的な情報提供を学級担任には期待したい。

〈注〉
（1）「公立の義務教育諸学校等の教育職員の給与等に関する特別措置法の一部を改正する法律について」https://www.mext.go.jp/content/20200124-mxt_soseisk01-000004464_1.pdf　4頁（2021年8月10日確認）
（2）後藤忠「『君ならどうする？』という発問はなぜいけないのか」2017年、2頁（http://gototatdashi.sunnyday.jp/NHK.pdf:2021年11月7日）
（3）ファシリテーションやプロジェクト・アドベンチャーに関する書籍は、近年特に多く出版されている。一例を以下に示す。青木将幸『深い学びを促進する　ファシリテーションを学校に！』ほんの森出版、2018年。プロジェクトアドベンチャージャパン『クラスのちからを生かす』みくに出版、2013年。

〈参考・引用文献〉
・外国人児童生徒等の教育の充実に関する有識者会議「外国人児童生徒等の教育の充実について（報告）」2020年　https://www.mext.go.jp/content/20200528-mxt_kyousei01-000006118-01.pdf（2021年8月10日確認）
・中央教育審議会答申「新しい時代の教育に向けた持続可能な学校指導・運営体制の構築のための学校における働き方改革に関する総合的な方策について」2019年　https://www.mext.go.jp/component/b_menu/shingi/toushin/__icsFiles/afieldfile/2019/03/08/1412993_1_1.pdf（2022年2月5日確認）
・中央教育審議会答申「『令和の日本型学校教育』の構築を目指して」2021年　https://www.mext.go.jp/content/20210126-mxt_syoto02-000012321_2-4.pdf（2021年8月10日確認）
・文部科学省「『生きる力』をはぐくむ学校での安全教育」2019年　https://www.mext.go.jp/component/a_menu/education/detail/__icsFiles/afieldfile/2019/04/03/1289314_02.pdf（2021年8月10日確認）
・文部科学省初等中等教育局児童生徒課「令和元年度 児童生徒の問題行動・不登校等生徒指導上の諸課題に関する調査結果の概要」2020年　https://www.mext.go.jp/content/20201015-mext_jidou02-100002753_01.pdf（2021年8月10日確認）

**学習課題**

（1）第1期から第3期の教育振興基本計画で指摘していた諸課題をまとめ
てみよう。

（2）現代社会の特徴と「令和の日本型学校教育」を実現するための方策を
まとめてみよう。

（3）学級担任としての仕事についてまとめてみよう。

# 第11章　海外の学校制度と教育の国際化

　グローバル化、情報化、そして知識基盤社会の進展といった
世界的な情勢は各国の教育に大きな影響を及ぼしている。本
章では、まず、欧米主要各国を対象として、教育行政制度と
主要な学校制度について概観する。次に、国際学力調査とし
てPISA（OECD生徒の学習到達度調査）やTIMSS（IEA国際
数学・理科教育動向調査）を取り上げ、これらが我が国の教
育政策の形成にどう関わってきたのかを解説する。そして、
国境を越えて移動する学生等の動向を明らかにした上で、国
際的な教育プログラムである国際バカロレアの概要について
説明する。

# 第1節　諸外国の学校制度

## 1　アメリカ

　アメリカでは、教育に関する主要な権限は50州に委ねられており、州教育委員会が教育を所掌している。また、多くの州教育委員会は、教育に関する各種権限を地方の学区教育委員会に移譲している。そのため、州、さらには学区によって学校制度が異なる場合があるなど、多様で地方分権的な教育行政が展開されている。

　アメリカの学校系統は図11-1のようになっている。

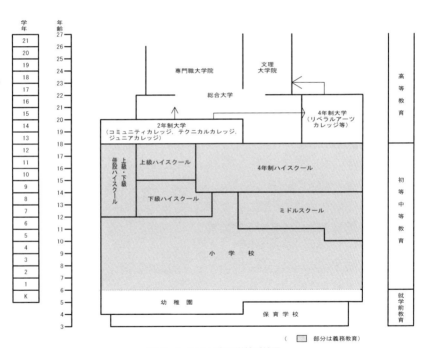

**図11-1　アメリカの学校系統図**

（出典）文部科学省「「諸外国の教育統計」令和3（2021）年版」2021年

　まず、就学前教育は幼稚園や保育学校で行われており、3〜5歳児が対象となっている。小学校には入学前1年間の教育を提供するためのクラスが設置されている場合もある。次に、義務教育の年限は9年や10年など、州によって異なるが、10年とする州が多い。また、就学義務開始年齢については6歳としている州がもっとも多い。初等中等教育は合計12年であり、学校段階区分については6-3-3制、6-6制、8-4制、5-3-4制が主流となっている。ハイスクールへの入学試験は行われない。ハイスクールの修了をもって初等中等教育段階は修了となる。多くの州では、ハイスクールの修了要件として、指定された教科目について一定数以上の単位を取得することを求めている。近年、この要件に加えて、州の指定する学力テストの受験・合格を修了要件とする州が増えている。高等教育は総合大学、リベラルアーツ・カレッジ（4年制大学）、コミュニティカレッジ（2年制大学）などにおいて行われる。これら高等教育機関への基礎的な入学資格はハイスクールの修了である。入学者の選抜方式は大学の種類や性格によって異なり、無選抜（2年制大学）、一定水準以上の全員入学（多くの州立大学）、選抜制（ハーバード大学などの有名私立大学）に大別される。

## 2　イギリス

　イギリスはイングランド、ウェールズ、スコットランドおよび北アイルランドの4地域からなる連合王国であり、各地域に教育を所管する行政機関が置かれている。このうち、イギリス全人口の8割以上を占めるイングランドでは、中央レベルに教育省（DFE）、地方レベルに地方当局（LA）が設置されている。教育省は地方当局と学校に対して統制・指揮権を有しており、教育水準局（OFSTED）等の監査結果に基づいて、直接学校に介入することもある。一方、地方当局は初等中等学校を設置・管理している。また各初等中等学校には学校理事会が置かれている。近年、自主的・自律的な学校運営が推進されていることから、地方当局は学校理事会に多くの権限を移譲するなど、その役割を強化している。

　イングランドの学校系統は図11-2のようになっている。

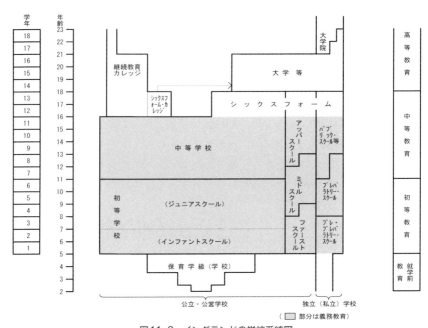

**図11-2 イングランドの学校系統図**
（出典）文部科学省「「諸外国の教育統計」令和3（2021）年版」2021年

　まず、就学前教育は保育学級（学校）等で行われている。就学年限が定められているわけではないものの、0〜5歳児のうち、3〜4歳児が主な対象となっている。次に、義務教育の年限は5〜16歳の11年であり、16歳で実施される中等教育修了証書試験（GCSE）という学外試験に合格することで、義務教育は修了となる。ただ、16〜18歳の2年間、教育や見習い訓練に取り組むこと、または、それらを受けながら週20時間以上の就労かボランティアに従事することが義務づけられているため、実質的な義務教育の年限は18歳までとなっている。初等中等教育は5〜18歳の合計13年であり、学校段階区分については初等学校の6年、中等学校の5年、シックスフォームまたはシックスフォーム・カレッジの2年や継続教育カレッジの一部となっている。地域によっては、ファーストスクール、ミドルスクール、アッパースクールの3段階に分けているところもある。また、公費補助を受けない私立学校の系統として、プレパラトリー・スクールやパブリック・スクール等が

ある。そして高等教育は大学や継続教育カレッジ等において行われる。大学では通常3年間の第一学位（学士）の後に、1～2年の修士課程、3年以上の博士課程が置かれている。大学入学についての統一的な規定はないが、各大学の定めた入学要件に従って入学者の決定が行われている。多くの大学で求められている入学要件が大学入学資格（GCE）試験である。大学入学資格試験とは、シックスフォームまたはシックスフォーム・カレッジにおいて実施される学外試験のことであり、Aレベル（上級）の合格が必要とされている。この他、大学によっては面接を課しているところもある。

## 3　フランス

　フランスの教育行政は伝統的に中央集権的であり、国民教育・青少年省が教育課程の基準の設定、学位・資格の交付条件の設定、教員の任用など、広範な領域にわたる権限を有している。地方自治体には地方圏、県、市町村という3つのレベルがあるが、それぞれのレベルに国の出先機関として大学区総長、大学区視学官、国民教育視学官が配置されている。

　フランスの学校系統は図11-3のようになっている。

　就学前教育は、幼稚園または小学校付設の幼児学級において、2～5歳児を対象として行われる。義務教育の年限は3～16歳の13年である。義務教育の開始年齢は2019年度以降、6歳から3歳に引き下げられている。なお、留年が制度化されているため、義務教育修了時点の教育段階は一定ではない。2020年度から、16～18歳の生徒は教育や見習い訓練等に従事することが義務づけられているため、実質的な義務教育の年限は18歳までとなっている。初等教育は小学校で5年間行われるが、フランスでは幼稚園も初等教育の一環に位置づけられている。中等教育のうち、前期中等教育は11～14歳の生徒を対象としてコレージュで4年間行われ、この間の観察・進路指導の結果に基づいて後期中等教育の諸学校に振り分けられる。後期中等教育は3年制のリセと2～3年制の職業リセで実施される。リセでは、第3学年修了時に中等教育修了資格と高等教育入学資格を兼ねる国家資格、バカロレアの取得試験を受験することになっている。高等教育は大学、グランゼコール、中級

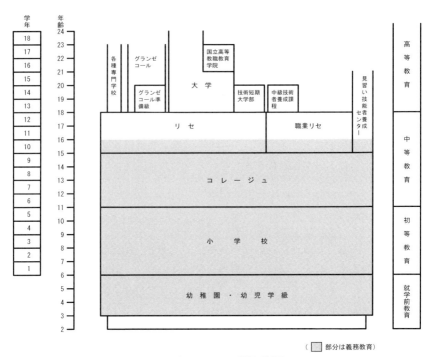

図11-3　フランスの学校系統図

（出典）文部科学省「「諸外国の教育統計」令和3（2021）年版」2021年

技術者養成課程等で行われる。大学では、原則としてバカロレア取得者を無選抜で受け入れている。グランゼコールへの入学については、バカロレアの取得後、通常はグランゼコール準備級を経て各学校の選抜試験に合格する必要がある。

## 4　ドイツ

　連邦国家ドイツにおいて、教育に関する権限は州に委ねられており、各州に教育を所管する行政機関がそれぞれ設置されている。これを受けて、各州の行政機関は学校教育の目標設定や教育課程の基準策定、公立学校教員の採用、各地方・学校の監督等を行っている。なお、各州の教育行政の調整を図

り、共通性を確保する機関として各州文部大臣会議が設置されているが、同会議の決議や勧告に法的拘束力はない。

　ドイツの学校系統は図11-4のようになっている。

　まず、就学前教育は3～5歳児を対象として、幼稚園で行われる。次に、義務教育の年限は6～15歳の9年（一部の州は10年）である。なお、義務教育修了後に就職し、見習いとして職業訓練を受ける者は職業学校に通常3年間、週に1～2日通うことが義務づけられている。初等教育は、基礎学校において4年間（一部の州は6年間）行われる。中等教育は、生徒の能力・適性に応じてハウプトシューレ、実科学校、ギムナジウム等で10歳から行われ

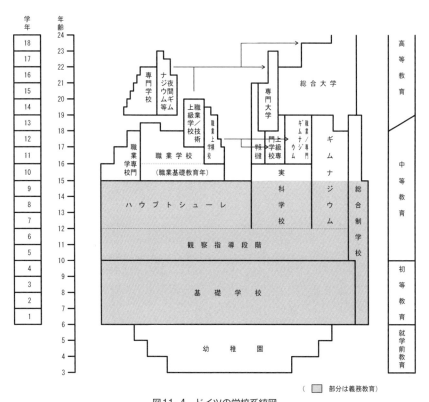

図11-4　ドイツの学校系統図

（出典）文部科学省「「諸外国の教育統計」令和3（2021）年版」2021年

る。ハウプトシューレは卒業後に就職して職業訓練を受ける者が主に就学する5年制の学校である。実科学校は卒業後に職業教育学校に進む者や中級の職に就く者が主に就学する6年制の学校である。ギムナジウムは一般大学入学資格であるアビトゥーアを取得して大学に進学することを希望する者が主に就学する8年制または9年制の学校である。多くの州では、いずれの学校種においても適切な進路選択を可能にするための猶予期間として、最初の2年間に観察指導段階が設けられている。そして高等教育は、総合大学と専門大学で行われる。総合大学の入学に当たっては、ギムナジウム修了資格であり、一般大学入学資格でもあるアビトゥーアを取得しておくことが求められる。アビトゥーアの取得者は専門大学への入学も可能である。専門大学への入学については、専門大学入学資格を取得しておくことが必要である。なお、これら大学入学資格の取得者は原則として、希望する大学、専攻に入学することができるが、入学希望者数が定員を超える場合は、入学者制限が行われる。

## 5　まとめ

　就学前教育については、3〜5歳児を対象としているアメリカとドイツ、主に3〜4歳児が対象となっているイギリス、2〜5歳児を対象としているフランスのように、国によって就学年限に違いがみられた。また、多くの国で就学前教育とされている幼稚園は、フランスでは初等教育の一環として位置づけられていた。

　高校と大学の接続については、主に一定数以上の単位取得で高校卒業と見なし、大学入試を通じた入学者選抜や、一定水準以上の資質能力を有する者の全員入学等といった様々な接続がみられるアメリカ、高校卒業が厳格に規定されておらず、主に大学入学資格試験の結果に基づいて大学入学者が決定されているイギリス、高校卒業資格と大学入学資格を同時に取得することで高校卒業後、原則として希望する大学に全員入学できるフランスとドイツのように、国によって多様な接続形態がとられていた。

　これらの他、近年の動向として、就学年限の延長を指摘することができる。

たとえばイギリスやフランスでは、16〜18歳の就学を義務化することで就学年限が実質的に延長された。また、フランスにおいては義務教育の開始年齢が6歳から3歳に引き下げられたことで、他国に比べて就学年限がより長くなっている。

## 第2節　国際学力調査

### 1　IEAの学力調査

　近年、国際学力調査として、経済協力開発機構（以下、OECD）の実施するOECD生徒の学習到達度調査（以下、PISA）や国際教育到達度評価学会（以下、IEA）の実施する国際数学・理科教育動向調査（以下、TIMSS）が広く知られるようになってきている。

　このうち、IEAは算数・数学及び理科の教育到達度を測定する調査を実施しているが、その歴史は古く、すでに1964年には第1回国際数学教育動向調査が、1970年には第1回国際理科教育動向調査が、それぞれ実施されている。[1]
1980年代まで日本は算数・数学と理科の双方でトップクラスの成績をおさめていた。しかし、1990年代に入ると、こうした状況に変化がみられるようになる。表11-1からも明らかなように、日本の成績はやや低下傾向になっていくのである。もっとも、これにはシンガポール、韓国、香港などといった国や地域が学力調査に参加した事情もあり、1980年代以前と比べて成績が本当に低下しているかどうかをこの調査結果のみから断定することは難しいだろう。

表11-1　IEAによる学力調査での日本の順位と平均得点（＊第1回は平均総得点、第2回は平均正答率）

（1）算数・数学の成績

| | 小学校 | | 中学校 | |
|---|---|---|---|---|
| 1964年（第1回） | 実施していない | － | 2位／12国 | 31.2点 |
| 1981年（第2回） | 実施していない | － | 1位／20国 | 62.30% |
| 1995年（第3回） | 3位／26国 | 597点 | 3位／41国 | 581点 |
| 1999年（第3回追調査） | 実施していない | － | 5位／38国 | 579点 |
| 2003年（第4回） | 3位／25国 | 565点 | 5位／46国 | 570点 |
| 2007年（第5回） | 4位／36国 | 568点 | 5位／48国 | 570点 |
| 2011年（第6回） | 5位／50国 | 585点 | 5位／42国 | 570点 |
| 2015年（第7回） | 5位／49国 | 593点 | 5位／39国 | 586点 |
| 2019年（第8回） | 5位／58国 | 593点 | 4位／39国 | 594点 |

（2）理科の成績

| | 小学校 | | 中学校 | |
|---|---|---|---|---|
| 1970年（第1回） | 1位／16国 | 21.7点 | 1位／18国 | 31.2点 |
| 1983年（第2回） | 1位／19国 | 64.30% | 2位／26国 | 67.30% |
| 1995年（第3回） | 2位／26国 | 553点 | 3位／41国 | 554点 |
| 1999年（第3回追調査） | 実施していない | － | 4位／38国 | 550点 |
| 2003年（第4回） | 3位／25国 | 543点 | 6位／46国 | 552点 |
| 2007年（第5回） | 4位／36国 | 548点 | 3位／48国 | 554点 |
| 2011年（第6回） | 4位／50国 | 559点 | 4位／42国 | 558点 |
| 2015年（第7回） | 3位／47国 | 569点 | 2位／39国 | 571点 |
| 2019年（第8回） | 4位／58国 | 562点 | 3位／39国 | 570点 |

（出典）文部科学省および国立教育政策研究所のウェブサイトをもとに筆者作成

## 2　1998年の学習指導要領改訂とPISA

　PISAは、IEAによる学力調査とは異なり、2000年に最初の調査が実施された比較的新しい国際学力調査である。以下では、PISAと教育政策にどのような関わりがあったのかをみていこう。

　PISA第1回調査の2年前である1998年に、学習指導要領が改訂された。この改訂では、完全学校週5日制の導入に伴い、各学校が「ゆとり」のなかで「特色ある教育」を展開し、学習指導要領に示す基礎的・基本的な内容を確実に身につけさせることが目指された。これを受けて、算数・数学や理科等については、授業時数の約8割の時数で指導しうる程度の内容に削減されるなど、教育内容の「厳選」化が図られたのであった。

　教育内容の「厳選」化によって学力の低下を懸念する声が高まっていく中、2001年12月にPISAの第1回調査結果が発表された。この結果について、文部科学省（以下、文科省）は、日本の子どもたちの学力は国際的にみて上位に位置していると評価しつつも、「趣味としての読書をしない」生徒の割合や、「宿題や自分の勉強をする時間」が参加国中最低であることに課題があると捉えたのであった。このことが1つの契機となって、翌2002年1月に、文科省より「確かな学力向上のための2002アピール『学びのすすめ』」が発表されることとなる。ここにおいては、「確かな学力」の向上のために、5つの方針が策定され、各教育委員会・学校にその実施が求められたのであった。このうち、「学びの機会を充実し、学ぶ習慣を身に付ける」という方針では、具体的な施策として「放課後の時間などを活用した補充的な学習や朝の読書などを推奨・支援するとともに、適切な宿題や課題など家庭における学習の充実を図ることにより、子どもたちが学ぶ習慣を身に付ける」ことが挙げられるなど、PISAの調査結果で明らかとなった課題を強く意識したものとみることができよう。

　また、文科省は「確かな学力」向上のため、2003年度から「学力向上アクションプラン」を実施している。このプランでは、「個に応じた指導の充実」、「個性・能力の伸長」、「学力の質の向上」、「英語力・国語力の増進」の4つが主要なねらいとされ、全国すべての小・中学校で「確かな学力」の向上を目指す「学力向上フロンティア事業」等の具体的な取り組みが行われている。

## 3　PISA2003への対応

　前項でみた文科省の取り組みにもかかわらず、各種国際学力調査、とりわけPISAの調査結果は思わしくないものであった。2004年12月に発表されたPISAの第2回調査結果によると、日本の順位は表11-2からも明らかな通り、特に「数学的リテラシー」と「読解力」で、2000年に実施された調査と比べてそれぞれ1位から6位へ、8位から14位へと、大きく低下している。

表11-2　PISA調査における日本の順位と平均得点

| | 数学的リテラシー | | 読解力 | | 科学的リテラシー | |
|---|---|---|---|---|---|---|
| 2000年 | 1位/31国 | 557点 | 8位/31国 | 522点 | 2位/31国 | 550点 |
| 2003年 | 6位/40国 | 534点 | 14位/40国 | 498点 | 2位/40国 | 548点 |
| 2006年 | 10位/57国 | 523点 | 15位/57国 | 498点 | 6位/57国 | 531点 |
| 2009年 | 9位/65国 | 529点 | 8位/65国 | 520点 | 5位/65国 | 539点 |
| 2012年 | 7位/65国 | 536点 | 4位/65国 | 538点 | 4位/65国 | 547点 |
| 2015年 | 5位/72国 | 532点 | 8位/72国 | 516点 | 2位/72国 | 538点 |
| 2018年 | 6位/79国 | 527点 | 15位/79国 | 504点 | 5位/79国 | 529点 |

（出典）国立教育政策研究所のウェブサイトをもとに筆者作成

　この結果を受けて、文科省はただちに「PISA・TIMSS対応ワーキンググループ」を設置し、調査結果の評価・分析を行い、改善に向けた提言を行った。このうち、PISAで調査の対象となった「読解力」については、2005年12月に「読解力向上プログラム」を発表している。このプログラムでは、3つの重点目標に沿って、5つの重点戦略、具体的には、①「学習指導要領の見直し」、②「授業の改善・教員研修の充実」、③「学力調査の活用・改善等」、④「読書活動の支援充実」、⑤「読解力向上委員会（仮称）」が進められることとなった。以下では、これらの重点戦略のうち、①「学習指導要領の見直し」と③「学力調査の活用・改善等」の展開をみていくことにしよう。

　まずは③「学力調査の活用・改善等」である。「読解力向上プログラム」では、PISAの定義する「読解力（Reading Literacy）」が日本の国語教育等で従来用いられてきた「読解」あるいは「読解力」とは異なることから、PISA型「読解力」と捉えた上で、子どもたちのPISA型「読解力」の状況を的確に把握していくことを求めた。これを受けて、2007年4月から実施されている文科省の「全国学力・学習状況調査」においても、PISA型「読解力」に類似した問題、つまり、知識の活用力を問う「B問題」が出題されるようになっている[2]。

　次に①「学習指導要領の見直し」である。「読解力向上プログラム」では、次期学習指導要領の改訂に向けた議論にあたって、PISA型「読解力」を1つの検討材料として提供することが述べられている。こうした議論を経て2008年1月に発表された中央教育審議会答申「幼稚園、小学校、中学校、高等学校及び特別支援学校の学習指導要領等の改善について」では、学習指導

要領改訂の基本的な考え方として以下の7点が示された。つまり、①「改正教育基本法等を踏まえた学習指導要領改訂」、②「「生きる力」という理念の共有」、③「基礎的・基本的な知識・技能の習得」、④「思考力・判断力・表現力等の育成」、⑤「確かな学力を確立するために必要な授業時数の確保」、⑥「学習意欲の向上や学習習慣の確立」、⑦「豊かな心や健やかな体の育成のための指導の充実」である。これらのうち、④「思考力・判断力・表現力等の育成」では、PISA調査の「読解力」や「数学的リテラシー」、「科学的リテラシー」を参考に検討した結果、知識・技能の活用など思考力・判断力・表現力等をはぐくんでいくために、学習活動の基盤としての言語を用いた活動を充実させていくことが提言されている。また、思考力・判断力・表現力等をはぐくむためには、当時の授業時数では不足しており、⑤「確かな学力を確立するために必要な授業時数の確保」も提言された。この他、⑥「学習意欲の向上や学習習慣の確立」については、学習意欲やねばり強く課題に取り組む態度自体に個人差が広がっているといった、PISA調査結果で明らかとなった課題に対応するための措置であることが説明されている。

　以上の基本的な考え方のもとで2008年に学習指導要領が改訂されて以降、PISAでの日本の成績順位については表11-2の通り、すべての科目において2009年、2012年とで改善している。


## 4　近年の日本の成績順位と教育政策

　2010年代の国際学力調査における日本の成績順位とその政策上の対応はどうなっているのであろうか。まずTIMSSについては、参加国数に若干の変動はあるものの、小学校・中学校のいずれにおいても算数・数学および理科ともに引き続き高い水準を維持している。次にPISAの「数学的リテラシー」と「科学的リテラシー」については、2018年の調査でそれぞれ若干順位を落としたものの、依然として世界トップレベルの状況である。このように理数系の分野では、世界でも上位の学力水準が維持されている。一方、PISAの「読解力」については、2015年で8位に後退し、2018年には15位とさらに順位を下げている。ここにおいては、自分の考えを他者に伝わるよう

に根拠を示しながら説明すること等といった点で課題がみられた他、学習活動におけるデジタル機器の利用が他のOECD加盟国と比較して低調であることも明らかとなった。

　これらの課題を受けて、文科省は次のような政策を打ち出している。第1に、PISA調査結果における各課題に対応した学習指導要領の実施である。具体的には、主体的・対話的で深い学びの視点からの授業改善の実施、読解力等の言語能力の確実な育成、情報活用能力の確実な育成、理数教育の充実等が挙げられている。第2に、学校のICT環境整備の加速化に向けた取り組みの推進である。ここでは、1人1台の学習者用コンピューターや、学校内全教室の高速かつ大容量の通信ネットワークの整備といった取り組みが示されている。第3に、全児童生徒の教育機会の確保によるセーフティネットの構築である。具体的には、社会経済文化的背景による格差の縮小に向けた質の高い教育の機会の提供や、学校・家庭・地域が連携した取り組みの充実が挙げられている。

　これまで、本節では国際学力調査を取り上げてきた。知識基盤社会の進展に伴って我が国では、PISA調査の「読解力」等のように、国際学力調査で設定された学力の重要性が認識され、文科省が主導してその育成に取り組んできた。知識・情報・技術をめぐる変化の速さが加速度的になっていく今後、国際学力調査で測定されているような学力をどう効果的・効率的に育成していくのか、今後の展開が注目される。

## 第3節　国境を越えた学生等の移動

### 1　高等教育の国際的な動向

　グローバル化に伴って、高等教育においては学生の国境を越えた移動が活発になっている。まず、日本の高等教育機関および日本語教育機関における外国人留学生数は、図11-5のように増加傾向にあり、2019年には文科省が「留学生30万人計画」で掲げた30万人に達した。なお、2020年には新型コロナウイルス感染症の世界的な拡大や、日本政府および各国政府による渡航

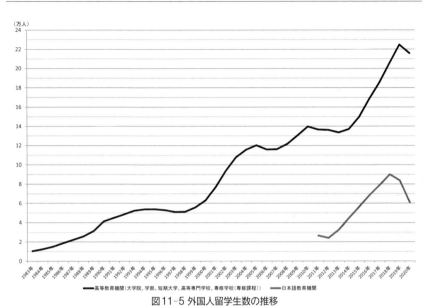

**図11-5 外国人留学生数の推移**

（出典）独立行政法人日本学生支援機構「2020（令和2）年度外国人留学生在籍状況調査結果」を
もとに筆者作成

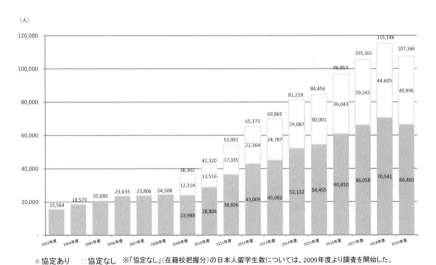

**図11-6 日本人学生留学数の推移**

（出典）独立行政法人日本学生支援機構「2019（令和元）年度日本人学生留学状況調査結果」

制限等の措置がとられたこともあって、外国人留学生数は27万人ほどに減少している。

　次に、日本人学生の留学数は、図11-6で示されている通り、基本的には増加しており、2018年には最多となる約11万5000人に達している。

　国境を越えているのは学生だけではない。情報化の進展により、教育プログラムや教材も国境を越えて展開されるようになっている。教育方法についても、海外分校等を含む対面教育から、eラーニング等様々なテクノロジーを利用した遠隔教育まで、多様な方式で行われている。

　こうした状況の中で、ユネスコとOECDにおいて、学生の保護や質の高い教育を提供する国際的な枠組みの構築に関する国際的な協議がなされた結果、各国の関係者が取り組むべき事項等として「国境を越えて提供される高等教育の質保証に関するガイドライン」が2005年に策定された。このガイドラインでは、政府、高等教育機関及び教員を含む教育提供者、学生団体、質保証・適格認定機関、学位・学修認証機関、職能団体の6者に対する指針が示されている。このうち、学生団体に関するガイドラインの一部は次の通りとなっている。

・国境を越えて提供される高等教育の質のチェック、維持、向上において、国際的、全国的及び組織レベルのパートナーとして積極的に関与し、この目的達成のために必要な手順を踏むこと。
・誤ったガイダンスや情報、有効性の限られた学位等しか取得できない質の低い教育、不当な提供者などのリスクに関する学生の意識を高めることで、質の高い教育の提供に積極的に参加すること。また、国境を越えて提供される高等教育に関する、正確で信頼できる情報源を学生に知らせることも必要である。
・学生や将来の学生に対し、国境を越えて提供される高等教育プログラムを受けようとする際に、適切な質問をするよう促す。

## 2　国際バカロレア

　国際バカロレア（International Baccalaureate）は、国際バカロレア機構が
提供する国際的な教育プログラムの総称である。国際バカロレアは1968年、
インターナショナルスクールの卒業生に対して、国際的に認められる大学入
学資格を与え、大学進学へのルートを確保するとともに、学生の柔軟な知性
の育成と国際理解教育の促進に資することを目的として開発された。学生の
年齢に応じて、次の4つの教育プログラムが提供されている。

①プライマリー・イヤーズ・プログラム（PYP）

　　3〜12歳を対象として、精神と身体の両方を発達させることを重視し
　　たプログラムであり、どのような言語でも提供可能である。

②ミドル・イヤーズ・プログラム（MYP）

　　11〜16歳を対象として、青少年に、これまでの学習と社会のつなが
　　りを学ばせるプログラムであり、どのような言語でも提供可能である。

③ディプロマ・プログラム（DP）

　　16〜19歳を対象としたプログラムであり、所定のカリキュラムを2
　　年間履修し、最終試験を経て所定の成績を収めると、国際的に認められ
　　る大学入学資格（国際バカロレア資格）の取得が可能となる。

④キャリア関連プログラム（CP）

　　16〜19歳を対象として生涯のキャリア形成に役立つスキルの習得を
　　重視したキャリア教育・職業教育に関連したプログラムである。

　我が国では1979年より、国際バカロレア資格を有する者で18歳に達した
者が、高等学校を卒業した者と同等以上の学力があると認められる者として
指定されるようになった。2013年度からはディプロマ・プログラムの科目
の一部を日本語でも実施可能とする日本語ディプロマ・プログラムの開発・
導入が進められている。さらに現在では、国際バカロレアの導入拡大に向け
て、教育課程の特例措置の新設や、国内の大学入試における国際バカロレア
の活用促進等の取り組みが文科省によって推進されている。

　以上のように、国際バカロレアは我が国も含め世界各国で提供されており、
導入の拡大も促進されていることから、国際バカロレアは国際的に通用する

教育プログラムの一例として指摘できる。グローバル化が進展する中で、我が国における国際バカロレア認定校のさらなる拡充と、国際バカロレアを活用した大学入試の一層の実施が課題といえるだろう。

〈注〉
(1) 国際数学教育調査と国際理科教育調査は1995年以降、TIMSSという名称に統一されて試験が実施されている。
(2) 2019年度以降、「全国学力・学習状況調査」では「B問題」と知識力を問う「A問題」が統合されている。

〈参考・引用文献〉
・市川伸一『学力低下論争』筑摩書房、2002年
・教育課程審議会『幼稚園、小学校、中学校、高等学校、盲学校、聾学校及び養護学校の教育課程の基準の改善について─答申─』教育課程審議会、1998年
・志水宏吉・鈴木勇編『学力政策の比較社会学 国際編──PISAは各国に何をもたらしたか』明石書店、2012年
・中央教育審議会「21世紀を展望した我が国の教育の在り方について──第15期中央教育審議会第一次答申」文部省編『文部時報』第1437号、ぎょうせい、1996年、1-166頁
・中央教育審議会「資料 新しい時代にふさわしい教育基本法と教育振興計画の在り方について（答申）」文部科学省編『教育委員会月報』第55巻第2号、第一法規、2003年、4-25頁
・中央教育審議会「中央教育審議会初等中等教育分科会教育課程部会「幼稚園、小学校、中学校、高等学校及び特別支援学校の学習指導要領等の改善について」（答申）〈全文〉」文部科学省教育課程課・幼児教育課編『初等教育資料』第832号、東洋館出版社、2008年、66-175頁
・二宮皓編著『世界の学校──教育制度から日常の学校風景まで』学事出版、2009年
・国立教育政策研究所「IEA国際数学・理科教育動向調査（TIMSS）」 https://www.nier.go.jp/timss/（2021年7月18日確認）
・国立教育政策研究所「OECD生徒の学習到達度調査（PISA）」 https://www.nier.go.jp/kokusai/pisa/index.html（2021年7月18日確認）
・国際バカロレア機構「国際バカロレア（IB）の教育とは？」 https://www.ibo.org/contentassets/76d2b6d4731f44ff800d0d06d371a892/what-is-an-ib-education-2017-ja.pdf（2021年7月18日確認）
・文部科学省「「諸外国の教育統計」令和3（2021）年版」 https://www.mext.go.jp/b_menu/toukei/data/syogaikoku/1415074_00010.htm（2021年7月18日確認）
・文部科学省「世界の学校体系（ウェブサイト版）」 https://www.mext.go.jp/b_menu/shuppan/sonota/detail/1396836.htm（2021年7月18日確認）
・文部科学省「ユネスコ/OECD『国境を越えて提供される高等教育の質保証に関するガイドライン』（仮訳）」 https://www.mext.go.jp/a_menu/koutou/shitu/06032412/002.htm（2021年7月18日確認）

## 学習課題

（1）諸外国の教育行政制度と日本の教育行政制度を比較し、類似点と相違

　点をまとめよう。

（2）諸外国の学校系統図を比較し、どのような類似点と相違点があるのか
　　をまとめよう。

（3）PISAで測定しようとしている能力はどのようなものかを整理しよう。

（4）PISAの「読解力」の問題と、「全国学力・学習状況調査」の問題を比
　　較し、どのような類似点と相違点があるのかをまとめよう。

（5）「国境を越えて提供される高等教育の質保証に関するガイドライン」
　　で各機関・団体にどのようなことが求められているのかを調べて整理し
　　よう。

# 第12章　学校教育制度の成立と発展

現代社会においては、子どもの頃に学校に通うことが至極当たり前になっている。しかし、歴史を振り返ってみると、すべての子どもが学校に通うという制度が各国で定着してきたのは、19世紀後半から20世紀にかけてのことである。本章では、学校成立の歴史を振り返りながら、日本の近代学校教育制度の成立と発展、第二次世界大戦直後の教育改革について整理する。

# 第1節 学校の２つの系譜

## 1 大学を中心とした学校系統

　世界の学校の成り立ちを振り返ってみると、大きくは２つの学校のつながり（学校系統という）があったといえる。1つは大学を中心として発達した学校系統である。古い大学は中世ヨーロッパにおいて成立した。イタリアのボローニャ大学（1088年頃）やサレルノ大学（11世紀）、フランスのパリ大学（12世紀）等が古い大学の代表とされる。イギリスではオクスフォード大学（1096年頃）やケンブリッジ大学（1209年頃）、ドイツ語圏ではプラハ大学（1348年）、ウィーン大学（1356年）、ハイデルベルク大学（1386年）等が古い。

　これらの大学はキリスト教研究を中心として、神学、法学、医学を中心に研究が行われた。大学では母国語ではなく、ラテン語が学問言語の中心として使われていた。このため、ラテン語等の語学教育や一般教養を教育し、大学に入学する準備のための学校（文法学校）が発達した。イギリスのグラマースクール、フランスのリセ、ドイツのギムナジウム等である。さらにそうした文法学校に入学する準備のための予備学校や準備学校ができ、「大学→文法学校→予備学校」という下構型学校系統が成立していった。下構型学校系統の学校に入学したのは、主に貴族階級や豊かな商人等の子弟であった。

## 2 庶民の学校を中心とした学校系統

　一方、庶民のための学校も生まれた。商業が発達すると、文書のやりとりが必要となり、「読み・書き・計算（略して3R'sといわれる）」を中心とした実用的な内容を教授する学校が教会を中心に設置されるようになった。また、16世紀に起こった宗教改革によって、キリスト教を理解するために、各人が読み書きできるようになることが必要とされ、市町村等が学校を設置するようになった。こうした庶民の学校は、読み書きのできる教会関係者や自営業者である親方（マイスター）等が片手間に教えることもあった。

時代が下り、17～18世紀に近代国家が成立すると、国民を育成するために義務教育制度が発達する。「国民の育成」は、強い国家、とりわけ軍隊の質を決めるものとして重視された。18～19世紀にドイツのプロイセンが国力を増したのは、義務教育制度が普及していたためといわれてきた。また、産業革命の進展によって国民の多くは労働者となるが、彼らには初等教育よりも高度な教育、とりわけ職業教育、専門教育が必要とされた。こうして、国民のための「初等教育（国民）学校→実業的な学校」という上構型学校系統が成立する。

### 3　接続と統合―系統から段階へ―

2つの学校系統は、それぞれ主に上層階級と下層階級の子どもを対象としていたため、関係を持たず、それぞれ独立して存在していた（複線型学校制度）。2つの学校系統は、下層階級の優秀な若者を上層社会に組み入れる制度として、文法学校等への移動を例外的に認めるようになり、やがて制度化され、接続（Articulation）するようになる。さらに初等教育段階では同じような内容を教えることから初等教育段階の学校として統合（Integration）し（分岐型学校制度）、同じ年齢の子どもが同じ教育段階の学校へと通うようになる。こうした初等教育段階の統合が早かったのは革命の影響を受けたフランスである。多くの国では20世紀に入って統一的な小学校が成立する。

1960年代以降、中等教育段階の学校を含めた統合が進み、中等教育段階を修了したすべての者が高等教育に進むことが可能となる（単線型学校制度）。アメリカは宗派によって規模の小さい地域（コミュニティ）が作られていったため、初めから期間の長い初等教育学校を設置していた。19世紀末には、公立ハイスクール（中等教育段階の学校）が普及し単線型学校制度が早い時点でできあがったといえる。

# 第2節　日本における近代学校制度の成立

## 1　日本における近代以前の教育

　明治時代以前の日本社会は、身分制の社会であった。江戸時代（1603-1868年）には、士農工商といった身分が、それぞれの社会規範を持ち、その間を行き来することは容易ではなかった。職業も親の職業と身分を引き継ぐことが基本とされ、武士階級と庶民階級とが区別されていた。

　武士の教育は、儒教や中国の古典を中心とした、素読や手習いが中心であった。教材は四書（「大学」「中庸」「論語」「孟子」）や五経（「易教」「詩経」「書経」「春秋」「礼記」）が中心であり、統治者のための教育であった。教育の場は、幼い頃は家庭教育が中心であり、優秀な者や身分の高い者は、その後郷学や藩校等で学ぶことができた。とりわけ優秀な者は、幕府が設置した昌平坂学問所で学ぶことが許された。

　一方、庶民のための教育は、日常生活に必要な「読み書き算盤」の学習が中心であった。教育の場は寺子屋が中心であり、下級武士や僧侶、読み書きができる庶民等が師匠となった。教材には、往来物が用いられた。往来物とは、手紙をやりとりする文例集を意味する。庶民の日常生活で、書くことが求められるのは、手紙でのやりとりが主であったからである。

　このように江戸時代までの日本の学校は、身分による複線型といえる構造であり、寺子屋では個別学習が基本であった。

## 2　明治維新と学校制度

　日本における近代国家、近代社会における学校制度は、明治維新以降に誕生したといわれている。1868年に明治改元が行われ、翌1869年には版籍奉還が、1871年には廃藩置県が行われ、地方分権型国家から中央集権型国家への転換を図ることが試みられた。明治政府の当面の方針は、日本の植民地化を防ぐために、産業を発達させ（殖産興業）、欧米の文化や学問を導入して国力をつけ、国の独立を守るということが重要視された。

216

　明治政府は1871年に文部省を設置した。文部省の最初の教育政策と位置
づけられるのは、1872年の学制序文及び学制の頒布である。学制序文は正
式には「学事奨励に関する仰出書」という。学制序文は、学（教育）をもっ
て後の人生を成功へと導くことができるとして、利益をもって教育を受ける
ことを奨励している。立身出世のための学問といっても良いかのような内容
である。こうした考え方は当時の福沢諭吉等により紹介されたイギリスの功
利主義の影響を受けているといわれている。また、学制序文は、その中で、
「邑（ムラ）に不学の戸なく、家に不学の人なからしめ」ること、つまりだ
れもが教育を受けるようにということを求めている（国民皆学）。

　文部省は学制序文と同時に学制を公表した。そこでは学校制度と教育行政
制度についての概要が示されている。全国を8大学区に分け、各大学区に32
の中学区を設置し（計256校）、各中学区に210校の小学区を設置するという
ものである（計53,760校）。これはフランスの教育制度の影響を受け、大学を
教育行政機関として位置づけ、中央集権的な教育制度を全国隅々まで行き渡
らせることを構想した計画であった。

　学制と同じ1872年、文部省は東京に師範学校を創設し、アメリカ人であ
るスコットを教師に任命した。スコットはアメリカのオスウィーゴー師範学
校等で広まっていたペスタロッチーの教育方法を範としていた。ペスタロッ
チーは児童中心主義を提唱して実践したスイスの教育実践家である。明治時
代の前半は、教育の領域に限らず、こうした外国人教師が招聘され、大学や
師範学校等で指導に当たることが多かった。彼らのことを一般的にお雇い外
国人と呼んでいる。

　欧米から移入された教育方法には、従来の寺子屋等で用いられていた手習
い物とは異なる新しい教科書が必要であった。このため、当時の教科書は、
大部分が欧米の翻訳ものであった。しかしその内容は子どもたちの日常生活
からは縁遠いものであったため、子どもの興味を呼び覚ますものとは必ずし
もいえなかった。こうした教育方法は、それほど長続きはせず、やがて多く
の子どもを一斉に指導する一斉教授法が普及していくようになる。

　当時、欧米から移入された教育思想は、個人主義的、功利主義的なもので
あった。日本の伝統的な道徳を重んじる者の立場からすると、日本の伝統に

基づく道徳、とりわけ儒教主義的な考え方を小学校で教えるべきという考え方が強くなった。1879年には教学聖旨が出され、教育の方向性は、欧米の個人主義的なものから、儒教主義的皇国思想へと方針転換が図られた。1879年に学制に変わって教育令が制定されるが、翌1880年にその教育令が改正された。この改正教育令によって、小学校で教授する科目は修身（今日の道徳に相当する）が筆頭となった。翌1881年には教育課程について規定した小学校教則綱領が出される。小学校教則綱領は、小学校初等科における科目として、修身、読書、習字、算術の初歩、唱歌、体操を挙げている（第2条）。

## 3 森有礼文相と教育制度の整備

　明治政府は近代国家としての体裁を整え、不平等条約を改正し、欧米諸国による植民地化を避けることが急務と考えていた。伊藤博文らが諸外国の国家制度を調査した結果、明治政府は議会の権限を一定程度に押さえ、内閣に大きな権限を与えているドイツのプロイセンの国家制度を主に参考としていくこととなった。1885年に内閣制度が発足し、伊藤博文が初代内閣総理大臣となり、初代文部大臣には森有礼（ありのり）が着任した。1889年には大日本帝国憲法が公布され、翌1890年には帝国議会選挙の実施、国会の開設等、国家制度が整備されていった。

　初代文部大臣となった森有礼は、これまでの教育令を改め、1886年に小学校令、中学校令、帝国大学令、師範学校令を公布した。これらは天皇が発する勅令の形をとっている。勅令とは天皇によって制定される法形式の1つで、天皇の大権事項について抽象的な内容を定立する場合に用いられた。後に1889年の大日本帝国憲法第9条によって勅令について定められた。これ以降、教育に関する主な規定は勅令という形式が一般的であり、教育に関連する事項を法律で定めたのは、主に教育財政のみであった。

　森有礼文相は、ドイツのプロイセンをモデルとした学校教育の方向性を示した。中でも師範学校令によって、教員養成は「順良信愛威重」の気質を備えるようにすべきとした。これはその後も教員養成の目的として大きな影響を有した。

　こうして学校制度が整備され、小学校への進学率も徐々に上昇していく。1887年には小学校就学率は45.0%であったが、1892年には55.1%に、1900年には81.5%へと達し、さらに1902年には91.6%に、1905年には95.6%に達している（文部省1972）。小学校の修学年限は、1890年の改正小学校令で3年または4年とされていたが（第8条）、1900年の改正小学校令では4年に統一された。そして1907年には小学校令が改正され、小学校の修業年限は4年から6年へと延長された（第18条）。

表12-1　学齢児童の就学率の推移（％）

| 年 | 全体 | 男 | 女 |
|---|---|---|---|
| 1875 | 35.4 | 50.8 | 18.7 |
| 1880 | 41.1 | 58.7 | 21.9 |
| 1885 | 49.6 | 69.3 | 35.3 |
| 1890 | 48.9 | 65.1 | 31.1 |
| 1895 | 61.2 | 76.7 | 43.9 |
| 1900 | 81.5 | 90.6 | 71.7 |
| 1905 | 95.6 | 97.7 | 93.3 |
| 1910 | 98.1 | 98.8 | 97.4 |
| 1915 | 98.5 | 98.9 | 98.0 |

（出典）『学制百年史資料編』により筆者作成

　この時期に就学率が急速に上昇した理由として、第1に、授業料徴収が廃止されたことが挙げられる。1900年に改正された小学校令は、それまで徴収されていた授業料を廃止した。この改正によって、義務教育である小学校では教育の私費負担が少なくなり、就学率が上昇したと考えられる。

　第2の要因として考えられるのが、就学を免除・猶予する規定の改訂である。1890年の小学校令によれば、就学義務は満6歳に達した学年から生じることとされたが（第20条）、「貧窮」あるいは「疾病」の場合には、就学が猶予あるいは免除された（第21条）。つまり保護者の経済的理由、あるいは児童の病弱等によって、就学が免除されていた。しかし1900年の改正小学校令では、児童の病弱等の理由以外は就学免除が認められなくなった。このため、就学率が上昇したものと考えられる。

　第3に、国力としての教育の重要性が認識されるようになっていったこと

が考えられる。1894-95年の日清戦争の勝利によって、繊維業を中心とした軽工業が発達し、国力が上昇してきたことが考えられる。さらに日露戦争（1904-05年）を経て、重工業も発達していく。普仏戦争（1870-71年）に勝利したプロイセンの勝因が学校教育に求められたように、日本でも、良い学校教育が組織された兵卒、近代的な軍隊の基盤であるとの認識が広がるようになった（尾崎1999、65頁）。

　こうして授業料の無償化と、義務教育就学率が100％に近づくように上昇していくと、1907年に小学校令が一部改正され、義務教育は6年制となった。男子は（尋常）小学校を6年で卒業すると、5年制の旧制中学校へと進学する経路があった。男子生徒は旧制中学校を卒業すると、3年制の旧制高等学校、さらには帝国大学（3年制）へと進学していく学校経路が形成されるようになる。それ以外の学校経路として、高等小学校、あるいは実業学校等へと進学する道もあった。一方、女子は尋常小学校を卒業すると、4年制の高等女学校に進むことができたが、高等教育機関に進学することはほとんど不可能であった。高等女学校の教育は、いわゆる「良妻賢母」の育成が目的であったとされる。


## 4　教育勅語と教育内容

　1890年に教育勅語（「教育ニ関スル勅語」）が発布された。教育勅語の実質的な執筆者は、当時内閣法制局長官であった井上毅であると考えられている（八木2001）。教育勅語は、その内容から3段に区分される。第1段は、日本では建国以来、国民が忠孝の心で努力してきたことによって発展してきたこと、教育の根本はこの忠孝の育成にあることを示している。第2段は、「父母に孝に」に始まる12の徳目が列挙されており、非常事態の場合には、国の平和と安全に奉仕すべきことが述べられている。この内容は儒教主義的な影響を受けているといわれている。第3段は、こうした徳目は、日本の伝統であり、これからも守るべきことが述べられている。

　教育勅語は、第二次世界大戦終了までの、近代日本の教育の目的とされた。「三大節（昭和に入ってからは四大節）」等の祝祭日の学校儀式の際には、校長

が教育勅語を奉読するものとされた。校長が教育勅語を奉読する間は、直立不動でこれを拝聴するものとされていた。また、「御真影」（天皇皇后の写真）とともに、教育勅語を日常保管しておく奉安殿が設置され、その前を通るときには、お辞儀をして通るものとされた。また、生徒たちは教育勅語と歴代天皇の名を暗記することが求められた。こうして、「現人神（あらひとがみ）」である天皇を元首とする近代国家としての枠組みは、学校を通じて国民の中に深く浸透していったのである。

　教育勅語によって、教育方針が確定された。1900年には小学校令施行規則によって、尋常小学校の教科目は、修身、国語、算術、体操、図画、唱歌、裁縫、手工と整理された。国語では、それまで発音と表記が違っていたが、仮名遣いを表記にできるだけ合わせ、児童の学習負担を減らすようにされた。1907年に義務教育が6年に延長されたことにより、第5・6学年で、これらの教科目に加え、日本歴史、地理、理科を履修することとなった。

　こうした中、1902年には教科書採択をめぐっての贈収賄が摘発される教科書疑獄事件が起こり、翌1903年には教科書を国定化することとなった。1904年から国語、修身、日本歴史、地理の国定教科書が使用されることとなり、その後他の教科目においても国定教科書を使用することとなった。なお、この頃の教科書は有償であり、教科書が無償となるのは、戦後の1963年の義務教育諸学校の教科用図書の無償措置に関する法律成立以降である。

　このように、近代公教育制度の3つの原則といわれる、「義務性」「無償性」「中立性（政治的、宗教的に偏らないこと）」が、日本で、ほぼできあがることとなった。

表12-2　近代日本教育の流れ

| | |
|---|---|
| 1868年 | 明治維新 |
| 1872年 | 学制、学制序文（被仰出書） |
| 1879年 | 教育令、教学聖旨 |
| 1880年 | 改正教育令　→修身筆頭に |
| 1881年 | 小学校教則綱領 |
| 1886年 | 小学校令、中学校令、師範学校令、帝国大学令 |
| 1889年 | 大日本帝国憲法→1890年　帝国議会 |
| 1890年 | 改正小学校令 →小学校は3～4年 |
| 1890年 | 教育勅語 |
| 1899年 | 小学校教育費国庫補助法、高等女学校令 |
| 1900年 | 小学校令改正→義務教育4年、授業料廃止 |
| 1902年 | 教科書疑獄事件→1903年　国定教科書 |
| 1907年 | 小学校令改正→義務教育6年 |
| 1918年 | 大学令→公立・私立大学の認可 |
| 1918年 | 市町村義務教育費国庫負担法 |
| 1920年代 | 大正自由教育 |
| 1940年 | 義務教育費国庫負担法 |
| 1941年 | 国民学校令 |

（出典）筆者作成

# 第3節　近代学校制度の変容

## 1　中等・高等教育の量的拡大

　中等教育改革及び高等教育改革は、その量的拡大を法的にも整備する必要が生じていた。中等教育では、1894年に高等学校令が制定され、旧制高等学校（3年）は高等教育機関として位置づけられることとなり、旧制中学校（5年）と区分されるようになった。女子教育では1899年には高等女学校令が制定された。また、旧制中学校と旧制高校を合わせた7年制高等学校も設置が可能となった。

　高等教育では、帝国大学令による帝国大学及びそれ以外の高等教育機関を整備していくことが求められた。帝国大学は、1886年の帝国大学令で東京帝国大学が設立されていたが、1897年には京都帝国大学が、1907年には東北帝国大学が、1910年には九州帝国大学が、それぞれ認可された。その後、

北海道帝国大学、大阪帝国大学、名古屋帝国大学、そして植民地である台湾に台北帝国大学、朝鮮に京城帝国大学が設置された。

帝国大学以外では、1903年に専門学校令が出され、官公私立の帝国大学以外の高等教育機関は専門学校として位置づけられていた。官立専門学校では、医学、鉱工業、農業、商業等が中心であった。私立では専門学校令によって、現在の名称でいえば、中央大学、明治大学、法政大学、立命館大学、東洋大学、関西大学、明治学院大学、専修大学、慶應義塾大学、同志社大学、早稲田大学等が次々と高等教育機関としての専門学校の認可を得た。しかし帝国大学よりも一段低く位置づけられていたことから、1918年に大学令が制定され、従来の帝国大学に加え、公立私立の大学も設置可能となった。多くの私立専門学校は、その後大学となった。

## 2 義務教育延長論と教育財政

日本では、19世紀末から20世紀初頭にかけて、日清戦争（1894-95年）、日露戦争（1904-05年）、第一次世界大戦（1914-18年）と戦争が続いた。その間にも国内では近代化が進められていったが、同時に、地方財政は疲弊し、労働者の増加等の社会構造変化に伴う課題が生じるようになった。

第一次世界大戦が継続中の1917年、内閣に臨時教育会議が設置された。そこでは、時代の進展に伴い、中等教育や高等教育へ進学する者が増大したことへの対応が求められた。また、地方財政が困窮したことにより、教員給与水準が実質的に低下していた。このため、1918年に市町村義務教育費国庫負担法が成立し、小学校教員の給料の一部を国が負担する制度が整えられた。小学校教員の給料は、市町村財政の負担となっていたが、国の補助は定額であったことから、その負担の大きさは、その後も問題となり続けた。1940年に義務教育費国庫負担法の成立等によって、小学校教員の給料を、国が2分の1、県が2分の1を負担することにより、市町村の財政負担が解消されることとなった。

6年間の義務教育修了後、高等小学校等への進学率が高くなってきたことから、義務教育を2年延長して8年とすることが議論された。結局、義務教

育年限を8年に延長することはこの時期には見送られたが、後に1941年の国民学校令によって結実する（ただし、戦争中で実施は延期された）。

## 3 大正自由教育から戦時下の教育へ

　欧米諸国では、19世紀末から20世紀にかけて、新教育運動（ドイツでは改革教育学運動）が盛んになった。スウェーデンのエレン・ケイ（Key, E.）による「児童の世紀」、アメリカのジョン・デューイ（Dewey, J.）によるシカゴの実験学校における記録をまとめた「学校と社会」、職業へとつながるゲオルク・ケルシェンシュタイナー（Kerschensteiner, G.）の「作業学校の理論」など、多くの教育改革プランが発表され、実験された。これは、内容を教え込む従来の教育から、児童が興味関心を持って学ぶことができるよう教授方法を工夫し、実際の社会にあるものを活用しながら児童が自発的に学習するように工夫する運動であった。日本でもこうした影響を受けて、大正自由教育運動と呼ばれる、児童中心主義的な教育実践が展開された。

　しかし1929年に世界恐慌が起こり、世界経済の収縮を招き、多くの失業者を生むこととなった。各国はそれぞれの経済圏を確保するために、ブロック経済圏を作り、新たな植民地の獲得を目指すようになる。日本では、1931年の満州事変をきっかけとして、中国大陸に進出し、日本は軍国主義の色彩を増していく。欧米諸国はこれを批判し、日本は国連を脱退することとなった（1933年）。1937年には日中戦争が起こり、中国大陸から工業生産のための物資を獲得し、生産物の市場を確保しようとする。欧米諸国は経済的な封鎖網をしき、太平洋戦争へと突入していく。

　教育内容も戦争遂行に必要な忠君愛国教育が盛んになっていく。台湾や朝鮮といった植民地でも、皇民化教育が進められていった。1937年に設置された文部省教学局を中心に、『国体の本義』（1937年）、『臣民の道』（1941年）といった文書が刊行され、国威発揚が図られた。

　学校生活も戦争に勝利するために、社会の中に組み込まれていく。中等教育段階の男子の学校には、1925年から陸軍現役将校が配属された。1926年には青年訓練所が創設され、16歳から20歳までの男子に普通教育と軍事

訓練を課すようになった。1935年には青年訓練所と実業補習学校が統合されて青年学校となり、1939年からは青年学校が義務制（男子のみ）となった。太平洋戦争が始まる1941年には国民学校令が公布され、小学校が国民学校と改称された。義務教育を8年に延長することを予定していたが、その実施は戦時中であるため延期されたまま終戦となった。国民学校の目的は、「皇国の道に則りて初等普通教育を施し国民の基礎的錬成を為す」こととされた（国民学校令第1条、原文はカナ）。教科も国民科（修身、国語、国史、地理）、理数科（算数、理科）、体錬科（体操〔教練を含む〕、武道）、芸能科（音楽、習字、図画、工作、裁縫）にまとめられ、軍事色が濃くなった。1944年には、学童疎開が実施されるようになり、都市部の子どもが学校単位で地方に疎開することとなった。中等教育や高等教育では、1943年には学徒動員が行われるようになり、学生や生徒が工場等に動員されるようになった。また、同年の中等学校令の改正で、中等学校の就学年限が5年から4年に短縮された。さらに1943年には学生（学徒）の徴兵延期措置が廃止され、満20歳に達した男子は、理工系及び教員養成系学校を除いて徴兵されることとなった（学徒出陣）。

## 第4節　戦後教育改革

### 1　GHQと米国教育使節団報告書

　1945年8月、ポツダム宣言を受諾した日本は終戦を迎えた。アメリカを中心として日本に進駐してきた占領軍は、連合国最高司令官総司令部（GHQ）として指令を発し、日本政府はGHQの意向に沿って戦後改革を進めていくことになった。

　GHQは、日本の民主化、非軍国主義化を進めるために様々な指令を発した。また、戦前の国体（国家体制）を根拠づけていた大日本帝国憲法の改正が進められた。日本国憲法は1946年11月3日に公布され、翌47年5月3日に施行された。日本国憲法は、国民主権、平和主義、基本的人権の尊重といった内容が基本となっている。教育に関連する条項としては、第26条に教育

を受ける権利が規定されている。また、第23条には学問の自由が規定されている。

　教育に関する戦後改革は、GHQの中の民間情報教育局（CIE）が所管する形で進められた。1945年の間に、GHQの指令として、教育に関する4つの指令（四大指令）が出され、軍国主義的教員の追放や不適切な教材とされた教科書の部分に墨を塗る「墨塗り教科書」の措置が講じられた。

　戦後教育改革としての積極的な提案は、米国教育使節団による提案を受けて行われることとなった。1946年3月5日にニューヨーク州教育長官・イリノイ大学名誉総長であるジョージ・D・ストッダード（George D. Stoddard）を団長とする27名の米国対日教育使節団が来日した。教育使節団は、日本側委員会との討論や学校を視察し、46年3月末に報告書を提出した。米国教育使節団報告書（1950年にもアメリカの教育使節団が来日したため、第1次教育使節団報告書として区分される）の主な勧告内容は、以下のようになっている。

　①教育の地方分権化　②国語のローマ字化　③住民の教育行政への参画　④義務教育の9年への延長、男女共学　⑤高等教育機関での教員養成　⑥高等教育の大衆化、学問的自由の確立　⑦図書館・研究施設の拡充

　米国教育使節団報告書は、国語のローマ字化を除き、その後の教育改革の基本方針となっていった。学校制度については、6年制小学校に加え、3年制の「初級中等学校」、3年制の「上級中等学校」という「六三三制」を提案し、当時6年間であった義務教育を9年間に延長することを提案している。教育行政では、中央集権的な制度から地方分権的な制度への変更を提案するとともに、住民を教育行政に参画させ、市町村及び都道府県に選挙により選出された教育行政機関を創設することが提案されている。

## 2　日本国憲法と教育基本法の制定

　日本国憲法の教育に関する条項は、第26条に規定されている。そこで規定されたのは、国民は教育を受ける権利を有すること、保護者の教育義務、

教育の機会均等、義務教育の無償性である。

　日本国憲法の制定を受けて、教育の基本的方針を定めることが必要となった。文部省内では教育基本法の草案を準備した。国会での審議を経て、1947年3月31日に教育基本法（旧法、2006年に廃止）が成立した。

　教育基本法（旧法）は、全11条から構成されていた。日本国憲法の考え方に基づき、教育の目的（第1条）や方針（第2条）、教育の機会均等（第3条）、9年間の義務教育（第4条）、男女共学（第5条）等が定められた。また、政治教育や宗教教育における中立性の原則が示された（第8、9条）。

　教育基本法（旧法）において、第10条に教育行政の役割が規定されていた。第10条では、「教育は、不当な支配に服することなく、国民全体に直接責任を負って行われるべき」ことが規定された（第1項）。また、「教育行政は、…（中略）…教育の目的を遂行するに必要な諸条件の整備確立を目標として行われ」ることが規定された（第2項）。こうした考え方は翌1948年に公布・施行された教育委員会法（旧法）で、選挙により選ばれた教育委員により構成する「公選制」教育委員会制度に反映された。

　戦前の教育勅語は、日本国憲法の下では効力を持たないものと解釈され、国会で失効したことを確認する決議が行われた。戦前の教育制度は、勅令によって定められていたが、日本国憲法の制定によって、学校教育も法令によって規定されることとなった。


## 3　単線型学校制度の成立

　教育基本法（旧法）と同時に、学校教育法が準備され、1947年3月31日に成立、翌4月1日から施行された。学校教育法によって定められた戦後日本の学校制度の特色は、6334制の単線型学校制度が設立されたことである。戦前の学校制度は、小学校（1941年以降は国民学校）の6年のみが義務教育であり、その後は旧制中学校、高等女学校、実業学校等別々の学校種へと分かれる分岐型学校制度であった。戦後になって、米国教育使節団報告書の内容を参考とし、また、日本側の国会審議を経て成立した学校制度は、義務教育を9年間に延長したものであった。しかも教育基本法にも明記された男女

# 戦前と戦後の学校系統図

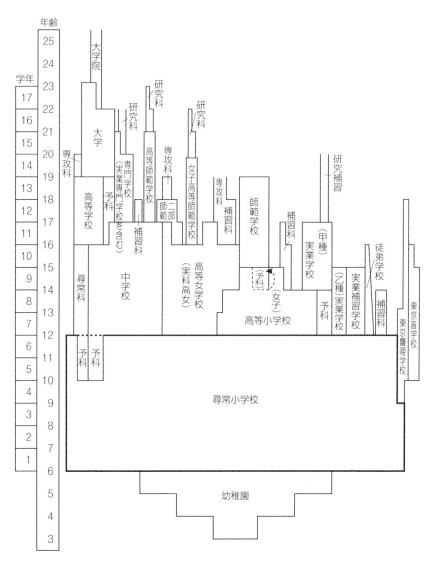

1919年の学校系統図

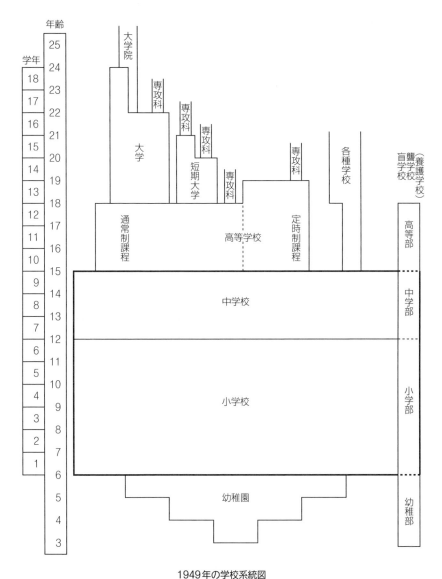

**1949年の学校系統図**

（出典：文部省編『学制百年史』資料編、帝国地方行政学会、1972年）

共学を、新制中学校や高等学校にも適用しようとするものであり、学校制度の大きな転換をもたらすものであった（「戦前と戦後の学校系統図」参照）。

　戦前の学校制度と比較をすると、小学校は国民学校をそのまま移行できる。国民学校高等科は、国民学校の校舎や教員を活用していたため、独自の校舎はほとんどなかった。旧制中学校や高等女学校、実業学校等は、新制の高等学校の母体となった。旧制高等学校は大学の教養部となり、旧制専門学校や旧制大学は新制大学の学部等となった。師範学校は新制大学の教育学部（当初多くは学芸学部）となった。

　こうしてみると、新制中学校の母体となる学校は存在しなかった。1947年4月から新しい学校制度に移行することになったが、新制中学校は、校舎も教員もいないという状況からの出発であった。また、戦争期間中に小学校等の校舎は破壊されていたため、校舎不足は甚だしかった。屋外で授業を行う「青空教室」や、午前と午後で児童生徒を入れ替えて授業を行う、二部制授業といった工夫がなされた。

　新制高等学校は1948年度から発足したが、旧制中学校（男子校）、高等女学校（女子校）、実業学校を基盤として発足したところが多い。GHQは、高校三原則として、総合制、男女共学、小学区制を推進した。総合制とは、普通科と職業系の専門学科を1つの高校に設置するものである。また、小学区制とは、小学校等と同様に、通学区域を設定し、進学する高校は1つという方針である。それによって、制度の基となる学校の違いに関わりなく、生徒たちが同じ教育を受けられるようにすることを意図したのである。しかし、当時の状況からすると、この高校三原則を実施することは、大きな混乱をもたらすこととなった。また、地域によっては、こうした方針が徹底されず、男子校、女子校がそのまま残った県もあった。総合制、小学区制も、1950年代以降に姿を消していくことになった。高等学校への進学率は1950年には50％に達していないが、その後ゆっくりと上昇していき、1960年代に入ると、高校進学率は急激に上昇していく。

　新制大学は1949年度に発足した。旧制大学、旧制専門学校、旧制高等学校、並びに師範学校等がその母体となり、各都道府県に国立大学が発足した。戦前の高等教育が旧制高校3年の上に旧制大学3年の課程が接続していたが、

新制大学は、標準が4年課程となった。アメリカの大学における教養教育の影響もあり、旧制高等学校の多くは前期2年の教養課程となった。新制大学は旧制大学と比較すると、数も多くなった。

**〈参考・引用文献〉**
・石川松太郎編著『日本教育史』玉川大学出版部、1987年
・尾崎ムゲン『日本の教育改革——産業化社会を育てた130年』中央公論新社、1999年
・国立教育研究所編『日本近代教育百年史』教育研究振興会、1974年
・長尾十三二『西洋教育史（第2版）』東京大学出版会、1991年
・水原克敏ほか『学習指導要領は国民形成の設計書（新訂）』東北大学出版会、2018年
・文部省『学制百年史』帝国地方行政学会、1972年
・八木公生『天皇と日本の近代（下）「教育勅語」の思想』講談社、2001年
・米田俊彦編著『教育改革』日本図書センター、2013年

## 学習課題

（1）2つの学校系統と学校制度の関係を簡潔にまとめてみよう。

（2）教育勅語と1900年頃の就学率の向上の関係をまとめてみよう。

（3）日本で1910年代以降の学校制度が量的拡大の方向に改革されていく理由は何かをまとめてみよう。

（4）学校教育について、多くが法律ではなく、勅令によって規定されていた理由を調べてみよう。

# 第13章 学校教育制度の展開

　戦後教育で地方分権化した教育行政は、1950年代後半になると、中央集権化していく。これに反対する教職員組合等と文部省の間で、1960年代を中心に、勤務評定闘争、学力テスト反対闘争、教科書裁判等の対立が起こった。1980年代以降は新自由主義の影響を受け、臨時教育審議会が設置され、選択と競争が推し進められる。2000年代以降は、本格的な行財政改革が進められ、事前規制から事後評価が重視されるとともに、教育行政の効率化を求める教育改革が進められていく。

# 第1節　戦後教育改革からの転換

## 1　戦後改革の転換と教育内容規準の強化

　アメリカの影響を強く受けた占領政策は、その後世界情勢の推移とともに、その方向性が変化していく。第二次世界大戦後、アメリカを中心とした資本主義陣営とソビエト連邦を中心とした社会主義陣営による東西対立が激しさを増していった。1948年にはドイツで「ベルリン封鎖」が行われると東西対立は決定的となった。1949年には中華人民共和国が成立し、新たな社会主義政権が生まれ、1950年には朝鮮戦争が勃発し、「冷たい戦争」は「熱い戦争」となった。アメリカの占領政策は、軍国主義や国家主義の徹底的な排除、あるいは財閥解体といった戦争が実施できないような国力を削ぐ経済政策を重点とすることから、日本は資本主義陣営の一員として自立することに重点を置く方向へと転換していく。1951年にサンフランシスコ平和条約（日本国との平和条約）及び日米安全保障条約が締結され、1952年に占領統治を終え、日本は主権を回復した。

　1950年代に入ると、国内の諸政策において、アメリカの影響を受けた戦後改革の行き過ぎを批判し、日本の伝統文化に即した形での軌道修正が行われていく。1955年には保守政党である自由党と日本民主党が合同して自由民主党（自民党）が結党され、日本社会党も右派と左派が合同し、「55年体制」と呼ばれる保守政党を与党とした政権が続くことになった。1993年の細川護熙連立内閣の成立によって自民党が野党となるまで、首相の交替はあっても自民党が与党で社会党が野党という、与野党間での政権交替のない、政治的な継続性がその後の日本の特色となった。

　教育政策においても、日本の伝統や文化を重視する保守的な立場を尊重する形での軌道修正が図られていくこととなる。その代表的な事例が、道徳教育の復活である。戦前の修身教育は、占領期には禁止されており、筆頭科であった修身科も禁止されていた。1950年には文部省が国旗掲揚、君が代斉唱を促す通達を出したのに続き、天野貞祐文部大臣（当時）が修身科の復活について発言し、翌51年には「国民実践要領」を個人として発表した。

こうした流れの中で、1958年に文部省は学習指導要領を改訂した。それまで「（試案）」と表記されていた学習指導要領は、1958年の改訂からは「（試案）」の文字がなくなり、文部省が告示として示したことにより、「法的拘束力」があるとして、学習指導要領に基づいた学校教育の実施を求めることとなった。また、教科としてではなく道徳が「特設」され、実施された。

1958年に学習指導要領が告示となり、その教育内容がしっかりと教えられているのか、児童生徒に定着しているのかを測定するために、1961年度から全国一斉学力調査が実施された。この学力調査は、中学2、3年生（当初は国語と数学）全員を対象とする悉皆調査として、1964年度までの4年間実施された。学力調査は、その後抽出調査として1966年度まで実施され、その後廃止された。全国学力調査の実施に教員組合が反対し、教員が調査実施を実力で阻止しようとしたことにより生じた学力テスト裁判で、実際に裁判での争点となったのは、国が学習指導要領等で教育課程編成の基準を作成することの適否であった。

学習指導要領の内容がどの程度理解されているのかを調査するのであれば、それ以前にも実施されていた一部を対象に行う抽出調査で十分であろう。あえて悉皆で調査を行うのであれば、その結果が児童生徒の指導に個別に生かされる必要がある。

全国規模の学力調査は1966年度を最後にして実施されず、学力についての十分なデータがない期間が続いた。その後全国学力・学習状況調査が改めて行われるようになったのは、40年程が経過した2007年になってからである。この全国学力・学習状況調査は、2007年度からほぼ毎年悉皆調査で実施されている。調査の対象は、小学6年生と中学3年生で、教科は国語と算数・数学である（理科、英語は3年に1度程度調査）。

教科書検定による教育内容の統制強化も行われた。1955年には日本民主党（当時）が「うれうべき教書の問題」についての冊子を作成し、教育内容についての問題提起を行った。その後、教科書検定の運用が強化され、記述内容の幅が従前よりも狭くなったといわれている（大田1978）。

戦後の国定教科書の時期から教科書の執筆に関わってきた家永三郎氏は、教科書検定によって記述の変更を求められたが、変更に応じなかったため、

家永氏の執筆した高校日本史の教科書が検定不合格となった。家永氏は、これを不服として、検定不合格処分の取消を求め、1965年に裁判を提起した。さらに翌66年には損害賠償を請求する訴訟も起こした。これらは家永教科書裁判といわれている。

　家永教科書裁判で争点となったのは、教科書検定制度が憲法の保障する表現の自由と検閲の禁止に該当するかどうか、教師の教育の自由が法的に認められるかどうか、といった点である。最初に出された1970年の東京地裁判決（裁判長の名をとって「杉本判決」と呼ばれている）は、国の権限を限定的に解釈して、国が行うべきは教育の条件整備であり（旧教育基本法第10条）、教育内容に介入することは基本的に許されないとした。しかし最高裁判所の判決（1993年）では国がそうした基準を作成することは違法ではないとされた（菱村幸彦2010）。

　なお、1963年に義務教育諸学校の教科用図書の無償措置に関する法律が制定され、小中学校等の教科書が順次給与されるようになった。


## 2　教育の地方自治から中央集権へ

　学校を中心とする教育行政制度も、戦後教育改革によって大きく変更された。行政全般でみてみても、戦前の国と地方の関係は、国の権限が強い、いわゆる「中央集権」型の国家システムになっていた。戦前の教育行政組織は、内務行政組織の一部として位置づけられ、県や郡、市町村における行政部門の一部として教育行政が行われていた。そのため、戦争遂行に学校が協力することが容易であったと考えられた。米国教育使節団報告書は、教育行政が集権化していることを指摘していた。

　1946年11月に日本国憲法が公布されたが、国の行政権は内閣に属するものとされた。内閣法や国家行政組織法によって、国の行政に関する権限が定められている。教育行政に関しては、文部省設置法（1949年制定）によって、文部省を中心とした国の教育行政権限が戦前よりも少なく、指導、助言、援助機能が中心となった。

　一方、国と地方との関係において、日本国憲法の第8章に「地方自治」を

規定した。これまでの国の事務であった多くの権限は、地方自治法（1947年制定）等によって、地方公共団体の仕事とされた。戦前は任命制（官選）であった都道府県知事等も住民の選挙によって選ばれることが規定された。

　教育行政に関しては、1948年に教育委員会法（旧法）が制定され、都道府県知事部局や市町村長部局とは別に、行政委員会としての教育委員会が設置されることとなった。従来、都道府県（知事）や市町村（長）に属していた教育、学術及び文化に関する事務は、教育委員会に属することとなり（第4条）、一般行政と教育行政とが組織的に独立することとなった。住民の選挙で選ばれた（公選制）教育委員による委員会（都道府県7名、市町村5名）が、合議制で教育に関する事項を決定することとなった（第7条）。教育行政を円滑に行うために、事務局が置かれ、教員免許状を有する教育長が事務局を監督するとされた。教育委員会は、法令に違反しない範囲で教育委員会規則を定めることができるとともに、教育予算を編成して地方公共団体の長（首長）に送付する権限（予算の先議権）をもっていた。

　こうした教育委員会法による教育委員会の権限は、首長や地方議会に対して相対的に独立していたため、総合行政の観点から後に批判が起こり、1956年には地方教育行政の組織及び運営に関する法律（地方教育行政法）へと改正された。この改正によって、教育委員会の権限が縮小され、予算案は首長の権限となった。また、市町村の教育長の任命には都道府県教育委員会の、都道府県の教育長の任命には文部省の、それぞれ同意を得ることが必要となった。文部省の権限を追加する法改正もあり、国、都道府県、市町村の上下関係は強化され、再び中央集権化していった。こうした関係は1999年の地方分権改革まで続いていく。

## 3　文部省と日教組の対立

　前述のように、教育委員会法（旧法）に代わって1956年に地方教育行政法が制定された。同法第46条（当時）では、県費負担教職員（市町村立の義務教育諸学校の教職員）の勤務成績の評定は、都道府県教育委員会の計画の下に市町村教育委員会が行うものとするよう規定されていた。これを受けて、

同年11月、愛媛県教育委員会は、勤務評定を実施することを決定し、その結果を給与等に反映させることとした。愛媛県教職員組合は、勤務評定の実施に反対し、大規模なストライキを実施した。愛媛県教育委員会は、ストライキを中心となって行った教員に対して懲戒処分を実施するとともに、勤務評定に反対する教員を自宅から通勤できない離島等に異動するといった対策をとったとされている（田川精三1963）。勤務評定の評価者として位置づけられた校長は、その多くがそれまで愛媛県教職員組合の組合員であったが、組合を脱退していった。

　勤務評定はその後全国的に実施されていった。多くの県で県教員組合による勤務評定反対闘争が行われ、教員たちはストライキを実施した。公務員のストライキは禁止されており（地方公務員法等）、多くの教員（組合員）が処分を受けることとなった。実施に対する処分を受けた教員たちは、裁判を通じて勤務評定の不当性を訴えることとなったが、裁判の結果、事実関係が確認できない等の理由で、無罪となる例も一部あったが、多くの判決で組合側は敗訴した。

　このように、1960年代から1970年代にかけて、勤務評定裁判、学力テスト裁判、教科書裁判等の教育裁判が多く発生した。これは与党である自民党の教育政策が、国会の法律や文部省の法令となって実施されることに、日本教職員組合（日教組）を中心とした教員組合が反対し、ストライキ等を実施したことによって引き起こされたといえる。国レベルでは「文部省対日教組」という構図が生まれ、都道府県レベルでは「県教育委員会対県教組」という構図が、市町村レベルでは「市町村教育委員会対県教組支部」という構図が、そして学校レベルでは「校長対分会（組合の学校毎の単位）」という構図が形成されていったのである。こうした構図が崩れるのは、文部省と日教組が「和解」した1995年になってからである。「和解」以降、日教組は文部省の教育政策に内容に応じた対応をとるようになった。これは、自民党が1993年に野党となった後、村山富市氏（日本社会党）との連立内閣に加わっていた時代であった。

## 第2節　人口・経済の変動と教育の大衆化

### 1　高度経済成長と教育の大衆化

　1960年に成立した池田勇人内閣は、所得倍増計画を提唱し、1960年代は高度経済成長の時代となった。地方から都市部への人口移動が起き、農村部では高齢化が進行していった。都市部では人口の密集や、狭い住宅、交通事故の増加や公害等によって、生活環境が悪化した。人々は経済的な豊かさを感じるとともに、会社のためにプライベートを犠牲にするような「猛烈社員」が拡がっていく。1966年に中央教育審議会（以下、中教審）は、「後期中等教育の拡充整備について」を答申したが、その別記「期待される人間像」において、仕事に打ち込むこと、家庭をいこいの場とすること、正しい愛国心をもち、象徴に敬愛の念をもつこと、等を期待していた。[1]

　こうした中、戦後のベビーブーマー（後の団塊の世代、1947-49年生まれの人たちで、1学年での人数が多かった）が高校に進学する時期になると、高校受験競争は激しいものとなった。高校進学率は、1950年に42.5％であったが、1954年には50％を、1961年には60％を、1965年には70％を、1970年には80％を、1974年には90％を、それぞれ超えるようになり、準義務教育とまでいわれるようになった。

　高校進学率の上昇は、同時に大学等の高等教育機関への進学希望者を増大させた。1955年の大学及び短期大学進学率は、16.0％であった。1960年代後半には大学への進学者数が増大したが、国立大学の定員は抑制され、私立大学の学生数が増大した。大教室における大人数の学生に対するマスプロ授業と、国立大学と比較して割高な授業料は、学生の不満を生み、1960年代後半の学生紛争を引き起こす原因の1つとなった。また、1962年には中堅技術者を養成するために、高等専門学校が設けられた。高等専門学校は、後期中等教育3年と短期高等教育2年を合わせた5年の短期高等教育機関である。

　教育の大衆化に対応するため、中央教育審議会は1971年に「今後における学校教育の総合的な拡充整備のための基本的な施策について」を答申した（いわゆる「46答申」）。そこでは、教育統計等に基づいて、今後の教育制度全

239

体についての改革が提言された。たとえば、幼小連携、中高一貫教育と中等教育の多様化、高等教育の多様化等、大規模な教育改革が提言された。この答申は、明治の学制、第二次世界大戦後の教育改革に続く「第三の教育改革」と位置づけられた。学校制度は戦後の単線型から分岐型へと転換していくことを提案していた。しかし1973年に起こった第一次石油ショックによって、この答申による教育改革は全面的に実施されるに至らなかった。

　こうして、後期中等教育段階の量的拡大が達成され、高等教育段階の拡充が抑制された。学校教育法に専修学校の規定が新設され、専修学校専門課程（専門学校）が発足したのは1976年であった。しかし、同時に、受験競争の過熱や落ちこぼれといった問題、あるいは登校拒否（今日の不登校）や学校の荒れ等、学校教育の病理現象とされるような問題を抱えるようになっていく。


## 2　石油ショックと臨時教育審議会

　1973年の石油ショック以降、行政全般は、新たに財政状況を考慮して行財政改革を進める必要性が生まれた。こうした福祉国家政策から新自由主義的な国の在り方への変化が早かったのは、イギリスのサッチャー元首相やアメリカのレーガン元大統領である。とりわけNPM（New Public Management）と呼ばれる手法が導入され、医療や福祉、教育といった領域への国の支出が抑制されるようになっていった。

　1980年代前半からは、中曽根康弘元首相（1982-87年）が民間活力を導入し、市場原理に基づく競争によって経済の活性化を目指した。国営であった電電公社や国鉄等の民営化が進められたのもこの時期である。

　行財政改革の中で、教育の分野においても、いかにして教育改革を実施するのかが課題となった。教育分野における大胆な見直しを図るため、文部大臣の諮問機関として設置されている中教審とは別に、首相が組織する諮問機関として、臨時教育審議会（以下、臨教審）が法律に基づいて設置された（1984-1987年）。

　臨教審では、教育の個性化・自由化について、活発に議論が交わされた。

議論の基盤となっていたのは、生涯学習社会における学校教育制度の在り方である。それまでの学校制度は、幼少期から青年期にかけて学校に通うことが前提とされ、高校や大学を卒業すると、学校とは関係がなくなると考えられていた。しかしながら、科学技術の発達や、国際化によって、社会の変化の速度が増し、学校では学ばなかった様々な新たな知識や技術が必要とされる時代となったと位置づけられた。このため、学校を卒業した後に必要となった新たな知識を獲得する場として学校で改めて学ぶことの重要性が指摘された。さらには、義務教育で将来必要なすべての知識を提供することは困難なのであるから、義務教育を中心とした学校では、生涯学び続けていくという態度を獲得することを重視すべきであるという考え方へと変化していったのである。また、臨教審では、従来の日本の教育制度の特色である、教育の平等を重視する考え方から、学校の選択等による教育の自由化へと教育政策への転換が図られた。

　臨教審では、審議過程で活発な議論が行われたが、4度の答申でまとめられた内容は、その後の教育政策で緩やかに実施に移されていく。

## 3　児童生徒数の急増・減少と教育制度の多様化

　戦後の1947-49年に第1次ベビーブームが起こり、その世代（団塊の世代）が結婚し、出産の時期となる1971-1974年に第2次ベビーブームが起こり、出生者数が増加した（団塊ジュニア世代）。団塊ジュニア世代が義務教育、そして高校、大学へと進学する時期は、臨時的に定員の増加が図られた。18歳人口は1992年の205万人を頂点として、その後は1995年に177万人、2000年に151万人、2010年に122万人と減少し、2019年には117万人となっている[2]。臨教審は、人口減少をある程度見越した上で、教育政策を量から質中心に転換する意図があったと考えられる。

　臨教審の答申を基盤として、最初に教育の規制緩和が行われたのが、高等教育領域である。1991年の大学設置基準の大綱化は、大学の学修課程の多様化を可能にし、従来の大学では少なかった分野の学部（国際、情報、看護、福祉等）が相次いで設立されるようになった。また、1990年前後に出生

者数の多い団塊ジュニア世代が大学に進学する時期を迎え、文部省の設置認可も緩やかとなった。その結果として、新たな大学・学部の設置が容易になり、大学の量的拡大が進んだ。大学入学者数は、1980年には41.2万人であったが、1990年に49.2万人、2000年には60.0万人と、20年で50%近く増加し、2015年は61.8万人、2020年は63.5万人である。現役大学・短期大学進学率も、1980年の31.9%から、1990年には30.5%、2000年には45.1%、2010年には54.3%、2020年には55.3%へと上昇している（文部科学省「学校基本調査」各年から）。特に1990年から2000年までの10年間でおよそ15ポイントの上昇となったことは、18歳人口の減少を考慮しても、文部省の規制緩和が大きく影響したといえよう。一方で、短期大学への進学率は、1994年の13.2%が最高で、2020年には4.2%に低下している。

表13-1　大学及び短期大学の進学率（%）

| | 年 | 1960 | 1970 | 1980 | 1990 | 2000 | 2010 | 2020 |
|---|---|---|---|---|---|---|---|---|
| 大学 | 進学率 | 8.2 | 17.1 | 26.1 | 24.6 | 39.7 | 50.9 | 54.1 |
| 短期大学 | 進学率 | 2.1 | 6.5 | 11.3 | 11.7 | 9.4 | 5.9 | 4.2 |

（出典）文部科学省「学校基本調査」各年版から筆者作成

　高等学校段階では、1979年以降、高校進学率がほぼ90%代後半となり、ほとんど全員が進学可能な状態となっている。それは同時に多様な生徒が高等学校に入学することを意味している。高等学校は多様な入学者に合わせた多様な形態で設置されるようになってきた。普通科単位制高校（1993年実施）、総合学科高校（1994年実施）や中高一貫教育校（1999年実施）は、そうした弾力化の表れである。また、自治体レベルでも少子化による高校生の減少に対応するために、独自の改革（再編整備計画）が進められている。たとえば、東京都は1997年に「都立高校改革推進計画」（1997-2006年度）とその後数度の実施計画を策定した。2012年には「新たな都立高校改革推進計画」（2012-2021年度）を策定し、2012年、2016年、2019年にその実施計画を策定している。実施計画では推進計画に基づいて、具体的な統廃合、改組の学校をイメージしながら計画的に都立高校の再編整備を進めている。東京都独自のエンカレッジスクール（小・中学校で十分能力を発揮できなかった生徒のや

242

る気を育てる学校。30分授業や2人担任制等学校運営を工夫している)、チャレンジスクール（小・中学校で不登校の経験を持つ生徒がもう一度自分の夢にチャレンジする高校)、進学指導重点校、中堅校の活性化、午前、午後、夜間の3部制の単位制高校等、目的別に多様な高校の設置が進められている。

　1999年には中高一貫教育制度が導入された。これによって15歳での進路選択を基本としつつも、12歳の小学校卒業時に、通学区域の中学校、国公立の中等教育学校や併設型中学校、そして私立中学校等と、学校選択の幅が広げられた。

　公立小・中学校では、通学区域の弾力化を基礎とする学校選択制が進められた。従来は市町村が定める居住地域を基礎とした学校指定が行われていたが、保護者の申立等によって、それ以外の学校への通学が可能な自治体が増加した。1996年の文部省通知「いじめの問題に関する総合的な取組について」がきっかけとなり、保護者の希望によって就学する学校を選択できるようにするものとなった。都市部では、東京都の品川区が2000年度に小学校で、翌01年度に中学校で、それぞれ学校選択制を導入した。こうした学校選択制は、不人気となった小規模な学校に統廃合を促していくという面もある。

## 4　行財政改革と教育改革

　1990年代以降の経済的停滞は、「失われた10年」と呼ばれているが、これまでの大量生産大量消費を前提としていた日本社会の在り方を問い直すこととなった。政治的にも1993年には細川護煕連立内閣が生まれ、自民党が1955年以降維持してきた政権が交替した。自民党は、その後社会党との連立で政権に参加し、1996年には橋本龍太郎首相を擁して政権の中心に復帰する。橋本内閣以降、行財政改革の必要性が再度認識され、小泉純一郎内閣（2001-2006年）は、NPMによる行財政改革を推し進めていった。

　行財政改革の過程において、国と地方の関係が見直され、1999年には地方自治法の大改正を中心とした地方分権一括法案が可決された。国と都道府県及び市町村は法的には対等な関係となり、地方自治体の権限を強化するた

めに自治事務が増やされた。

　地方分権の流れの中で、1998年に中教審は「今後の地方教育行政の在り方について」を答申し、国と地方公共団体の関係を見直すとともに、学校の自主性・自律性強化について提言した。この答申を受けて、教育長の任命承認制度を廃止し、首長が議会の承認を得て教育長を任命すること（1999年の地方教育行政法改正）、保護者や地域住民が校長に意見を述べる学校評議員制度の導入（2000年の学校教育法施行規則改正）、といった改革が行われた。また、2002年には学校の自己評価・点検が努力義務となり、2007年には学校の自己評価は義務となり、学校関係者評価が努力義務となった（第8章参照）。

　高等教育では、私立大学の拡充が継続していった。高等教育の質を保証するために、2004年度から大学等の認証評価制度が導入された。これは7年以内に1回（専門職大学院は5年以内に1回）、文部科学大臣の認証を受けた評価機関による認証評価が義務づけられている。

　国立大学は2004年度から国立大学法人となり、国からの運営交付金を基盤としながらも独立採算制を原則とするようになった。運営交付金は毎年1％ずつカットされていき、国立大学の経営は厳しさを増した。国立大学は6年毎に中期計画を作成するが、その内容により、運営交付金の金額も差が付く仕組みとなり、大学間の交付金獲得競争が激しさを増している。

　さらに国の権限移譲と合わせて財源を国から地方に移譲させるため、義務教育費国庫負担制度が見直され、2006年度から義務教育諸学校の教職員の給与等の負担率が変更された。市町村立の小中学校等の教職員の給与等は国と都道府県が2分の1ずつ負担していた制度が改められ、国が3分の1を限度とし、残り3分の2を都道府県が負担する制度となった。

## 第3節　教育基本法改正と新自由主義的教育政策

### 1　教育基本法改正と教育振興基本計画

　2006年に小泉政権を引き継いだ第一次安倍晋三内閣は、1947年に制定された教育基本法を廃止し、同年新たな教育基本法を制定した。そこでは、教

育の目標が具体的に列挙されるとともに（第2条）、学校、家庭及び地域住民の教育における連携協力関係が重視されることとなった（第13条）。学校は家庭や地域社会から独立した存在としてではなく、社会の中の1つの組織であることが改めて強調されたのである。また、教育は「国民全体に対し直接に責任を負って行われるべき」という旧教育基本法第10条の文言が削除され、「この法律及び他の法律の定めるところにより」行われるものとした。教育行政は「国と地方公共団体との適切な役割分担及び相互の協力」の下で行われることとなった（第16条）。教育行政は、教育振興基本計画に基づいて、中長期的な教育政策を遂行することが規定され（第17条）、それに基づき教育振興基本計画（第1期）が2008年7月に閣議決定された。教育振興基本計画は10年程度を見通しながら、5年毎に改訂されている（第2期2013年、第3期2018年）。

教育基本法の改正を受けて、2007年には学校教育法や地方教育行政法、教育職員免許法等が改正された。学校教育法の改正によって、学校教育は「生涯にわたり学習する基盤が培われるよう、基礎的な知識及び技能を習得させるとともに、これらを活用して課題を解決するために必要な思考力、判断力、表現力その他の能力をはぐくみ、主体的に学習に取り組む態度を養うこと」（第30条2項）を目指すことが規定された。この改正を基盤として、2008年3月には平成20年版学習指導要領が改訂された。

教員政策にも変化がある。2007年の教育職員免許法の改正によって教員免許状は、10年間の期限付きとされ、免許状を更新するためには、30時間の免許更新講習を受講することとなった（教員免許更新制、2009年度導入[3]）。また、指導力不足の教員に指導改善研修を行い、指導力不足が改善されない場合、免職その他の処分を行う制度が2007年に導入された。2008年には専門職大学院として教職大学院が開設された。

## 2　民主党への政権交代と教育政策

2009年の総選挙によって、自民党が敗北し、自民党連立政権から民主党を中心とする連立政権への政権交代が起こった。政権交代の背景には、2008

年のリーマンショックによる景気の悪化、そしてそれに金融危機が連動していた等の要因があった。さらに2011年3月には東日本大震災が起こり、日本は景気が停滞する苦難の時代が続いた。

　民主党政権が進めた教育政策は、主に2つである。第1に2010年度から高校授業料実質無償化を行った。これは公立高校の授業料相当を国が負担し、世帯の収入にかかわらず授業料負担を実質的になくすものである。私立高校の場合、公立高校の授業料相当額が国から支払われ、差額分を保護者が負担する（高校授業料無償化、就学支援金支給制度）。こうした政策は、学校選択制で議論されているクーポン制に該当する。

　第2に、2011年に公立義務教育諸学校の学級編制及び教職員定数の標準に関する法律（標準法）を改正して、小学校1年の学級編制の人数を最大40人から35人へと引き下げた。小学校2年については、予算措置として35人学級を行った。しかしそれ以外の学年については、40人学級が原則維持された。（2021年から小学校では学年進行で35人学級が実施されている。）

　この他にも大学院による教員養成（2012年の中教審答申）等の政策を進めようとしたが、政権交代によって進展しなかった。


## 3　自民党の政権復帰と教育政策

　2012年12月には再度政権が交代し、安倍晋三を首相とする自民党と公明党の第二次安倍連立政権となった。第二次安倍政権下では、民主党政権下で廃止された首相直属の私的な教育諮問機関として、教育再生実行会議が再び設置された。教育改革の政策構図は、自民党内の「教育再生実行本部」が提言をあげ、首相官邸の「教育再生実行会議」（2021年から「教育未来創造会議」）が提言としてある程度の方針を定めた後に文部科学大臣が「中央教育審議会」に諮問を行い、中教審が具体的な内容を答申するという流れになった。自民党が政権復帰した後の2012年以降の主な教育政策は、次のように整理できる。

　第1に民主党連立政権が導入した高等学校授業料の実質無償化を廃止し、2014年度から世帯年収がおよそ910万円よりも少ない世帯の授業料無償化措

置とし、それ以上の所得のある世帯には、再度授業料を自己負担とした。一方で低所得の世帯には支援金額を上乗せした。2020年度からはその支援額を上積みした（第4章参照）。

第2に地方教育行政法を改正し、教育委員会の構成や役割を変更した（第6章参照）。教育委員会は原則教育長（任期3年）と4名の教育委員（任期4年）から構成するものとし、教育委員会を代表する教育委員長の職を廃止して、教育長に一本化した。また、首長（知事及び市町村長）と教育委員会の役割を変更し、首長が主宰する総合教育会議（委員は首長と教育長、教育委員）で教育に関する「大綱」を策定することとし、首長が教育政策の方針に関与できるようにした（第7章参照）。

第3に義務教育学校の制度化である。小学校と中学校を一体的に運営することにより、中1ギャップを解消し、不登校等を減らすことが目指された。同時に、財政力の弱い町村等の学校の維持・運営費を軽減することも意図していたと考えられる（第3章参照）。

第4に県費負担教職員の費用負担者変更である。これまで県費負担教職員制度において、政令指定都市では任命権は政令指定都市に、その費用負担は道府県となっており、任命権者と費用負担者のねじれがあった。このため、2017年度から、道府県の財源の一部を政令指定都市に移管し、政令指定都市が県費負担教職員分の費用負担を行うこととなり、任命権者と一致させることとなった。

第5に高等教育改革では、2004年の国立大学法人化により、各大学は自主的・自律的な環境下での活性化を目指してきた。2014年の学校教育法等の改正により、教授会の権限を弱め、逆に学長等の権限を強め、国立大学の改革を加速化する環境をつくった。更に、2015年6月に文科大臣は各国立大学法人学長宛に、業務全般の見直し内容を決定、通知したが、その中に、大学組織の改革、特に教員養成系学部や人文社会科学系学部について、組織の廃止や社会的要請の高い分野への転換に努める旨が記されていた。[4] 高等教育領域のとりわけ国立大学において、財政を含めた国による政策誘導が強化される傾向にある。

第6に幼児教育領域では、自民党は2012年の総選挙において、5歳児の義

務教育化を掲げたが、義務教育年齢は引き下げられていない。しかし義務化のために必要となるとされる費用について、財源として予定していた消費税の税率が引き上げられたため、3歳以上の保育料の一定時間分の無料化を2019年10月から開始した（第2章参照）。

　これまで戦後教育改革からの転換の様子を概観してきた。重点を4つにまとめると、1つは、教育の地方自治から文部省の権限強化へ、そして1999年前後の地方分権と学校の自主性・自律性への流れがあった。2つは、臨教審を経て、事前規制型の教育行政から事後評価による規制へと転換していった。第3に、単線型学校制度が、徐々に多様化されていき、複数の選択肢が可能となった。また、学校選択制が一部自治体で実施され、選ぶ側に責任が求められるようになった。第4に、教育の機会均等は理念として定着し、教科書の無償化（1963年）、高等学校の授業料実質無償化（2010年）、就学前教育の一定時間の無償化（2019年）、高等教育の低所得世帯への支援強化（2020年）等の政策が導入されてきた。しかし、実際の教育機会は地理的、経済的条件等により、依然として制約を受けている。

　こうした教育政策によって、日本の学校教育を中心とした教育は成果を上げてきたといえるのであろうか。この点について、次章で考察を深めていく。

〈注〉
（1）中央教育審議会答申「後期中等教育の拡充整備について」別記「期待される人間像」https://warp.ndl.go.jp/info:ndljp/pid/11293659/www.mext.go.jp/b_menu/shingi/old_chukyo/old_chukyo_index/toushin/1309489.htm（2021年8月19日確認）
（2）文部科学省「18歳人口と高等教育機関への進学率等の推移」https://www.mext.go.jp/content/20201126-mxt_daigakuc02-000011142_9.pdf（2021年11月7日確認）
（3）2021年11月時点で、中教審「令和の日本型学校教育」を担う教師の在り方特別部会等で発展的解消がとりまとめられている。https://www.mext.go.jp/b_menu/activity/detail/2021/1115.html（2021年11月30日確認）
（4）文部科学大臣決定「国立大学法人の第2期中期目標期間終了時における組織及び業務全般の見直しについて」2015年6月8日　https://www.mext.go.jp/component/a_menu/education/detail/__icsFiles/afieldfile/2015/10/01/1362382_1.pdf（2018年8月19日確認）

〈参考・引用文献〉
・OECD『図表でみる教育　OECDインディケータ（2020年版）』明石書店、2020年
・大田尭編著『戦後日本教育史』岩波書店、1978年

・尾崎ムゲン『日本の教育改革——産業化社会を育てた130年』中央公論新社、1999年
・木村元『学校の戦後史』岩波書店、2015年
・小玉重夫編『岩波講座 教育変革への展望〈6〉学校のポリティクス』岩波書店、2016年
・国立教育研究所編『日本近代教育百年史』教育研究振興会、1974年
・田川精三編『愛媛教育残酷物語』明治図書、1963年
・菱村幸彦『戦後教育はなぜ紛糾したのか』教育開発研究所、2010年
・水原克敏ほか『学習指導要領は国民形成の設計書（新訂)』東北大学出版会、2018年
・文部省『学制百年史』帝国地方行政学会、1972年
・文部科学省「学校基本調査」（政府統計の総合窓口「学校基本調査」）https://www.e-stat.go.jp/stat-search/files?page=1&toukei=00400001&tstat=000001011528（2021年11月7日確認）

## 学習課題

（1）中等教育の拡大は、その後社会にどのような影響を与えたのかをまとめてみよう。

（2）文部省と日教組が、学力テストや勤務評定等で対立した理由を調べてまとめてみよう。

（3）臨時教育審議会で提案された内容は、その後どのように実施されたのかを整理してまとめてみよう。

（4）政権交代が教育政策にどのような影響を与えているのかをまとめてみよう。

# 第14章　学校教育制度の行方

　これまで初等中等教育や高等教育（2–5章）、教育行政の仕組み（6–7章）、学校経営（8–10章）、諸外国の学校教育（11章）、学校教育の歴史（12–13章）を概観してきた。

　本章では学校教育の成果と課題として、新自由主義による教育の機会均等と自己責任のレトリックを整理する。具体的な課題として、人口減少による学校の小規模化と学校統廃合と地域格差、教育費の負担、教育内容、学校教育から労働市場への移行を考察していく。

# 第1節　福祉国家から新自由主義への転換

## 1　効率的な学校教育と人的資本論

　第二次世界大戦後、世界は西側の資本主義陣営と東側の社会主義陣営とに
分かれた。この東西冷戦構造の中で、日本は資本主義陣営の一員として、資
本主義社会と民主主義社会を求めることとなった。戦後の復興の中で、経済
力を高めるための人材を育成することが求められ、単線型となった学校教育
制度は、教育機会を拡大することに資するとともに、義務教育以降の学校を
多様化する形で、経済からの人材需要に応えることとなった。1960年代の
高度経済成長期には高等学校への進学率が上昇して後期中等教育が拡大した。
さらには、高等専門学校の制度化（1962年）や短期大学の恒久化（1964年）
によって、短期型高等教育が拡充され、経済需要に応じた人材を養成する土
台ができ、有能な労働力を育成する人的資本論を効率的に実現していったと
いえる。

　日本を含む欧米諸国中心の資本主義陣営では福祉国家が目標とされ（エ
スピン・アンデルセン）、高等教育につながる学校系統が量的に拡大し、高等
教育のマス化、更にはユニバーサル化へと進んでいった。民主主義（開かれ
た教育機会、それを実現する単線型学校システム）と資本主義（有能な労働力の
ための知識・技能の伝達、国の経済発展）とを調和的に実現する社会の在り方
を目指した教育（能力に応じてひとしくという考え方、能力に応じた選抜システ
ム）が、学校システムを中心に展開されてきた。

　学校教育は、機会をすべての者に開く機能を有している。そのことは社会
的身分や門地（いわゆる家柄）等により差別されないとする法の下の平等を
体現するものである。いわゆるメリトクラシー（能力主義）社会を保障する
基盤となる。と同時に、開かれた教育の機会は、競争と選抜を生む。そうし
た体制になじめない者、適応しない者は、学校教育システムから脱落し、排
除されていく。そこに学校病理と呼ばれる様々な現象があらわれる。いじ
め、不登校、外国籍の子どもへの教育提供等はその典型である（第10章参
照）。中学受験の前に小学校を休む児童が多いといった受験制度も、病理現

象に入るであろう。


## 2　新自由主義時代の教育改革

　1973年の第一次石油ショックとともに、経済活動が停滞し、国家の歳入が減少するようになると、それまで国による所得の再配分を基調とする福祉国家は行きづまるようになった。1980年代以降英米等において新自由主義が広まり、1991年にはソビエト連邦が崩壊する等、世界情勢は変化し、グローバル経済を中心に社会が動いていくようになった。そこでは国家の役割は縮小し、国際的な市場の役割が増大していく。

　日本では石油ショックからの立ち直りが比較的早かったが、それは諸外国よりも早く大量生産、大量消費型の生活スタイルに適合した安価な製品を大量に生産、輸出することに成功したからである。1980年代後半のバブル景気は、まさにこうした大量生産、大量消費による繁栄の時代であったといえよう。

　1980年代頃から、英米の影響を受け、各国では国家の歳入減少に見合った国家の歳出を縮減する政策（医療、福祉、教育等の削減）が主流となり、多くを市場原理に委ねる新自由主義型の国家像（「小さな政府」）がもてはやされるようになっていく。その代表的な理論がNPM（new public management）であった。バブル景気の崩壊した1990年代以降、日本でも本格的なNPM型の行財政改革が進められていく。こうした考えの下では、教育についての国家介入は最小限度に抑えられ、市場原理に基づく競争が基本的条件とされる。その結果は、自己責任として本人に帰せられる。公正な教育競争による結果は本人の責任、という考え方が広められていった。

　こうした考え方に基づく教育改革は、第1に国家の役割を小さく抑え、責任を個人に帰することになる。第2に個人の教育に関する諸条件（経済状況、地域性等）が異なっているにもかかわらず、教育機会が開かれていると主張することである。

## 第2節　新自由主義における教育政策

### 1　学校教育の地域的多様性

　新自由主義政策は、教育の市場化と競争原理による自己責任論をもたらしている。1996年の公立小学校及び中学校における通学区域の弾力化に関する通知は、小中学校の学校選択を容易にした。また、1999年に制度化された中高一貫教育制度においても、公立の中等教育学校や併設型中学校における入学者選抜では学力検査は国会の附帯決議によって実施されないこととなり、代わりに適性検査や作文等が実施されるようになった。公立の中高一貫教育校が地方にも拡がることによって、地方にも中学校受験が広まることとなった。高等学校入試では、2001年以降都道府県が公立高等学校の通学区域を設定する規定が廃止され、全県一区や通学区域を拡大した高校入学者選抜が広まっていった。

　こうした学校選択の機会拡大は、多様な学校教育の機会を確保するが、同時に不人気な学校をつくる要因にもなっている。さらには生活圏とは異なる通学を強いる場合もあるし、地域のまとまりを弱める機能も果たす可能性がある。小中学校の学校選択制を取りやめる自治体が出てきた理由は、学校が地域における人間関係の上に成立していること、通学による移動の負担、更には多様な児童生徒がいる学校における教育の重要性が再認識されていったということ等が考えられる。

　これとは別に、学校を選ぶことが困難な地域もある。児童生徒数の減少による小中学校の統廃合により、スクールバス等で通学せざるを得ず、決まった1校しか選べない地域がある一方、徒歩区間で複数の学校を選ぶことができる地域がある。こうした条件の中で、教育の機会均等は確保できており、学校教育が同じように行われていると考えて良いのであろうか。

　また、高等学校等の進路選択においても、地域的要因が大きな影響を与えている。自宅から公共交通手段によって通学可能な範囲に、数十校の高等学校がある地域、地元にある高等学校が1校か2校の地域、更には自宅から高等学校に通うのが困難な地域もある。更に経済的要因を含めて考えると、実

254

質的に選択できる高等学校には大きな違いがあることがわかる。

　高等学校を卒業し、大学、専門学校（専修学校専門課程）、就職等の進路を考えるとき、自宅から通学、通勤できる範囲にどの程度選択肢があるのかは地域によって大きく異なっている。高等学校（全日制・定時制）の大学等進学率の全国平均は55.8％である（2020年、文部科学省「学校基本調査」）。これを都道府県別でみてみると、京都府が67.8％、東京都が66.6％と大学等進学率が高くおよそ3人に2人は大学等に進学する。一方、沖縄県は40.7％、鹿児島県は43.5％、佐賀県は43.6％となっており、半数以上が大学や短期大学等には進学していない。東京都や京都府は、高等教育機関が多く立地していることが進路選択に影響していると考えられる。

## 2　学校の小規模化と学校統廃合

　日本では人口減少が続いている。政府は、5年毎に国勢調査を実施している。国勢調査によると、日本全体の人口は、2010年の1億2,806万人から2020年には1億2,623万人へと減少に転じている（2020年は速報値、以下同様）。国立社会保障・人口問題研究所の「日本の将来推計人口（平成29年推計）」では、出生中位推計に基づくと、2040年には1億1,092万人、2053年には1億人を割って9,924万人になると推計している。

　こうした人口減少は地方において顕著となっている。国勢調査において1990年から2020年までの30年間で、日本全体における人口は、2.1ポイント増えているが、都道府県別に人口の増減率をみてみると、沖縄県（20.1ポイント増）、東京都（18.6ポイント増）等10ポイント以上増加したのが7都県ある一方、秋田県（21.8ポイント減）、青森県（16.5ポイント減）等10ポイント以上減少したのは14県に及んでいる。

　こうした人口減少に連動して、児童生徒数の減少による公立学校の統廃合が進んでいる。1990年から2020年までの30年の間に、公立の小学校数は5,369校（21.8％）、公立中学校数は1,380校（13.0％）、それぞれ減少している（文部科学省「学校教育本調査」）。1970年から2020年までの50年間でみてみると、北海道の公立小学校や公立中学校は半数近く（小学校は半数以上）減

少している。鳥取県でも公立小学校は半数近くが統廃合となっている。町や村に1つの小学校、1つの中学校という所も少なくない。東京都でも近年は学校統廃合が行われている。

表14-1 市区町村立小中学校数

| 年 | 市区町村立小学校 | | | | 市区町村立中学校 | | | |
| | 計 | 北海道 | 東京都 | 鳥取県 | 計 | 北海道 | 東京都 | 鳥取県 |
|---|---|---|---|---|---|---|---|---|
| 1970 | 24,558 | 2,108 | 1,144 | 228 | 10,379 | 1,029 | 506 | 65 |
| 1980 | 24,707 | 1,837 | 1,377 | 199 | 10,156 | 833 | 613 | 57 |
| 1990 | 24,586 | 1,669 | 1,424 | 193 | 10,588 | 781 | 666 | 59 |
| 2000 | 23,861 | 1,526 | 1,385 | 188 | 10,453 | 749 | 660 | 60 |
| 2010 | 21,713 | 1,241 | 1,311 | 146 | 9,925 | 657 | 624 | 62 |
| 2020 | 19,217 | 999 | 1,328 | 118 | 9,208 | 566 | 604 | 54 |

（出典）学校基本調査に基づき筆者作成

　文部科学省の「学校規模の適正化及び少子化に対応した学校教育の充実策に関する実態調査」（2018年実施、2019年公表）によると、国が定めている小中学校の標準規模である12-18学級よりも小規模な学校（特別支援学級を除く）は、小学校（1万9,538校、うち休校中246校）でおよそ50％（9,662校）、中学校（9,277校、うち休校中220校）では61％（5,687校）に達していた。義務教育学校（80校）では標準規模である18-27学級よりも小規模な学校が47校と過半数であった。

　学級数が少ないことによる学校運営上の課題として、①クラス替えが全部又は一部の学年でできない、②クラス同士が切磋琢磨する教育活動ができない、③加配なしには、習熟度別指導などクラスの枠を越えた多様な指導形態がとりにくい、④クラブ活動や部活動の種類が限定される、等が考えられる（文部科学省2015、6-7頁）。他方、小規模校のメリットとして、①一人一人の学習状況や学習内容の定着状況を的確に把握でき、補充指導や個別指導を含めたきめ細かな指導が行いやすい、②意見や感想を発表できる機会が多くなる、③異年齢の学習活動を組みやすい、体験的な学習や校外学習を機動的に行うことができる、④地域の協力が得られやすいため、郷土の教育資源を最大限に生かした教育活動が展開しやすい、等が挙げられる（文部科学省

2015,34頁)。

2014年6月の閣議決定「経済財政運営と改革の基本方針 2014について」（いわゆる「骨太の方針2014」）は、学校規模の適正化に向けて、学校統廃合の指針見直しについて言及している。翌2015年の閣議決定「経済財政運営と改革の基本方針2015について」においても学校統廃合、統合困難な小規模校等の活性化への支援等に言及している。国の方針として学校統廃合を指導、支援していく姿勢が現れている。市町村では、小中学校の学校規模適正化を検討、実施しているが、学校統廃合を検討する際には、校舎の耐用年数等の物的条件、校舎の維持費用（例:耐用年数の延長工事）、統合した場合のスクールバスの運行費用等経済的条件が影響する。また、学校が地域のコミュニティとしての役割を担っていることも多く、地元から学校がなくなることへの抵抗感も強いことが多い。こうした様々な条件を勘案しながら、地元住民の理解と、児童生徒の教育的利益を引き出すことが求められている。

## 第3節　教育に必要な費用と負担者

### 1　私的な教育費用負担

教育は、将来の生活に大きな影響を及ぼす。教育の機会均等（教育基本法第4条）と義務教育の無償（憲法第26条第2項、教育基本法第5条）は、そのための重要な要件である。しかし日本では義務教育の無償は、国公立学校の授業料の不徴収と規定され、それ以外の教育費は個人の負担とされてきた。

表14-2　学習費総額（単位：円）

| 学習費総額 | 幼稚園3年 | 小学校6年 | 中学校3年 | 高等学校（全日制）3年 | 合計 |
|---|---|---|---|---|---|
| 公立 | 670,941 | 1,927,686 | 1,465,191 | 1,372,140 | 5,435,958 |
| 私立 | 1,583,748 | 9,592,146 | 4,219,299 | 2,909,733 | 18,304,926 |

（出典）文部科学省「子供の学習費調査」2018年より筆者作成

「表14-2」は子どもが幼稚園から高等学校まで、すべて公立学校に通学した場合と、すべて私立学校に通学した場合に支出されている学習費総額（学

校外活動費である学習塾やスポーツクラブ等を含む）である。公立学校に通った場合には、子ども一人当たり約544万円、私立学校に通った場合には、約1830万円が支出されていることになる。

表14-3　大学（昼間部）の学生生活費（1年間、2018年調査）（単位：円）

| 大学(昼間部) | 自宅 | アパート等 | うち学費 |
|---|---|---|---|
| 国　立 | 1,122,300 | 1,765,800 | 637,700 |
| 公　立 | 1,130,300 | 1,681,900 | 666,700 |
| 私　立 | 1,810,800 | 2,495,300 | 1,373,900 |
| 平　均 | 1,714,000 | 2,221,000 | 1,208,800 |

（出典）独立行政法人日本学生支援機構「平成30年度　学生生活調査」2020年

　また、子どもが大学に進学した場合、1年間で必要となる生活費は、国公立大学の場合、自宅生で110万円強、親元を離れた場合には170万円前後となっている。私立大学の場合、自宅生で181万円、親元を離れた場合には約250万円が必要になる（表14-3）。4年間でおおよそ450万円から1000万円を必要としていることになる。

　こうした私的な負担が可能な者もいれば、困難な者もいるであろう。義務教育等で教育に必要な費用を負担することが困難な場合は、生活保護法に基づく教育扶助や、それに準ずる扶助が行われる。しかしこうした扶助は最低限の保障であり、経済的要因による進路選択は大きな影響を受けると考えられる。

　2010年代に入って、国はようやく高等学校授業料の実質無償化（2010年から、第4章参照）、幼児教育の実質無償化（2019年から、第2章参照）、低所得者に対する高等教育の修学支援新制度（2020年から、第13章参照）等の政策を開始した。しかし、高等学校授業料の実質無償化は2014年から所得制限が課されるようになり、高校教育を権利として保障するという意味から高校教育費の補助・支援に性格が変化した。教育がその後の人生に与える影響の重要性から、どのような教育無償化政策、あるいは補助・支援策をとるべきか、慎重に検討していく必要がある。

## 2　日本における教育費の公的負担と私的負担の特色

　それでは、国の在り方の違いは、教育費に実際どのように影響しているのであろうか。OECD（経済協力開発機構）は、1990年代から各国のGDP（国内総生産、各国の経済活動規模を示す指標となっている）に対する教育費用の割合を算出している（表14-4参照）。

表14-4　主要国対GDP比教育費用（公私別）（2017年、単位：%）

| | 初等中等教育 | | | 高等教育 | | | 初等中等教育と高等教育合計 | | |
|---|---|---|---|---|---|---|---|---|---|
| | 公 | 私 | 国際 | 公 | 私 | 国際 | 公 | 私 | 国際 |
| オーストラリア | 3.2 | 0.7 | 0.0 | 0.7 | 1.3 | – | 3.9 | 2.0 | – |
| カナダ | 3.3 | 0.3 | – | 1.2 | 1.1 | – | 4.5 | 1.4 | – |
| フィンランド | 3.6 | 0.0 | 0.0 | 1.4 | 0.1 | 0.1 | 5.0 | 0.1 | 0.1 |
| フランス | 3.4 | 0.3 | 0.0 | 1.1 | 0.3 | 0.0 | 4.5 | 0.7 | 0.0 |
| ドイツ | 2.6 | 0.4 | 0.0 | 1.0 | 0.2 | 0.0 | 3.6 | 0.6 | 0.0 |
| イタリア | 2.8 | 0.2 | 0.0 | 0.6 | 0.2 | 0.0 | 3.3 | 0.5 | 0.1 |
| 日本 | 2.4 | 0.2 | 0.0 | 0.4 | 1.0 | 0.0 | 2.9 | 1.2 | 0.0 |
| 韓国 | 3.0 | 0.4 | – | 0.6 | 1.0 | – | 3.6 | 1.4 | – |
| オランダ | 3.0 | 0.4 | 0.0 | 1.1 | 0.5 | 0.1 | 4.2 | 0.9 | 0.1 |
| ニュージーランド | 3.8 | 0.8 | 0.0 | 0.9 | 0.9 | 0.0 | 4.7 | 1.6 | 0.0 |
| スペイン | 2.6 | 0.4 | 0.0 | 0.8 | 0.4 | 0.0 | 3.5 | 0.8 | 0.0 |
| スウェーデン | 3.9 | – | – | 1.3 | 0.2 | 0.1 | 5.2 | 0.2 | 0.1 |
| スイス | 3.2 | – | 0.0 | 1.3 | – | 0.0 | 4.5 | – | 0.0 |
| イギリス | 3.6 | 0.7 | 0.0 | 0.5 | 1.4 | 0.1 | 4.1 | 2.1 | 0.1 |
| アメリカ | 3.2 | 0.3 | – | 0.9 | 1.7 | – | 4.2 | 2.0 | – |
| OECD平均 | 3.1 | 0.3 | 0.0 | 1.0 | 0.4 | 0.0 | 4.1 | 0.8 | 0.0 |
| EU23か国平均 | 3.0 | 0.3 | 0.0 | 0.9 | 0.3 | 0.1 | 3.9 | 0.6 | 0.1 |

（出典）OECD（2020）Education at a Glance 2020. Table C2.2 より筆者作成

　これを①自由主義型（アメリカ、カナダ、オーストラリア）、②コーポラティズム（保守主義）型（フランス、ドイツ等）、③社会民主主義型（スカンジナビア諸国）、④家族主義型（南欧諸国、アジア諸国）というエスピン・アンデルセン（2001）及びそれを修正した鎮目・近藤（2013）の分類（第1章参照）と合わせてみると、一定の関係性がありそうである。

　①自由主義型のアメリカ、カナダ、オーストラリアは、私的な教育支出の

259

合計は対GDP比でOECD平均の0.8%よりもはるかに高く、2%を超えている（カナダは1.4%）。こうした国々では教育による利益を得るのは個人であり、その費用は個人が負担すべきという考え方がその根底にある。実際に、アメリカ等では多額の高等教育費を負担するために奨学金や銀行ローンが発達している。ただし公的な教育支出も4%前後となっており、教育に対する対GDP支出は合計でOECD諸国の平均と遜色ない。つまり公的にも私的にも教育にお金を必要とする国であるといえる。

　①の対極にある③社会民主主義型のフィンランドやスウェーデンは、公的な教育支出が対GDP比で5%を超え、私的な教育支出は極わずかである。こうした国々では教育による利益は、個人のみならず国にも利益となること、教育機会を保障することが非常に重要であるという合意があると考えられる。

　②コーポラティズム（保守主義）型のフランスやドイツは、初等中等教育における公的及び私的な教育支出はOECD平均レベルであるが、高等教育段階における私的支出が①のアメリカ等と比較して非常に低い。これは高等教育が国（州）立大学中心であり、授業料を徴収しないか、非常に安価であり、また奨学金制度が充実しているためである。国立大学の授業料無償等は③のスカンジナビア諸国も同様である。つまり高等教育を含めて私的な教育支出が学生の経済状況によって基本的に左右されないように配慮されている。

　日本を含む④の家族主義型は、公的な教育支出が少なく、私的な教育支出が多い。初等中等教育段階の公的支出が対GDP比で低めに抑制されている。ただし日本や韓国は、学級の児童生徒数が多くてもPISA調査等で良い結果を示していることから、効率的な初等中等教育を行っているという見方も可能であろう。

　④に分類される日本では、実際に学校教育以外の塾等による私的な教育支出が影響している可能性も考えられる。このため、家庭の経済状況が、塾やお稽古事、私立学校の選択、高等教育進学等に影響を与えている可能性が高い。また、①のアメリカ等と同様に、高等教育段階では公的な教育支出よりも私的な教育支出の割合が高い。これは高等教育の大部分が私立に依存しているため、あるいは国立大学の授業料がヨーロッパ諸国と比較して高いためと考えられる。1960年代の高度経済成長期に、日本は高等教育への投資

を抑制したため、国立大学の定員はそれほど増加せず（ただし授業料は年額12000円と低額であった）、代わりに私立大学が多くの学生を受け入れた。その後も私立大学が日本の高等教育の量的多数となっている。1975年に私立学校振興助成法が公布され、国が私立大学等への経常費補助を行うようになった（予算措置による補助は1970年度から）。日本の公的な教育支出が増加しないのは、「教育によって得られる利益は誰のものなのか」という問いに対して、「個人」と考えている人たちが多いためと考えられる（中澤渉2014）。

　OECDは公的な教育支出と私的な教育支出を対GDP比によって算出しているが、OECD諸国の平均は、公的な教育支出4.1%、私的な教育支出が0.8%、合計で4.9%となっている（表14-4参照）。日本は公的な教育支出が2.9%（調査38か国中最低）、私的な教育支出が1.2%となっており、教育費全体の教育支出が4.1%となっている（2017年データ）。このデータが明らかにしているのは、教育支出全体が先進国平均よりも少ないことと、公的な教育支出が少なく、私的な教育支出が多いという事実である。ここには掲載していないが、日本の政府支出における教育支出の割合もOECD平均やEU23か国平均を下回り、ギリシャに次いで下から2番目である（OECD2020,figure C4.1 308頁参照）。しかもこうした傾向はこの数年は変化がない。

　新自由主義における教育政策は、平等志向を形式的な教育の機会均等と結びつけ、その結果を自己責任に帰する。実質的な教育の機会均等を確保することは容易ではない。

## 第4節　公教育の成果と課題

### 1　教育機会と家庭の「文化資本」

　第1章でもみたように、学校教育は、家柄により職業が決まる社会ではなく、個人の資質・能力により、社会において成功が可能な能力主義社会を実現し、豊かな国家社会を実現してきた。そのためには教育の機会均等が重要だが、それを実質的に保障することは難しい。

　学校教育の成果に影響を与えるのは、経済的状況だけではない。家庭の文

化環境による相違が、学校における成功不成功を大きく左右するという考え方は、1960年代以降、日本のみならず、多くの国で指摘されるようになってきた。イギリスでは階級の違いや、それを基盤とする言語コードの違いによる家庭環境の違いが学校での成功に強く影響していることが問題とされた（バジル・バーンステイン等）。アメリカでは黒人と白人という人種の違いによる別学が、その後の進学行動や社会的な地位に大きく影響していることが課題とされ、1960年代後半には補償教育の重要性が指摘された。また、フィリップ・W・ジャクソンやマイケル・アップル等が学校教育における「顕在的カリキュラム」に加え、「潜在的（hidden, latent）カリキュラム」があることを主張している。「潜在的カリキュラム」は、黒人やヒスパニック等のマイノリティが学校における成功を妨げる要因になっていると指摘するのである。フランスの社会学者であるピエール・ブリュデューは、家庭の文化的相違が学校の成功不成功を左右することを「文化資本」の違いとして説明している。

　日本でも苅谷（2001）、山田（2004）、大竹（2005）、橘木（2010）、松岡（2018）等により、家庭環境による格差が取り上げられている。こうした、家庭環境の違いによる学校での学業成否への影響は、教育の機会均等という理念と関連づけて考えてみる必要がある。


## 2　学校教育から労働市場への移行

　学校教育システムから労働市場への移行も大きな課題である。主な学校の卒業時の就職者数と就職率を確認しておこう。2020年3月卒業者における就職者数及び就職率は、中学校2,023人（0.2%）、高等学校18万560人（17.4%）、大学44万6,082人（77.7%）、等となっている（表14-5参照）。単年度でみると、大学卒業者が半分近く、大卒以上の卒業者、修了者が過半数を占めている。次いで専門学校（専修学校専門課程）、高等学校の順になっている。以下、高等学校と大学に絞ってみていくこととする。

表14-5　各学校就職者数（人）及び就職率（％）（2020年）

| | 卒業者（人） | 就職者（人） | 就職率（％） | 就職者計に対する割合（％） |
|---|---|---|---|---|
| 中学校 | 1,087,468 | 2,023 | 0.2 | 0.2 |
| 高等学校 | 1,037,284 | 180,560 | 17.4 | 19.3 |
| 専門学校 | 269,952 | 190,432 | 70.5 | 20.4 |
| 高等専門学校 | 9,769 | 5,795 | 59.3 | 0.6 |
| 短期大学 | 49,893 | 40,193 | 80.6 | 4.3 |
| 大学 | 573,947 | 446,082 | 77.7 | 47.8 |
| 大学院修士課程 | 73,169 | 57,467 | 77.9 | 6.2 |
| 大学院博士課程 | 15,578 | 10,832 | 69.8 | 1.2 |
| 計 | 3,117,060 | 933,384 | － | 100 |

（出典）文部科学省「学校基本調査」から筆者作成

　日本の高卒労働市場は、高等学校が就職の斡旋を行うことに特色がある。多くの国では職業紹介所（日本のハローワーク）が行っている。更に都道府県毎に企業が求人に対する単願を求め、高等学校側が応募推薦を制限する「一人一社制」が一般的である。つまり高等学校が高校生の就職先をある程度選抜している。しかし高卒就職者の一人一社制への評価も高い。課題となるのは、就職後3年以内に離職する者が約4割であり、大卒就職者の約3割よりも高いことであろう。このため、高等学校の就職斡旋の在り方について、文部科学省と厚生労働省による検討会議が2020年に報告を行い、一次応募から複数応募・推薦を可能にするか、一次応募は一人一社制とし、それ以降を複数応募・推薦とするか、を地域の状況に応じて実施していくこととした。[1]これは就職における自由競争の可能性を広げるという意味を持つ。

　日本の大卒就職活動の特色は、第1に新規一括採用が基本形態である。就職年度で希望する就職内定を獲得できない場合、学生は希望しない会社や職種を探して就職するか、大学に就活留年するという行動をとるようになる。第2に学生と企業の個別マッチング方式であることである。高等学校とは異なり、大学の就職部、キャリア支援部等は支援であり、学生自身が、各企業にインターネット応募し、審査に合格すると、より上位の面接に進み、最終面接で採用が決定する、直接応募型である（苅谷・本田2010）。

　大卒就職活動の課題の第1は、景気の影響を受けやすいことである。バ

ブル景気最後の1991年の大卒就職率は81.3%、平成の大不況時の2000年は55.8%、リーマンショック直前の2008年は69.9%、直後の2010年は60.8%、コロナ拡大前の2019年は78.0%であった（「学校基本調査」から）。その結果、正規社員と非正規社員という採用の多様化が進み、2012年から「学校基本調査」の就職者欄が「正規の職員等」と「正規の職員等でない者」とに分けて統計を示すようになった（2020年から更に細分化された）。課題の第2は、学生が在学中から長期間に及んで就職活動を行い（あるいは強要され）、学業に影響を及ぼす事例があることである。就職協定の存続・廃止は、毎年のように話題となっている。その他にも、ブランド大学と非ブランド大学の格差（例：エントリーシートによる大学選別）等がある。


## 3　これからの公教育を機能させるために

### （1）学習方法の転換と学習の場

　学習方法では主体的、対話的で深い学びが強調され、学習の在り方が変化しつつある。2017年版学習指導要領では、主体的、対話的で深い学びが強調された。更に2021年の中教審答申「『令和の日本型学校教育』の構築を目指して〜全ての子供たちの可能性を引き出す、個別最適な学びと、協働的な学びの実現〜」は、副題にあるように、個別最適な学び（指導の個別化と学習の個性化）及び協働的な学びを進めようとしている。そのための教育環境として児童生徒に1人1台の端末を整備するGIGAスクール構想（2019年度補正予算及び2020年度予算で本格化）が進められている[2]。

　近代国家の学校教育方法として普及した、同じ内容を効率的に伝達する一斉教授型授業から、学習者中心の学びの個別化への転換が進んでいくことが予想される。デジタル教科書、小学校における学級規模と教科担任制、学習集団の弾力化等を検討していくことが必要である。教室の広さ、学習机の広さ、情報セキュリティ等、学習環境をICT化に合わせて変更していくことも検討されている[3]。学び方が学校という場の在り方を変えていくとともに、学校、家庭、地域社会の在り方を変えていくであろう。

## （2）学校教育の社会的目的

広田（2019）は、学校教育の社会的目的を、ラバリー（2018）を引きながら、①民主的平等、②社会的効率、③社会移動の３つに整理している。①は国家やコミュニティの形成と、民主社会に必要な市民的能力である。②は雇用主、納税者の視点から、経済活動に必要な職業スキルの育成（人的資本）である。③は未来の社会人、働く者からの視点で、学歴証明にある。

教育基本法第１条における教育の目的のキーワードと関連づけると、「人格の完成」（③）、「国家及び社会の形成者」あるいは「国民の育成」（①、②）とある程度対応しているようにみえる（第１章参照）。国家と社会を区別し、社会をグローバル化し続ける世界経済市場とみると、②の内容も理解しやすい。「人格の完成」は③社会移動のみならず、②の視点の一部、更には経済的意味に限らない豊かな生き方を含んでいるであろう。

こうした多様な教育の目的を目指し、実現していくために、学校関係者は積極的に学校の教育活動や運営に関わることが必要である。更に国民あるいは市民は、国家や社会の在り方を考え、より良い国家や社会を形成していこうとするならば、そこに新たな公教育が形作られていくであろう。自ら学び、考え、そして行動し、振り返るというサイクルを繰り返していくことが生涯学習社会の考え方である。

〈注〉
（1）「高等学校就職問題検討会議ワーキングチーム報告～高等学校卒業者の就職慣行の在り方等について～」（令和2年2月10日）　https://www.mhlw.go.jp/content/11601000/000594160.pdf（2021年8月23日確認）
（2）文部科学省「GIGAスクール構想について」　https://www.mext.go.jp/a_menu/other/index_0001111.htm（2021年8月23日確認）
（3）文部科学省「学校におけるICT環境整備の在り方に関する有識者会議　最終まとめ」2017年8月　https://www.mext.go.jp/b_menu/shingi/chousa/shougai/037/toushin/1388879.htm（2021年8月23日確認）

〈参考・引用文献〉
・市川昭午『教育の私事化と公教育の解体──義務教育と私学教育』教育開発研究所、2006年
・エスピン・アンデルセン, G.『福祉資本主義の三つの世界』岡沢憲美・宮本太郎監訳、ミネルヴァ書房、2001年
・OECD, *Education at a Glance 2020. OECD Indicators.*, OECD Publishing, Paris.（経済協力開発機構『図表で見る教育OECDインディケータ〈2020年版〉』明石書店、2020年）

・大竹文雄『日本の不平等――格差社会の幻想と未来』日本経済新聞出版社、2005年
・苅谷剛彦『階層化日本と教育危機』有信堂、2001年
・苅谷剛彦・本田由紀編『大卒就職の社会学』東京大学出版会、2010年
・木村元他『教育学をつかむ（改訂版）』有斐閣、2019年
・経済産業省『社会人基礎力　育成の手引』学校法人河合塾、2010年
・小池和男『仕事の経済学』東洋経済新報社、2005年
・小玉重夫『シティズンシップの教育思想』白澤社、2003年
・国立社会保障・人口問題研究所「日本の将来推計人口（平成29年推計）」2018年　http://www.ipss.go.jp/pp-zenkoku/j/zenkoku2017/pp_zenkoku2017.asp（2021年10月10日確認）
・鎮目真人・近藤正基『比較福祉国家――理論・計量・各国事情』ミネルヴァ書房、2013年
・総務省統計局「令和2年国勢調査 調査の結果」2021年　https://www.stat.go.jp/data/kokusei/2020/kekka.html（2021年10月10日確認）
・橘木俊詔『日本の教育格差』岩波書店、2010年
・ドーア、R.P.『学歴社会　新しい文明病』松居弘道訳、岩波書店、1978年
・中澤渉『なぜ日本の公教育費は少ないのか』勁草書房、2014年
・広田照幸『教育改革のやめ方』岩波書店、2019年
・堀内孜編著『公教育経営概説』学術図書出版社、2014年
・松岡亮二『教育格差』筑摩書房、2018年
・文部科学省「公立小学校・中学校の適正規模・適正配置等に関する手引〜少子化に対応した活力ある学校づくりに向けて〜」2015年　https://www.mext.go.jp/a_menu/shotou/shugaku/detail/1354768.htm（2021年8月9日確認）
・文部科学省「平成30年度 学校規模の適正化及び少子化に対応した学校教育の充実策に関する実態調査について」　https://www.mext.go.jp/a_menu/shotou/tekisei/1413885.htm（2021年8月9日確認）
・文部科学省「新時代の学びを支える先端技術活用推進方策（最終まとめ）」2019年6月25日　https://www.mext.go.jp/component/a_menu/other/detail/__icsFiles/afieldfile/2019/06/24/1418387_02.pdf（2021年8月10日確認）
・文部科学省「学校基本調査」（政府統計の総合窓口「学校基本調査」https://www.e-stat.go.jp/stat-search/files?page=1&toukei=00400001&tstat=000001011528（2021年11月7日確認）
・山田昌弘『希望格差社会――「負け組」の絶望感が日本を引き裂く』筑摩書房、2004年
・ラバリー、D.『教育依存社会アメリカ』倉石一郎・小林美文訳、岩波書店、2018年

## 学習課題

（1）日本の歳入歳出と文教科学費の推移について調べてみよう。

（2）PISA調査の問題例を調べ、その意図を考えてみよう。

（3）「子供の学習費調査」から私的教育費用の内訳を調べてみよう。

（4）全国学力・学習状況調査は、国語、算数・数学、理科、英語の学力に加え、学習状況についても調べている（https://www.nier.go.jp/kaihatsu/zenkokugakuryoku.html）。学習状況調査の項目が調査されて

いるのかを調べ、その意図を考えてみよう。

# 資料編

# 日本国憲法（1946年11月3日憲法）

**第13条** すべて国民は、個人として尊重される。生命、自由及び幸福追求に対する国民の権利については、公共の福祉に反しない限り、立法その他の国政の上で、最大の尊重を必要とする。

**第14条** すべて国民は、法の下に平等であつて、人種、信条、性別、社会的身分又は門地により、政治的、経済的又は社会的関係において、差別されない。

**第19条** 思想及び良心の自由は、これを侵してはならない。

**第20条** 信教の自由は、何人に対してもこれを保障する。いかなる宗教団体も、国から特権を受け、又は政治上の権力を行使してはならない。

② 何人も、宗教上の行為、祝典、儀式又は行事に参加することを強制されない。

③ 国及びその機関は、宗教教育その他いかなる宗教的活動もしてはならない。

**第21条** 集会、結社及び言論、出版その他一切の表現の自由は、これを保障する。

② 検閲は、これをしてはならない。通信の秘密は、これを侵してはならない。

**第22条** 何人も、公共の福祉に反しない限り、居住、移転及び職業選択の自由を有する。

② 何人も、外国に移住し、又は国籍を離脱する自由を侵されない。

**第23条** 学問の自由は、これを保障する。

**第26条** すべて国民は、法律の定めるところにより、その能力に応じて、ひとしく教育を受ける権利を有する。

② すべて国民は、法律の定めるところにより、その保護する子女に普通教育を受けさせる義務を負ふ。義務教育は、これを無償とする。

**第41条** 国会は、国権の最高機関であつて、国の唯一の立法機関である。

**第92条** 地方公共団体の組織及び運営に関する事項は、地方自治の本旨に基いて、法律でこれを定める。

**第98条** この憲法は、国の最高法規であつて、その条規に反する法律、命令、詔勅及び国務に関するその他の行為の全部又は一部は、その効力を有しない。

② 日本国が締結した条約及び確立された国際法規は、これを誠実に遵守することを必要とする。

# 教育基本法（2006年12月12日法律第120号）

**（教育の目的）**
**第1条** 教育は、人格の完成を目指し、平和で民主的な国家及び社会の形成者として必要な資質を備えた心身ともに健康な国民の育成を期して行われなければならない。

**（教育の目標）**
**第2条** 教育は、その目的を実現するため、学問の自由を尊重しつつ、次に掲げる目標を達成するよう行われるものとする。

一　幅広い知識と教養を身に付け、真理を求める態度を養い、豊かな情操と道徳心を培うとともに、健やかな身体を養うこと。

二　個人の価値を尊重して、その能力を伸ばし、創造性を培い、自主及び自律の精神を養うとともに、職業及び生活との関連を重視し、勤労を重んずる態度を養うこと。

三　正義と責任、男女の平等、自他の敬愛と協力を重んずるとともに、公共の精

神に基づき、主体的に社会の形成に参画し、その発展に寄与する態度を養うこと。

四　生命を尊び、自然を大切にし、環境の保全に寄与する態度を養うこと。

五　伝統と文化を尊重し、それらをはぐくんできた我が国と郷土を愛するとともに、他国を尊重し、国際社会の平和と発展に寄与する態度を養うこと。

（生涯学習の理念）

**第3条**　国民一人一人が、自己の人格を磨き、豊かな人生を送ることができるよう、その生涯にわたって、あらゆる機会に、あらゆる場所において学習することができ、その成果を適切に生かすことのできる社会の実現が図られなければならない。

（教育の機会均等）

**第4条**　すべて国民は、ひとしく、その能力に応じた教育を受ける機会を与えられなければならず、人種、信条、性別、社会的身分、経済的地位又は門地によって、教育上差別されない。

2　国及び地方公共団体は、障害のある者が、その障害の状態に応じ、十分な教育を受けられるよう、教育上必要な支援を講じなければならない。

3　国及び地方公共団体は、能力があるにもかかわらず、経済的理由によって修学が困難な者に対して、奨学の措置を講じなければならない。

第二章　教育の実施に関する基本

（義務教育）

**第5条**　国民は、その保護する子に、別に法律で定めるところにより、普通教育を受けさせる義務を負う。

2　義務教育として行われる普通教育は、各個人の有する能力を伸ばしつつ社会において自立的に生きる基礎を培い、また、国家及び社会の形成者として必要とされる

基本的な資質を養うことを目的として行われるものとする。

3　国及び地方公共団体は、義務教育の機会を保障し、その水準を確保するため、適切な役割分担及び相互の協力の下、その実施に責任を負う。

4　国又は地方公共団体の設置する学校における義務教育については、授業料を徴収しない。

（学校教育）

**第6条**　法律に定める学校は、公の性質を有するものであって、国、地方公共団体及び法律に定める法人のみが、これを設置することができる。

2　前項の学校においては、教育の目標が達成されるよう、教育を受ける者の心身の発達に応じて、体系的な教育が組織的に行われなければならない。この場合において、教育を受ける者が、学校生活を営む上で必要な規律を重んずるとともに、自ら進んで学習に取り組む意欲を高めることを重視して行われなければならない。

（大学）

**第7条**　大学は、学術の中心として、高い教養と専門的能力を培うとともに、深く真理を探究して新たな知見を創造し、これらの成果を広く社会に提供することにより、社会の発展に寄与するものとする。

2　大学については、自主性、自律性その他の大学における教育及び研究の特性が尊重されなければならない。

（私立学校）

**第8条**　私立学校の有する公の性質及び学校教育において果たす重要な役割にかんがみ、国及び地方公共団体は、その自主性を尊重しつつ、助成その他の適当な方法によって私立学校教育の振興に努めなければならない。

271

（教員）

**第9条**　法律に定める学校の教員は、自己の崇高な使命を深く自覚し、絶えず研究と修養に励み、その職責の遂行に努めなければならない。

　2　前項の教員については、その使命と職責の重要性にかんがみ、その身分は尊重され、待遇の適正が期せられるとともに、養成と研修の充実が図られなければならない。

（家庭教育）

**第10条**　父母その他の保護者は、子の教育について第一義的責任を有するものであって、生活のために必要な習慣を身に付けさせるとともに、自立心を育成し、心身の調和のとれた発達を図るよう努めるものとする。

　2　国及び地方公共団体は、家庭教育の自主性を尊重しつつ、保護者に対する学習の機会及び情報の提供その他の家庭教育を支援するために必要な施策を講ずるよう努めなければならない。

（幼児期の教育）

**第11条**　幼児期の教育は、生涯にわたる人格形成の基礎を培う重要なものであることにかんがみ、国及び地方公共団体は、幼児の健やかな成長に資する良好な環境の整備その他適当な方法によって、その振興に努めなければならない。

（社会教育）

**第12条**　個人の要望や社会の要請にこたえ、社会において行われる教育は、国及び地方公共団体によって奨励されなければならない。

　2　国及び地方公共団体は、図書館、博物館、公民館その他の社会教育施設の設置、学校の施設の利用、学習の機会及び情報の提供その他の適当な方法によって社会

教育の振興に努めなければならない。

（学校、家庭及び地域住民等の相互の連携協力）

**第13条**　学校、家庭及び地域住民その他の関係者は、教育におけるそれぞれの役割と責任を自覚するとともに、相互の連携及び協力に努めるものとする。

（政治教育）

**第14条**　良識ある公民として必要な政治的教養は、教育上尊重されなければならない。

　2　法律に定める学校は、特定の政党を支持し、又はこれに反対するための政治教育その他政治的活動をしてはならない。

（宗教教育）

**第15条**　宗教に関する寛容の態度、宗教に関する一般的な教養及び宗教の社会生活における地位は、教育上尊重されなければならない。

　2　国及び地方公共団体が設置する学校は、特定の宗教のための宗教教育その他宗教的活動をしてはならない。

第三章　教育行政

（教育行政）

**第16条**　教育は、不当な支配に服することなく、この法律及び他の法律の定めるところにより行われるべきものであり、教育行政は、国と地方公共団体との適切な役割分担及び相互の協力の下、公正かつ適正に行われなければならない。

　2　国は、全国的な教育の機会均等と教育水準の維持向上を図るため、教育に関する施策を総合的に策定し、実施しなければならない。

　3　地方公共団体は、その地域における教育の振興を図るため、その実情に応じた教育に関する施策を策定し、実施しなければならない。

　4　国及び地方公共団体は、教育が円

滑かつ継続的に実施されるよう、必要な財政上の措置を講じなければならない。

**（教育振興基本計画）**

**第17条** 政府は、教育の振興に関する施策の総合的かつ計画的な推進を図るため、教育の振興に関する施策についての基本的な方針及び講ずべき施策その他必要な事項について、基本的な計画を定め、これを国会に報告するとともに、公表しなければならない。

2 地方公共団体は、前項の計画を参酌し、その地域の実情に応じ、当該地方公共団体における教育の振興のための施策に関する基本的な計画を定めるよう努めなければならない。

第四章 法令の制定

**第18条** この法律に規定する諸条項を実施するため、必要な法令が制定されなければならない。

## 学校教育法（1947年3月31日法律第26号・抜粋）

**第1条** この法律で、学校とは、幼稚園、小学校、中学校、義務教育学校、高等学校、中等教育学校、特別支援学校、大学及び高等専門学校とする。

**第2条** 学校は、国（国立大学法人法（平成十五年法律第百十二号）第二条第一項に規定する国立大学法人及び独立行政法人国立高等専門学校機構を含む。以下同じ。）、地方公共団体（地方独立行政法人法（平成十五年法律第百十八号）第六十八条第一項に規定する公立大学法人（以下「公立大学法人」という。）を含む。次項及び第百二十七条において同じ。）及び私立学校法（昭和二十四年法律第二百七十号）第三条に規定する学校法人（以下「学校法人」という。）のみが、これを設置することができる。

② この法律で、国立学校とは、国の設置する学校を、公立学校とは、地方公共団体の設置する学校を、私立学校とは、学校法人の設置する学校をいう。

**第5条** 学校の設置者は、その設置する学校を管理し、法令に特別の定のある場合を除いては、その学校の経費を負担する。

**第11条** 校長及び教員は、教育上必要があると認めるときは、文部科学大臣の定める

ところにより、児童、生徒及び学生に懲戒を加えることができる。ただし、体罰を加えることはできない。

**第16条** 保護者（子に対して親権を行う者（親権を行う者のないときは、未成年後見人）をいう。以下同じ。）は、次条に定めるところにより、子に九年の普通教育を受けさせる義務を負う。

**第17条** 保護者は、子の満六歳に達した日の翌日以後における最初の学年の初めから、満十二歳に達した日の属する学年の終わりまで、これを小学校、義務教育学校の前期課程又は特別支援学校の小学部に就学させる義務を負う。ただし、子が、満十二歳に達した日の属する学年の終わりまでに小学校の課程、義務教育学校の前期課程又は特別支援学校の小学部の課程を修了しないときは、満十五歳に達した日の属する学年の終わり（それまでの間においてこれらの課程を修了したときは、その修了した日の属する学年の終わり）までとする。

② 保護者は、子が小学校の課程、義務教育学校の前期課程又は特別支援学校の小学部の課程を修了した日の翌日以後における最初の学年の初めから、満十五歳に達した日の属する学年の終わりまで、これを中学

273

校、義務教育学校の後期課程、中等教育学校の前期課程又は特別支援学校の中学部に就学させる義務を負う。

③　前二項の義務の履行の督促その他これらの義務の履行に関し必要な事項は、政令で定める。

**第18条**　前条第一項又は第二項の規定によつて、保護者が就学させなければならない子（以下それぞれ「学齢児童」又は「学齢生徒」という。）で、病弱、発育不完全その他やむを得ない事由のため、就学困難と認められる者の保護者に対しては、市町村の教育委員会は、文部科学大臣の定めるところにより、同条第一項又は第二項の義務を猶予又は免除することができる。

**第19条**　経済的理由によつて、就学困難と認められる学齢児童又は学齢生徒の保護者に対しては、市町村は、必要な援助を与えなければならない。

**第20条**　学齢児童又は学齢生徒を使用する者は、その使用によつて、当該学齢児童又は学齢生徒が、義務教育を受けることを妨げてはならない。

**第21条**　義務教育として行われる普通教育は、教育基本法（平成十八年法律第百二十号）第五条第二項に規定する目的を実現するため、次に掲げる目標を達成するよう行われるものとする。

　一　学校内外における社会的活動を促進し、自主、自律及び協同の精神、規範意識、公正な判断力並びに公共の精神に基づき主体的に社会の形成に参画し、その発展に寄与する態度を養うこと。

　二　学校内外における自然体験活動を促進し、生命及び自然を尊重する精神並びに環境の保全に寄与する態度を養うこと。

　三　我が国と郷土の現状と歴史について、正しい理解に導き、伝統と文化を尊重

し、それらをはぐくんできた我が国と郷土を愛する態度を養うとともに、進んで外国の文化の理解を通じて、他国を尊重し、国際社会の平和と発展に寄与する態度を養うこと。

　四　家族と家庭の役割、生活に必要な衣、食、住、情報、産業その他の事項について基礎的な理解と技能を養うこと。

　五　読書に親しませ、生活に必要な国語を正しく理解し、使用する基礎的な能力を養うこと。

　六　生活に必要な数量的な関係を正しく理解し、処理する基礎的な能力を養うこと。

　七　生活にかかわる自然現象について、観察及び実験を通じて、科学的に理解し、処理する基礎的な能力を養うこと。

　八　健康、安全で幸福な生活のために必要な習慣を養うとともに、運動を通じて体力を養い、心身の調和的発達を図ること。

　九　生活を明るく豊かにする音楽、美術、文芸その他の芸術について基礎的な理解と技能を養うこと。

　十　職業についての基礎的な知識と技能、勤労を重んずる態度及び個性に応じて将来の進路を選択する能力を養うこと。

**第22条**　幼稚園は、義務教育及びその後の教育の基礎を培うものとして、幼児を保育し、幼児の健やかな成長のために適当な環境を与えて、その心身の発達を助長することを目的とする。

**第23条**　幼稚園における教育は、前条に規定する目的を実現するため、次に掲げる目標を達成するよう行われるものとする。

　一　健康、安全で幸福な生活のために必要な基本的な習慣を養い、身体諸機能の調和的発達を図ること。

　二　集団生活を通じて、喜んでこれに

参加する態度を養うとともに家族や身近な人への信頼感を深め、自主、自律及び協同の精神並びに規範意識の芽生えを養うこと。

三　身近な社会生活、生命及び自然に対する興味を養い、それらに対する正しい理解と態度及び思考力の芽生えを養うこと。

四　日常の会話や、絵本、童話等に親しむことを通じて、言葉の使い方を正しく導くとともに、相手の話を理解しようとする態度を養うこと。

五　音楽、身体による表現、造形等に親しむことを通じて、豊かな感性と表現力の芽生えを養うこと。

**第24条**　幼稚園においては、第二十二条に規定する目的を実現するための教育を行うほか、幼児期の教育に関する各般の問題につき、保護者及び地域住民その他の関係者からの相談に応じ、必要な情報の提供及び助言を行うなど、家庭及び地域における幼児期の教育の支援に努めるものとする。

**第25条**　幼稚園の教育課程その他の保育内容に関する事項は、第二十二条及び第二十三条の規定に従い、文部科学大臣が定める。

**第26条**　幼稚園に入園することのできる者は、満三歳から、小学校就学の始期に達するまでの幼児とする。

**第27条**　幼稚園には、園長、教頭及び教諭を置かなければならない。

②　幼稚園には、前項に規定するもののほか、副園長、主幹教諭、指導教諭、養護教諭、栄養教諭、事務職員、養護助教諭その他必要な職員を置くことができる。

**第31条**　小学校においては、前条第一項の規定による目標の達成に資するよう、教育指導を行うに当たり、児童の体験的な学習活動、特にボランティア活動など社会奉仕体験活動、自然体験活動その他の体験活動

の充実に努めるものとする。この場合において、社会教育関係団体その他の関係団体及び関係機関との連携に十分配慮しなければならない。

**第32条**　小学校の修業年限は、六年とする。

**第33条**　小学校の教育課程に関する事項は、第二十九条及び第三十条の規定に従い、文部科学大臣が定める。

**第34条**　小学校においては、文部科学大臣の検定を経た教科用図書又は文部科学省が著作の名義を有する教科用図書を使用しなければならない。

**第37条**　小学校には、校長、教頭、教諭、養護教諭及び事務職員を置かなければならない。

②　小学校には、前項に規定するもののほか、副校長、主幹教諭、指導教諭、栄養教諭その他必要な職員を置くことができる。

**第38条**　市町村は、その区域内にある学齢児童を就学させるに必要な小学校を設置しなければならない。ただし、教育上有益かつ適切であると認めるときは、義務教育学校の設置をもつてこれに代えることができる。

**第42条**　小学校は、文部科学大臣の定めるところにより当該小学校の教育活動その他の学校運営の状況について評価を行い、その結果に基づき学校運営の改善を図るため必要な措置を講ずることにより、その教育水準の向上に努めなければならない。

**第43条**　小学校は、当該小学校に関する保護者及び地域住民その他の関係者の理解を深めるとともに、これらの者との連携及び協力の推進に資するため、当該小学校の教育活動その他の学校運営の状況に関する情報を積極的に提供するものとする。

**第45条**　中学校は、小学校における教育の基礎の上に、心身の発達に応じて、義務教

育として行われる普通教育を施すことを目的とする。

**第46条** 中学校における教育は、前条に規定する目的を実現するため、第二十一条各号に掲げる目標を達成するよう行われるものとする。

**第47条** 中学校の修業年限は、三年とする。

**第48条** 中学校の教育課程に関する事項は、第四十五条及び第四十六条の規定並びに次条において読み替えて準用する第三十条第二項の規定に従い、文部科学大臣が定める。

**第49条** 第三十条第二項、第三十一条、第三十四条、第三十五条及び第三十七条から第四十四条までの規定は、中学校に準用する。この場合において、第三十条第二項中「前項」とあるのは「第四十六条」と、第三十一条中「前条第一項」とあるのは「第四十六条」と読み替えるものとする。

**第49条の2** 義務教育学校は、心身の発達に応じて、義務教育として行われる普通教育を基礎的なものから一貫して施すことを目的とする。

**第49条の3** 義務教育学校における教育は、前条に規定する目的を実現するため、第二十一条各号に掲げる目標を達成するよう行われるものとする。

**第49条の4** 義務教育学校の修業年限は、九年とする。

**第49条の5** 義務教育学校の課程は、これを前期六年の前期課程及び後期三年の後期課程に区分する。

**第50条** 高等学校は、中学校における教育の基礎の上に、心身の発達及び進路に応じて、高度な普通教育及び専門教育を施すことを目的とする。

**第51条** 高等学校における教育は、前条に規定する目的を実現するため、次に掲げる目標を達成するよう行われるものとする。

一　義務教育として行われる普通教育の成果を更に発展拡充させて、豊かな人間性、創造性及び健やかな身体を養い、国家及び社会の形成者として必要な資質を養うこと。

二　社会において果たさなければならない使命の自覚に基づき、個性に応じて将来の進路を決定させ、一般的な教養を高め、専門的な知識、技術及び技能を習得させること。

三　個性の確立に努めるとともに、社会について、広く深い理解と健全な批判力を養い、社会の発展に寄与する態度を養うこと。

**第52条** 高等学校の学科及び教育課程に関する事項は、前二条の規定及び第六十二条において読み替えて準用する第三十条第二項の規定に従い、文部科学大臣が定める。

**第53条** 高等学校には、全日制の課程のほか、定時制の課程を置くことができる。

② 高等学校には、定時制の課程のみを置くことができる。

**第54条** 高等学校には、全日制の課程又は定時制の課程のほか、通信制の課程を置くことができる。

**第56条** 高等学校の修業年限は、全日制の課程については、三年とし、定時制の課程及び通信制の課程については、三年以上とする。

**第57条** 高等学校に入学することのできる者は、中学校若しくはこれに準ずる学校若しくは義務教育学校を卒業した者若しくは中等教育学校の前期課程を修了した者又は文部科学大臣の定めるところにより、これと同等以上の学力があると認められた者とする。

**第63条** 中等教育学校は、小学校における教育の基礎の上に、心身の発達及び進路に

応じて、義務教育として行われる普通教育並びに高度な普通教育及び専門教育を一貫して施すことを目的とする。

**第64条** 中等教育学校における教育は、前条に規定する目的を実現するため、次に掲げる目標を達成するよう行われるものとする。

一　豊かな人間性、創造性及び健やかな身体を養い、国家及び社会の形成者として必要な資質を養うこと。

二　社会において果たさなければならない使命の自覚に基づき、個性に応じて将来の進路を決定させ、一般的な教養を高め、専門的な知識、技術及び技能を習得させること。

三　個性の確立に努めるとともに、社会について、広く深い理解と健全な批判力を養い、社会の発展に寄与する態度を養うこと。

**第65条** 中等教育学校の修業年限は、六年とする。

**第72条** 特別支援学校は、視覚障害者、聴覚障害者、知的障害者、肢体不自由者又は病弱者（身体虚弱者を含む。以下同じ。）に対して、幼稚園、小学校、中学校又は高等学校に準ずる教育を施すとともに、障害による学習上又は生活上の困難を克服し自立を図るために必要な知識技能を授けることを目的とする。

**第80条** 都道府県は、その区域内にある学齢児童及び学齢生徒のうち、視覚障害者、聴覚障害者、知的障害者、肢体不自由者又は病弱者で、その障害が第七十五条の政令で定める程度のものを就学させるに必要な特別支援学校を設置しなければならない。

**第83条** 大学は、学術の中心として、広く知識を授けるとともに、深く専門の学芸を教授研究し、知的、道徳的及び応用的能力

を展開させることを目的とする。

②　大学は、その目的を実現するための教育研究を行い、その成果を広く社会に提供することにより、社会の発展に寄与するものとする。

**第83条の2** 前条の大学のうち、深く専門の学芸を教授研究し、専門性が求められる職業を担うための実践的かつ応用的な能力を展開させることを目的とするものは、専門職大学とする。

**第87条** 大学の修業年限は、四年とする。ただし、特別の専門事項を教授研究する学部及び前条の夜間において授業を行う学部については、その修業年限は、四年を超えるものとすることができる。

②　医学を履修する課程、歯学を履修する課程、薬学を履修する課程のうち臨床に係る実践的な能力を培うことを主たる目的とするもの又は獣医学を履修する課程については、前項本文の規定にかかわらず、その修業年限は、六年とする。

**第87条の2** 専門職大学の課程は、これを前期二年の前期課程及び後期二年の後期課程又は前期三年の前期課程及び後期一年の後期課程（前条第一項ただし書の規定により修業年限を四年を超えるものとする学部にあつては、前期二年の前期課程及び後期二年以上の後期課程又は前期三年の前期課程及び後期一年以上の後期課程）に区分することができる。

**第89条** 大学は、文部科学大臣の定めるところにより、当該大学の学生（第八十七条第二項に規定する課程に在学するものを除く。）で当該大学に三年（同条第一項ただし書の規定により修業年限を四年を超えるものとする学部の学生にあつては、三年以上で文部科学大臣の定める期間）以上在学したもの（これに準ずるものとして文部科

学大臣の定める者を含む。）が、卒業の要件として当該大学の定める単位を優秀な成績で修得したと認める場合には、同項の規定にかかわらず、その卒業を認めることができる。

**第97条** 大学には、大学院を置くことができる。

**第99条** 大学院は、学術の理論及び応用を教授研究し、その深奥をきわめ、又は高度の専門性が求められる職業を担うための深い学識及び卓越した能力を培い、文化の進展に寄与することを目的とする。

② 大学院のうち、学術の理論及び応用を教授研究し、高度の専門性が求められる職業を担うための深い学識及び卓越した能力を培うことを目的とするものは、専門職大学院とする。

**第103条** 教育研究上特別の必要がある場合においては、第八十五条の規定にかかわらず、学部を置くことなく大学院を置くものを大学とすることができる。

**第104条** 大学（専門職大学及び第百八条第二項の大学（以下この条において「短期大学」という。）を除く。以下この項及び第七項において同じ。）は、文部科学大臣の定めるところにより、大学を卒業した者に対し、学士の学位を授与するものとする。

**第108条** 大学は、第八十三条第一項に規定する目的に代えて、深く専門の学芸を教授研究し、職業又は実際生活に必要な能力を育成することを主な目的とすることができる。

② 前項に規定する目的をその目的とする大学は、第八十七条第一項の規定にかかわらず、その修業年限を二年又は三年とする。

③ 前項の大学は、短期大学と称する。

**第115条** 高等専門学校は、深く専門の学芸を教授し、職業に必要な能力を育成する

ことを目的とする。

② 高等専門学校は、その目的を実現するための教育を行い、その成果を広く社会に提供することにより、社会の発展に寄与するものとする。

**第124条** 第一条に掲げるもの以外の教育施設で、職業若しくは実際生活に必要な能力を育成し、又は教養の向上を図ることを目的として次の各号に該当する組織的な教育を行うもの（当該教育を行うにつき他の法律に特別の規定があるもの及び我が国に居住する外国人を専ら対象とするものを除く。）は、専修学校とする。

**第125条** 専修学校には、高等課程、専門課程又は一般課程を置く。

**第126条** 高等課程を置く専修学校は、高等専修学校と称することができる。

② 専門課程を置く専修学校は、専門学校と称することができる。

**第134条** 第一条に掲げるもの以外のもので、学校教育に類する教育を行うもの（当該教育を行うにつき他の法律に特別の規定があるもの及び第百二十四条に規定する専修学校の教育を行うものを除く。）は、各種学校とする。

**第144条** 第十七条第一項又は第二項の義務の履行の督促を受け、なお履行しない者は、十万円以下の罰金に処する。

# 地方教育行政の組織及び運営に関する法律

（1956年6月30日法律第162号・抜粋）

**（この法律の趣旨）**

**第1条**　この法律は、教育委員会の設置、学校その他の教育機関の職員の身分取扱その他地方公共団体における教育行政の組織及び運営の基本を定めることを目的とする。

**（基本理念）**

**第1条の2**　地方公共団体における教育行政は、教育基本法（平成十八年法律第百二十号）の趣旨にのつとり、教育の機会均等、教育水準の維持向上及び地域の実情に応じた教育の振興が図られるよう、国との適切な役割分担及び相互の協力の下、公正かつ適正に行われなければならない。

**（大綱の策定等）**

**第1条の3**　地方公共団体の長は、教育基本法第十七条第一項に規定する基本的な方針を参酌し、その地域の実情に応じ、当該地方公共団体の教育、学術及び文化の振興に関する総合的な施策の大綱（以下単に「大綱」という。）を定めるものとする。

**2**　地方公共団体の長は、大綱を定め、又はこれを変更しようとするときは、あらかじめ、次条第一項の総合教育会議において協議するものとする。

**3**　地方公共団体の長は、大綱を定め、又はこれを変更したときは、遅滞なく、これを公表しなければならない。

**4**　第一項の規定は、地方公共団体の長に対し、第二十一条に規定する事務を管理し、又は執行する権限を与えるものと解釈してはならない。

**（総合教育会議）**

**第1条の4**　地方公共団体の長は、大綱の策定に関する協議及び次に掲げる事項についての協議並びにこれらに関する次項各号に掲げる構成員の事務の調整を行うため、総合教育会議を設けるものとする。

一　教育を行うための諸条件の整備その他の地域の実情に応じた教育、学術及び文化の振興を図るため重点的に講ずべき施策

二　児童、生徒等の生命又は身体に現に被害が生じ、又はまさに被害が生ずるおそれがあると見込まれる場合等の緊急の場合に講ずべき措置

**2**　総合教育会議は、次に掲げる者をもつて構成する。

一　地方公共団体の長

二　教育委員会

**3**　総合教育会議は、地方公共団体の長が招集する。

**4**　教育委員会は、その権限に属する事務に関して協議する必要があると思料するときは、地方公共団体の長に対し、協議すべき具体的事項を示して、総合教育会議の招集を求めることができる。

**5**　総合教育会議は、第一項の協議を行うに当たつて必要があると認めるときは、関係者又は学識経験を有する者から、当該協議すべき事項に関して意見を聴くことができる。

**6**　総合教育会議は、公開する。ただし、個人の秘密を保つため必要があると認めるとき、又は会議の公正が害されるおそれがあると認めるときその他公益上必要があると認めるときは、この限りでない。

**7**　地方公共団体の長は、総合教育会議の終了後、遅滞なく、総合教育会議の定めるところにより、その議事録を作成し、これを公表するよう努めなければならない。

8　総合教育会議においてその構成員の事務の調整が行われた事項については、当該構成員は、その調整の結果を尊重しなければならない。

　9　前各項に定めるもののほか、総合教育会議の運営に関し必要な事項は、総合教育会議が定める。

**(設置)**

**第2条**　都道府県、市（特別区を含む。以下同じ。）町村及び第二十一条に規定する事務の全部又は一部を処理する地方公共団体の組合に教育委員会を置く。

**(組織)**

**第3条**　教育委員会は、教育長及び四人の委員をもつて組織する。ただし、条例で定めるところにより、都道府県若しくは市又は地方公共団体の組合のうち都道府県若しくは市が加入するものの教育委員会にあつては教育長及び五人以上の委員、町村又は地方公共団体の組合のうち町村のみが加入するものの教育委員会にあつては教育長及び二人以上の委員をもつて組織することができる。

**(任命)**

**第4条**　教育長は、当該地方公共団体の長の被選挙権を有する者で、人格が高潔で、教育行政に関し識見を有するもののうちから、地方公共団体の長が、議会の同意を得て、任命する。

　2　委員は、当該地方公共団体の長の被選挙権を有する者で、人格が高潔で、教育、学術及び文化（以下単に「教育」という。）に関し識見を有するもののうちから、地方公共団体の長が、議会の同意を得て、任命する。

　3　次の各号のいずれかに該当する者は、教育長又は委員となることができない。

　一　破産手続開始の決定を受けて復権を得ない者

　二　禁錮以上の刑に処せられた者

　4　教育長及び委員の任命については、そのうち委員の定数に一を加えた数の二分の一以上の者が同一の政党に所属することとなつてはならない。

　5　地方公共団体の長は、第二項の規定による委員の任命に当たつては、委員の年齢、性別、職業等に著しい偏りが生じないように配慮するとともに、委員のうちに保護者（親権を行う者及び未成年後見人をいう。第四十七条の五第二項第二号及び第五項において同じ。）である者が含まれるようにしなければならない。

**(任期)**

**第5条**　教育長の任期は三年とし、委員の任期は四年とする。ただし、補欠の教育長又は委員の任期は、前任者の残任期間とする。

　2　教育長及び委員は、再任されることができる。

**(教育長)**

**第13条**　教育長は、教育委員会の会務を総理し、教育委員会を代表する。

**(会議)**

**第14条**　教育委員会の会議は、教育長が招集する。

　2　教育長は、委員の定数の三分の一以上の委員から会議に付議すべき事件を示して会議の招集を請求された場合には、遅滞なく、これを招集しなければならない。

　3　教育委員会は、教育長及び在任委員の過半数が出席しなければ、会議を開き、議決をすることができない。ただし、第六項の規定による除斥のため過半数に達しないとき、又は同一の事件につき再度招集しても、なお過半数に達しないときは、この限りでない。

　4　教育委員会の会議の議事は、第七項ただし書の発議に係るものを除き、出席者の過半数で決し、可否同数のときは、教育長の決するところによる。

　5　教育長に事故があり、又は教育長が欠けた場合の前項の規定の適用については、前条第二項の規定により教育長の職務を行う者は、教育長とみなす。

　6　教育委員会の教育長及び委員は、自己、配偶者若しくは三親等以内の親族の一身上に関する事件又は自己若しくはこれらの者の従事する業務に直接の利害関係のある事件については、その議事に参与することができない。ただし、教育委員会の同意があるときは、会議に出席し、発言することができる。

　7　教育委員会の会議は、公開する。ただし、人事に関する事件その他の事件について、教育長又は委員の発議により、出席者の三分の二以上の多数で議決したときは、これを公開しないことができる。

　8　前項ただし書の教育長又は委員の発議は、討論を行わないでその可否を決しなければならない。

　9　教育長は、教育委員会の会議の終了後、遅滞なく、教育委員会規則で定めるところにより、その議事録を作成し、これを公表するよう努めなければならない。

**（事務局）**

**第17条**　教育委員会の権限に属する事務を処理させるため、教育委員会に事務局を置く。

　2　教育委員会の事務局の内部組織は、教育委員会規則で定める。

**（指導主事その他の職員）**

**第18条**　都道府県に置かれる教育委員会（以下「都道府県委員会」という。）の事務局に、指導主事、事務職員及び技術職員を置くほか、所要の職員を置く。

　2　市町村に置かれる教育委員会（以下「市町村委員会」という。）の事務局に、前項の規定に準じて指導主事その他の職員を置く。

　3　指導主事は、上司の命を受け、学校（学校教育法（昭和二十二年法律第二十六号）第一条に規定する学校及び就学前の子どもに関する教育、保育等の総合的な提供の推進に関する法律（平成十八年法律第七十七号）第二条第七項に規定する幼保連携型認定こども園（以下「幼保連携型認定こども園」という。）をいう。以下同じ。）における教育課程、学習指導その他学校教育に関する専門的事項の指導に関する事務に従事する。

　4　指導主事は、教育に関し識見を有し、かつ、学校における教育課程、学習指導その他学校教育に関する専門的事項について教養と経験がある者でなければならない。指導主事は、大学以外の公立学校（地方公共団体が設置する学校をいう。以下同じ。）の教員（教育公務員特例法（昭和二十四年法律第一号）第二条第二項に規定する教員をいう。以下同じ。）をもつて充てることができる。

　5　事務職員は、上司の命を受け、事務に従事する。

　6　技術職員は、上司の命を受け、技術に従事する。

**（教育委員会の職務権限）**

**第21条**　教育委員会は、当該地方公共団体が処理する教育に関する事務で、次に掲げるものを管理し、及び執行する。

　一　教育委員会の所管に属する第三十条に規定する学校その他の教育機関（以下「学校その他の教育機関」という。）の設置、管理及び廃止に関すること。

二　　教育委員会の所管に属する学校その他の教育機関の用に供する財産（以下「教育財産」という。）の管理に関すること。

三　　教育委員会及び教育委員会の所管に属する学校その他の教育機関の職員の任免その他の人事に関すること。

四　　学齢生徒及び学齢児童の就学並びに生徒、児童及び幼児の入学、転学及び退学に関すること。

五　　教育委員会の所管に属する学校の組織編制、教育課程、学習指導、生徒指導及び職業指導に関すること。

六　　教科書その他の教材の取扱いに関すること。

七　　校舎その他の施設及び教具その他の設備の整備に関すること。

八　　校長、教員その他の教育関係職員の研修に関すること。

九　　校長、教員その他の教育関係職員並びに生徒、児童及び幼児の保健、安全、厚生及び福利に関すること。

十　　教育委員会の所管に属する学校その他の教育機関の環境衛生に関すること。

十一　学校給食に関すること。

十二　青少年教育、女性教育及び公民館の事業その他社会教育に関すること。

十三　スポーツに関すること。

十四　文化財の保護に関すること。

十五　ユネスコ活動に関すること。

十六　教育に関する法人に関すること。

十七　教育に係る調査及び基幹統計その他の統計に関すること。

十八　所掌事務に係る広報及び所掌事務に係る教育行政に関する相談に関すること。

十九　前各号に掲げるもののほか、当該地方公共団体の区域内における教育に関する事務に関すること。

**（長の職務権限）**

第22条　地方公共団体の長は、大綱の策定に関する事務のほか、次に掲げる教育に関する事務を管理し、及び執行する。

一　　大学に関すること。

二　　幼保連携型認定こども園に関すること。

三　　私立学校に関すること。

四　　教育財産を取得し、及び処分すること。

五　　教育委員会の所掌に係る事項に関する契約を結ぶこと。

六　　前号に掲げるもののほか、教育委員会の所掌に係る事項に関する予算を執行すること。

**（職務権限の特例）**

第23条　前二条の規定にかかわらず、地方公共団体は、前条各号に掲げるもののほか、条例の定めるところにより、当該地方公共団体の長が、次の各号に掲げる教育に関する事務のいずれか又は全てを管理し、及び執行することとすることができる。

一　　図書館、博物館、公民館その他の社会教育に関する教育機関のうち当該条例で定めるもの（以下「特定社会教育機関」という。）の設置、管理及び廃止に関すること（第二十一条第七号から第九号まで及び第十二号に掲げる事務のうち、特定社会教育機関のみに係るものを含む。）。

二　　スポーツに関すること（学校における体育に関することを除く。）。

三　　文化に関すること（次号に掲げるものを除く。）。

四　　文化財の保護に関すること。

2　　地方公共団体の議会は、前項の条例の制定又は改廃の議決をする前に、当該地方公共団体の教育委員会の意見を聴かなければならない。

第25条　教育委員会は、教育委員会規則で

定めるところにより、その権限に属する事務の一部を教育長に委任し、又は教育長をして臨時に代理させることができる。

**第26条** 教育委員会は、毎年、その権限に属する事務（前条第一項の規定により教育長に委任された事務その他教育長の権限に属する事務（同条第四項の規定により事務局職員等に委任された事務を含む。）を含む。）の管理及び執行の状況について点検及び評価を行い、その結果に関する報告書を作成し、これを議会に提出するとともに、公表しなければならない。

2　教育委員会は、前項の点検及び評価を行うに当たつては、教育に関し学識経験を有する者の知見の活用を図るものとする。

**（教育機関の設置）**

**第30条** 地方公共団体は、法律で定めるところにより、学校、図書館、博物館、公民館その他の教育機関を設置するほか、条例で、教育に関する専門的、技術的事項の研究又は教育関係職員の研修、保健若しくは福利厚生に関する施設その他の必要な教育機関を設置することができる。

**（学校等の管理）**

**第33条** 教育委員会は、法令又は条例に違反しない限りにおいて、その所管に属する学校その他の教育機関の施設、設備、組織編制、教育課程、教材の取扱いその他の管理運営の基本的事項について、必要な教育委員会規則を定めるものとする。この場合において、当該教育委員会規則で定めようとする事項のうち、その実施のためには新たに予算を伴うこととなるものについては、教育委員会は、あらかじめ当該地方公共団体の長に協議しなければならない。

**（任命権者）**

**第37条** 市町村立学校職員給与負担法（昭和二十三年法律第百三十五号）第一条及び第二条に規定する職員（以下「県費負担教職員」という。）の任命権は、都道府県委員会に属する。

2　前項の都道府県委員会の権限に属する事務に係る第二十五条第二項の規定の適用については、同項第四号中「職員」とあるのは、「職員並びに第三十七条第一項に規定する県費負担教職員」とする。

**第47条の5** 教育委員会は、教育委員会規則で定めるところにより、その所管に属する学校ごとに、当該学校の運営及び当該運営への必要な支援に関して協議する機関として、学校運営協議会を置くように努めなければならない。ただし、二以上の学校の運営に関し相互に密接な連携を図る必要がある場合として文部科学省令で定める場合には、二以上の学校について一の学校運営協議会を置くことができる。

# 索　引

284

■執筆者紹介（掲載順、2022年2月現在）

## 坂野慎二（さかの・しんじ）＝編著者
▶第1章、第3章（第1・2・3節）、第4章、第5章、第12章、第13章、第14章
1961年生まれ。東北大学大学院教育学研究科修了。博士（教育学）。
玉川大学教育学部教授。専門は教育経営学、比較教育学、教育課程
論。主な著書に『統一ドイツ教育の多様性と質保証』（単著、東信
堂、2017年）、『改訂版海外の教育改革』（編著、放送大学教育振興会、
2021年）、『現代教育改革と教育経営』（共著、学文社、2018年）、『世
界の学校と教職員の働き方』（共著、学事出版、2017年）など。

## 田甫綾野（たんぼ・あやの）
▶第2章
1977年生まれ。東京学芸大学教育学部幼稚園教員養成課程卒業。日
本女子大学大学院人間生活学研究科博士課程後期満期退学。博士（学
術）。山梨大学大学院准教授等を経て、玉川大学教育学部教授。専門は
幼児教育学、保育学。主な著書に『笑って子育て』（共著、北樹出版）、
『保育者を生きる：専門性と養成』（分担執筆、東京大学出版会）など。

## 久保山茂樹（くぼやま・しげき）
▶第3章（第4節）
1965年生まれ。東北大学大学院教育学研究科博士後期課程中途退学。
国立特別支援教育総合研究所インクルーシブ教育システム推進センタ
ー上席総括研究員（兼）センター長。専門は特別支援教育、乳幼児期
のコミュニケーション。主な著書に『気になる子どもの視点から保育
を見直す！』（単著、学事出版）、『障害児保育』（編著、光生館）など。

## 内山絵美子（うちやま・えみこ）
▶第6章、第7章
1984年生まれ。筑波大学大学院人間総合科学研究科教育基礎学専攻
（博士後期課程）単位取得退学。小田原短期大学専任講師。専門は、
教育行政学、教育制度学。主な著書に『ホワイト部活動のすすめ〜部
活動改革で学校を変える〜』（分担執筆、教育開発研究所）、『予算財
務で学校マネジメントが変わる』（分担執筆、学事出版）、『教育委員
会改革5つのポイント〜「地方教育行政法」のどこが変わったのか〜』
（分担執筆、学事出版）など。

**湯藤定宗**（ゆとう・さだむね）＝編著者
▶第8章、第9章、第10章

1970年生まれ。広島大学大学院教育学研究科教育行政学専攻博士後期課程単位取得退学。広島大学、岡山短期大学、岡山学院大学、帝塚山学院大学を経て、玉川大学教育学部教育学科通信教育課程教授。専門は教育経営学。主な論文に「教育経営研究の有用性と教育経営研究者の役割」（『日本教育経営学会紀要』第60号）など。

**吉田武大**（よしだ・たけひろ）
▶第11章

1974年生まれ。筑波大学大学院博士課程教育学研究科教育基礎学専攻単位取得退学。関西国際大学教育学部准教授。専門は教育制度学、教育行政学。主な著書に『教育の法と制度』（分担執筆、ミネルヴァ書房）など。

玉川大学 教 職 専門シリーズ

# 学校教育制度概論【第三版】

2022年 3 月20日　初版第 1 刷発行
2023年11月20日　初版第 2 刷発行


編著者―――坂野慎二・湯藤定宗

発行者―――小原芳明

発行所―――玉川大学出版部
　　　　　　〒194-8610　東京都町田市玉川学園6-1-1
　　　　　　TEL 042-739-8935　FAX 042-739-8940
　　　　　　http://www.tamagawa.jp/up/

　　　　　　振替：00180-7-26665

装　幀―――渡辺澪子

印刷・製本――日新印刷株式会社